美しい文学を読んで英文法を学ぶ

An Invitation to the Beauty of English Literature and Grammar

Yasuaki Sugiyama
杉山靖明

クロスメディア・ランゲージ

はじめに

英文学（＝英語で書かれた文学）の名作の雰囲気を楽しみながら気軽に、重要な文法事項を身につけられる本を作りたい…そんな思いから生まれたのが本書です。主に19世紀や20世紀前半の作品を取り上げていますが、本書では昔の小説を読むための道具としてではなく、あくまでも現代社会において実際に英語を理解したり使ったりするのに役立つ道具としての英文法に焦点を当てました。

少し前の小説では今ではあまり使われない言い回し等が出てくることもありますが、現代の英語と変わらない文もたくさんありますし、また、文法そのものは驚くほど変わっていません。そして何より英文学は面白いのです。もし英文学に堅苦しいイメージをお持ちだったとしても、本書を読むことでそのイメージは覆ってしまうことでしょう。実際、『ドリアン・グレイの肖像』や『チャタレイ夫人の恋人』は出版当時には不道徳すぎるとして物議をかもしています。

この本を書くにあたっては、細かな文法事項を羅列するのではなく、基本的な文法事項を深く掘り下げることをコンセプトとしました。このため本書はしばらく英語から遠ざかっていた方にも、普段から英語に触れていて英語というものをより深く知りたい方にも役立てていただけます。また例文には、各文法事項をわかりやすく示してくれるだけでなく、できる限り面白く、その作家らしさ、その作品らしさがよく出ている文を集めました。あらすじ や ヒント を参考にしながら、ぜひ例文を味わってみてください。英文法について知るだけでなく、読者の方にとって本書が「お気に入りの作家」との出会いのきっかけになれば嬉しく思います。

ここで、「なぜ文法を学ぶのか」についても少しお話しさせてください。文法とは、ある意味を表したいときに、どんな単語をどんな形でどんな順番で使えばいいのかを教えてくれるルールです。話し手と聞き手の間の文法の共有度が高ければ意味がスムーズに伝わりやすくなり、共有度が低ければ伝わりにくくなります。文法は日常会話の対極にあるものではなく、文法を相手と共有することによって初めて言葉による意味のやり取りが可能になるのです。母語の場合にはほとんど意識しませんが、普段日本語でやり取りできているのも、私たちが日本語の文法を共有しているからに他なりません。

英語を理解したり使ったりしたいけれども英語が母語ではない場合、何らかの方法で英文法を後天的に習得する必要が出てきます。たくさん英語に触れているうちに自然と身につく文法事項もありますが、本書で扱っているような重要項目は一度頭で理解してしまったほうが効率良く習得できます。また、知っていればすぐに活用できる文法事項も多いのです。

言葉の使い方が間違っていても言いたいことは伝わることがよくあるのは間違いありません。しかし、言葉の使い方が間違っているために言いたいことが伝わらないことが多いのも事実です。また、文法は表面的な意味だけでなく、ニュアンスにも深く関係しています。言葉のルールを知らなかったり間違って覚えていたりした結果、自分では丁寧に言っているつもりなのに実際には横柄な言い方になっているとしたら、それはお互いに不幸ではないでしょうか。本書を通して、英語で「言いたいこと＋気持ち」を伝えたり受け取ったりするための道具としての英文法に興味を持っていただけたら幸いです。

本書の出版にあたってはクロスメディア・ランゲージの小野田幸子さんに大変お世話になりました。また、友人のサマー・レインさんに貴重な助言をいただきました。この場をお借りして心よりお礼申し上げます。最後に、執筆を温かく応援してくださったインプレスの高木大吾さんに深く感謝申し上げます。

＊本書における例文の表記について
一部の記号や大文字・小文字の使い分け等は現代の表記に改めました。

目 次

Chapter 1 文型

Chapter 2 仮定法

Chapter 3　助動詞と「予定」を表すフレーズ

Chapter 6　関係詞

Chapter 7 that節

Chapter 8 不定詞と動名詞

Chapter 9　分詞と分詞構文

本書の使い方

① 名作の雰囲気を原語で気軽に楽しみたい方へ

例文には訳だけでなく詳細な あらすじ と ヒント が付記されているため、本書は英文学の名作の雰囲気を原語で気軽に楽しみたい方にも適しています。お好きな作家の文章を味わってみてください（本書で紹介している作品は→ p. 18）。複数の作家の文章を比べてみると、同じ英文学でも様々な文体があることに驚かれるかもしれません。

② ざっくりと英文法を復習したい方へ

しばらく英語から離れていた場合などにおすすめの使い方です。名作の雰囲気を楽しみながら、気軽な読み物として本書を Chapter 1 から順にざっと読み通してみましょう。文法の説明の中で特に大事なことは赤字で書かれています。難しく感じられる項目は飛ばしても構いません。後からわかってくることも多いため、多少理解できないことがあっても気にせずに読み進めるのがコツです。

③ 文法をしっかりと身につけたい方や、速読やリスニングの力を伸ばしたい方へ

文法事項を単に知識として「知っている」だけでなく、完全に消化吸収して自分のものにしたい場合には、各項目を読むのに加えてリスニングと音読のトレーニングを行うと効果的です。リスニングと音読は正しいやり方で練習すると「頭の中での英語の処理速度」を上げる効果があり、次のような悩みをお持ちの方に特におすすめです。

リスニング：たとえ単語が聞き取れている場合でも頭の中で意味の理解が追いつかない。
リーディング：文の途中で意味がわからなくなって止まったり前に戻ったりして、読むのに時間がかかってしまう。

リスニングの練習のしかた

例文とその解説を読んで文の意味や文法事項などを頭に入れたら、その例文の音声を聞いてみましょう。最初は例文を見ながら音声を聞いても構いません。聞いてみて「とてもそう言っているとは思えない」という箇所がある場合は、聞き取れない単語の前後の単語に意識を集中すると聞き取れることがあります。また、聞き取りにくい箇所は、その部分を音読できるようにしてから聞くと聞き取りやすくなります。最終的に「耳に入ってくる音声の意味を頭の中でどんどん組み立てていき、文末まで聞き終わると同時にその文の意味の理解も完了している」という状態にするのが目標です。

音読の練習のしかた

リスニングの場合と同様、まずは例文とその解説を読んで文の構造と意味を完全に頭に入れます。それができたら文頭から声に出して読み、読みながら頭の中で文の構造と意味を再構築していきましょう。無理に速く読む必要はありません。読んでいる途中で文の構造と意味がわからなくなったらそこで止め、また文頭から音読を始めます。最終的に「文頭から文末までスムーズに言えて、かつ、文末まで読み終わると同時に文の構造と意味の再構築が完了している」という状態にするのが目標です。

リスニングと音読ともに、目標とする状態に一度達しても翌日には理解度が下がっていることがよくあります。ぜひ復習してみてください。前の日より少ない回数で目標を達成できるはずです。

なお、基本的には興味に応じてどの章から始めても問題ありませんが、助動詞の使い方は仮定法と密接に関連しているため、「Chapter 3　助動詞と『予定』を表すフレーズ」を読む前に「Chapter 2　仮定法」に目を通しておくと助動詞をスムーズに理解することができます。

本書で使われている記号について

S	：主語
V	：動詞
O	：動詞の目的語（→ p. 29）
C	：補語（→ p. 40、p. 53）
S + V	：主語と動詞を含むまとまり
O + C	：第 5 文型（→ p. 53）における O と C の組み合わせ
B + A	：第 4 文型（→ p. 48）における「間接目的語 + 直接目的語」の組み合わせ
do ～	：動詞の原形（「to do ～」の場合、to の後ろには動詞の原形が続きます）
done ～	：動詞の過去分詞形（「have done ～」の場合、have の後ろには動詞の過去分詞形が続きます）
～ing	：動詞の ing 形（「be ～ing」の場合、be の後ろには動詞の ing 形が続きます）
前	：前置詞（→ p. 27）
前目	：前置詞の目的語

音声データの無料ダウンロード

本書『美しい文学を読んで英文法を学ぶ』に対応した音声ファイル（mp3 ファイル）を下記 URL から無料でダウンロードすることができます。ZIP 形式の圧縮ファイルです。

https://www.cm-language.co.jp/books/literature/

本文で紹介している例文の音声を収録しました。英国人ナレーター、ガイ・ペリマンさんによるイギリス英語のナレーションです。Track マークの番号がファイル名に対応しています。

ダウンロードした音声ファイル（mp3）は、iTunes 等の mp3 再生ソフトやハードウエアに取り込んでご利用ください。
ファイルのご利用方法や、取込方法や再生方法については、出版社、著者、販売会社、書店ではお答えできかねますので、各種ソフトウエアや製品に付属するマニュアル等をご確認ください。
音声ファイル（mp3）は、『美しい文学を読んで英文法を学ぶ』の理解を深めるために用意したものです。それ以外の目的でのご利用は一切できませんのでご了承ください。

本書で紹介している作品

星の数（1～5個）が多いほど難易度が高めですが、あくまでも目安です。

『赤毛のアン』L・M・モンゴメリ（1874–1942）
Anne of Green Gables, L. M. Montgomery

難易度：★★★☆☆

作品について 自然の豊かな小さな町のある家で、手違いから男の子の代わりに養子となったアンの成長を描く作品です。アメリカの文豪マーク・トウェインが「『不思議の国のアリス』以降で最も愛すべきキャラクター」と評したアンのセリフが魅力的なだけでなく、地の文が優れている点も見逃せません。児童文学のイメージがありますが、実際にはむしろ子どもも楽しめる大人の小説です。

英語について 文章そのものに上質なユーモアが感じられる「英語らしい優れた英文」の典型です。

『真面目が肝心』オスカー・ワイルド（1854–1900）
The Importance of Being Earnest, Oscar Wilde

難易度：★☆☆☆☆

作品について 友人同士のジャックとアルジャノンはアーネストという名前の人物に扮することで、アーネストという名前が好きでたまらないグウェンドリンとセシリーとそれぞれ婚約しますが、ほどなく嘘が露呈して結婚の計画は危機に瀕することに…。ワイルド一流のウィットが存分に楽しめる喜劇の傑作です。

英語について 易しめの英文が多い上に非常に面白く、また、作品自体も小説に比べるとずっと短いため、気軽に読むことができます。

『老人と海』アーネスト・ヘミングウェイ（1899–1961）
The Old Man and the Sea, Ernest Hemingway

難易度：★★☆☆☆

作品について 漁師である老人の世界観とヘミングウェイの文体が溶け合った、全体が1つの宝石のような作品です。ヘミングウェイが1954年にノーベル文学賞を受賞した際には受賞理由の中で、彼の作家としての卓越性が顕著に示された例として『老人と海』が挙げられました。

英語について 個々の文は一見シンプルであるにもかかわらず「ヘミングウェイらしさ」を強く感じさせる文体です。

『ジェイン・エア』
シャーロット・ブロンテ（1816–1855）
Jane Eyre, Charlotte Brontë

難易度：★★★★☆

作品について ジェインは住み込みの家庭教師として働いていた屋敷の主人である貴族ロチェスターから求婚されてそれを受け入れかけますが、幸せをつかんだと思った矢先にロチェスターの過去についてのある重大な秘密を知ってしまいます。そしてそこからジェインとロチェスターそれぞれの精神的な長い旅が始まります。読者を引きつけるための工夫が随所に見られ、面白く読み進められる作品です。

英語について この時代のイギリス小説の特徴として全体的にフォーマルな文が多めで、それが格調の高さや味わい深さの一部となっています。

『ドリアン・グレイの肖像』
オスカー・ワイルド（1854–1900）
The Picture of Dorian Gray, Oscar Wilde

難易度：★★★★★

作品について 貴族の美青年ドリアンは退廃的な生活を送りながら若さと美しさを保っていますが、肖像画に描かれた彼の顔はどんどん醜く崩れていき、やがてドリアンの心も疲弊していきます。
決して表面的ではないドリアンのキャラクター、そしてドリアンを退廃させるきっかけとなるヘンリー卿のシニカルでウィットに富むセリフも魅力です。もし映画などで筋を知っていても、実際に作品を読むとイメージがだいぶ変わるかもしれません。

英語について 倒置が多く使われているなど、特に地の文は構造が複雑ですが、会話部分には易しい文もたくさんあります。

『嵐が丘』エミリー・ブロンテ（1818–1848）
Wuthering Heights, Emily Brontë

難易度：★★★★☆

作品について 英作家サマセット・モームに「愛の苦しみ、恍惚、そして愛に突き動かされる人間の容赦のなさがこれほど圧倒的な力で表現されている小説を私は他に思いつかない」と言わせた作品です。安易な解釈を寄せつけない孤高の小説です。

英語について 一部の登場人物のセリフは土地の訛りが強く反映されています。このため、作品全体を原書で読む場合にはPenguin ClassicsやOxford World's Classicsなど、注釈がつけられている版を選ぶとよいでしょう。もちろん日本語版を併用するのも一手です。

『クリスマス・キャロル』
チャールズ・ディケンズ（1812–1870）
A Christmas Carol, Charles Dickens

難易度：★★★★★

作品について クリスマスイブの夜、貪欲な金貸しの老人である主人公スクルージは精霊に連れられて、婚約者から別れを告げられる過去の自分の姿や、未来の自分の暗い運命を直視させられます。そして、失ってしまったものの大きさに気づき、今までの自分と決別します。

クリスマスというものに対するディケンズの愛情が伝わってくる作品です。また、原書に接すると、スクルージが意外とお茶目であることに驚かれるかもしれません。

英語について 世界中で子どもたちに親しまれている名作ですが、執筆当時のロンドンで使われていた特有の言い回しが多く、本書で紹介している作品の中でも最高レベルの難易度です。しかし、スクルージと幽霊や精霊たちとのやり取りには易しい文も多く、スクルージのお茶目さを味わえます。

『高慢と偏見』ジェイン・オースティン（1775–1817）
Pride and Prejudice, Jane Austen

難易度：★★★★☆

作品について 現在でもまったく人気の衰えない、イギリス文学を代表する名作です。明るさと洞察力をあわせ持つ活発な精神の主人公エリザベスと、エリザベスに出会い、自分の高慢さに気づいていく聡明で誠実な資産家のダーシーの2人を中心に物語が進んでいきます。「この小説を読んでいる時間が好き」と言うイギリス人読者も多い、「小説を読む楽しさ」を十分に味わえる作品です。

英語について この時代のイギリス小説の特徴として全体的にフォーマルな文が多めで、それが格調の高さや味わい深さの一部となっています。

『移動祝祭日』
アーネスト・ヘミングウェイ (1899–1961)

A Moveable Feast, Ernest Hemingway

難易度：★★☆☆☆

作品について ヘミングウェイ最晩年の作品です。ヘミングウェイは1920年代をフランスのパリで過ごしており、『移動祝祭日』ではその当時のパリでの生活がヘミングウェイならではの筆致で述懐されています。同じアメリカ人作家のフィッツジェラルドとの交流を描いた章は特に秀逸で、本書でも多く取り上げています。

英語について 一部ニュアンスのつかみにくい文もありますが、文の構造は比較的シンプルです。

『チャタレイ夫人の恋人』D・H・ロレンス (1885–1930)

Lady Chatterley's Lover, D. H. Lawrence

難易度：★★★☆☆

作品について レディ・チャタレイの夫である準男爵サー・クリフォード・チャタレイは戦争による怪我で下半身が麻痺している一方、執筆活動を通して文化人として名声を築きます。しかし、次第にレディ・チャタレイは知識人に共通する欺瞞と不毛さをクリフォードに感じるようになり、自分たちの土地の森番で労働者階級のメラーズに惹かれていきます。

当時としては大胆な性描写で物議をかもしましたが、イギリスの知識階級への鋭い批判が込められた文学的価値の高い作品です。また、当時のイギリスの空気感がよく感じられるのもこの小説の特徴です。

英語について D・H・ロレンスならではの力強い文体が味わえる英文です。

『グレート・ギャツビー』
F・スコット・フィッツジェラルド (1896–1940)
The Great Gatsby, F. Scott Fitzgerald

難易度：★★☆☆☆

作品について この小説の語り手であるニックが偶然移り住んだ家に隣接するのは、ギャツビーという名の謎めいた若い大富豪が所有する広大な邸宅。ギャツビーの隣人となったことがきっかけで、ニックは純粋な愛と打算が交錯するひと夏の一連の出来事に関わることになります。
物語の進みがやや遅く感じられるかもしれませんが、終盤にはそれを補って余りある展開があります。

英語について 一部ニュアンスのつかみにくい文もありますが、文の構造は比較的シンプルです。

『世界の十大小説』
W・サマセット・モーム (1874–1965)
Ten Novels and Their Authors, W. Somerset Maugham

難易度：★★★☆☆

作品について 『嵐が丘』や『高慢と偏見』などのメジャーな作品が1章につき1つずつ取り上げられ、それをモームが考察していきます。通常の批評とは異なる、作家ならではの視点が光っています。

英語について 構造が複雑な文もありますが正統派の知的な英語で、文構造さえ把握できれば意味やニュアンスはつかみやすいことがほとんどです。

『1984』
ジョージ・オーウェル (1903–1950)
Nineteen Eighty-Four, George Orwell

難易度：★★☆☆☆

作品について 党員のあらゆる行動が監視され、党に不都合と見なされればたちまち捕らえられて処刑される究極の監視社会に生きるウィンストン。ウィンストンは党員でありながら党のイデオロギーに馴染むことができず、そのイデオロギーを全身で体現しているかのような言動を見せる職場のある若い女性党員を嫌悪しています。しかしある日、ウィンストンはその女性から密かに一片の紙を渡されます。ウィンストンが後でそれを開いてみると、そこには意外な言葉が。本心なのか罠なのか——その日からウィンストンの運命は変わっていきます。
色あせるどころか、今日ますますその価値が認識されている作品です。

英語について 正統派の英語で、かつ文の構造もそれほど複雑ではなく、とても読みやすい文章です。

本書で紹介している他の作品

『動物農場』ジョージ・オーウェル (1903–1950)
Animal Farm, George Orwell

『若い芸術家の肖像』ジェイムズ・ジョイス (1882–1941)
A Portrait of the Artist as a Young Man, James Joyce

「Ibsen's New Drama」ジェイムズ・ジョイス (1882–1941)
'Ibsen's New Drama', James Joyce

『美しく呪われた人たち』F・スコット・フィッツジェラルド (1896–1940)
The Beautiful and Damned, F. Scott Fitzgerald

『理想の夫』オスカー・ワイルド (1854–1900)
An Ideal Husband, Oscar Wilde

『コニングズビー』ベンジャミン・ディズレーリ (1804–1881)
Coningsby, Benjamin Disraeli

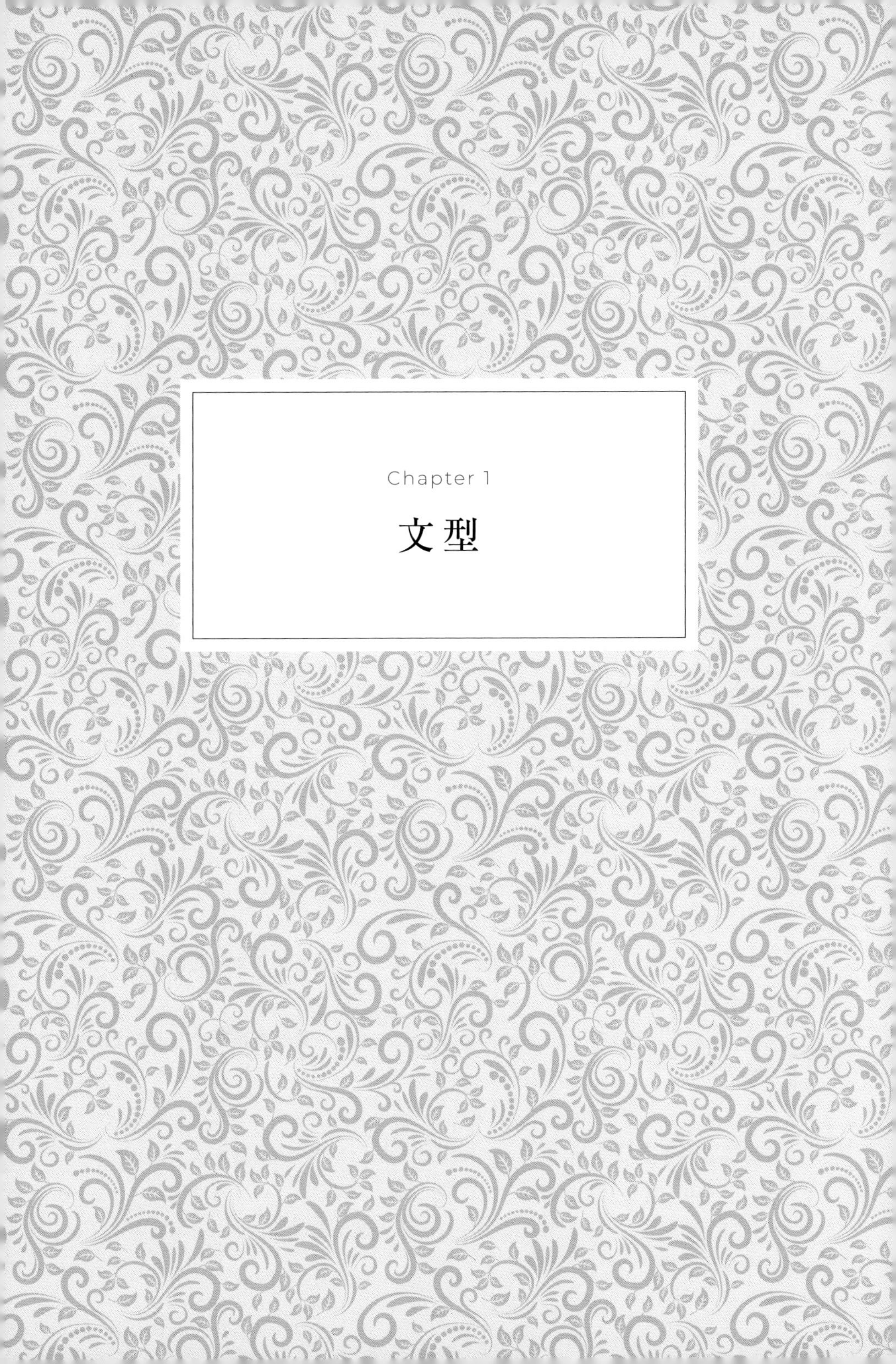

Chapter 1

文型

文型とは…

「文型」とよく聞きますが、これは何を指しているのでしょうか。文型とは「動詞の使われ方をグループ分けしたもの」で、以下の5つの文型があります。Vは動詞（verb）、Cは補語（complement）、Oは動詞の目的語（object）を表しています。CやOが具体的にどのようなものなのかについては後述するため、今はわからなくても大丈夫です。

	例
第1文型：V	**run（走る）**
第2文型：V＋C	**be hungry（お腹が空いている）**
第3文型：V＋O	**speak English（英語を話す）**
第4文型：V＋O＋O	**teach her English（彼女に英語を教える）**
第5文型：V＋O＋C	**make you happy（あなたを嬉しくさせる）**

実際の英文では、動詞は原則として5つの文型のうちのいずれかで使われています。複数の文型で使える動詞もあれば、1つの文型でしか使えない動詞もあります。

「第1」から「第5」は、慣例的に順番がついているというだけで必然性は特にありませんが、前述の通り、文型とは「動詞の使われ方をグループ分けしたもの」であり、5つの文型に親しんでおくと次のようなメリットがあります。

・同じ働き方をする動詞をまとめて捉えることで、英語を体系的に理解することができる。
・新しい動詞に出会ったときに、その使われ方から意味を類推できることが多くなる。

文型は「動詞（V）が補語（C）や目的語（O）を伴っているかどうか」に注目するものであるため、それ以外の「主語」や「副詞」などの要素は文型には関係しません。よく見かける記号に「主語」を表すSがありますが、上の文型のリストにSが含まれていないのはこのためです。

前置詞と副詞

英語を正しく理解したり使ったりする上で大事なのが、前置詞と副詞の違いです。各文型を詳しく見ていく前に、前置詞と副詞の働きを確認してみましょう。

前置詞とは

前置詞は必ず後ろに名詞を伴って「前置詞＋名詞」という１つのまとまりを構成します。そして、この「前置詞＋名詞」というまとまりが動詞を修飾したり名詞を修飾したりします。たとえばtoという前置詞は、「to + 《名詞》」で「《名詞》に」という意味を表し、次のように使われます。

go to Japan（日本に行く）

この例では、to Japanの部分が「日本に」という1つのまとまった意味を表し、go（行く）という動詞を修飾しています。前置詞の後ろの名詞（この例ではJapan）を「前置詞の目的語」と呼びます。

副詞とは

前置詞と異なり、副詞はgo there（そこに行く）のthere（そこに）のように単独で動詞を修飾することができます。

英語の前置詞と副詞には以下の3種類があります。
①原則として前置詞としてのみ働く語（withなど）
②原則として副詞としてのみ働く語（thereなど）
③前置詞としても副詞としても働くことができる語（in、on、off、over、up、downなど）

次の例ではupとonが使われています。それぞれ前置詞と副詞のどちらなのかを考えてみましょう。

Track 001 ｜ アーネスト・ヘミングウェイ『老人と海』

あらすじ 小舟で漁をする主人公の老人が、漁を終えて浜辺から自分の小屋に戻るときの様子です。

He picked the mast **up** and put it **on** his shoulder and started **up** the road.

彼はマストをつかみ上げて肩に乗せると、道を上り始めた。

ヒント pick O で「O をつまむ、つかむ」、mast は「（船の）マスト」、put O で「O を置く」、start は「進み始める」。

1つめの up は「上に」という意味を表す副詞で、単独で動詞 picked を修飾しています。pick O には「O をつまむ」という基本の意味があり、これに up を加えた pick O up は「O を拾い上げる」という意味を持ちます。なお、pick O up や pick up O には「O を選ぶ」という意味はありません。「O を選ぶ」は pick O や pick O out または pick out O で表されます。

on his shoulder の on は前置詞で、on ～で「～の上に」という意味を表します。on his shoulder で「肩の上に」。put O は「O を置く」という意味を持つため、put O on his shoulder は「O を肩の上に置く」となります。

up the road の up は前置詞で、up ～で「～を上に向かって／～を道なりにまっすぐ」という意味を表します。up the road で「道を上に向かって」。直感的に理解しやすい副詞の up（上に）と異なり、前置詞の up（～を上に向かって／～を道なりにまっすぐ）の場合、「up ＋名詞」で１つのまとまりになっていることを意識する必要があります（複雑な文では特に）。down にも前置詞として「～を下に向かって／～を道なりにまっすぐ」という意味を表す用法があり、前置詞の up とともに道案内などでもよく使われます。

Verb Patterns

第1文型と第3文型

第1文型がV、第3文型がV＋Oという形です（Vは「動詞」、Oは「動詞の目的語」を表します）。まずはeat（食べる）という身近な動詞を使って、Oがどのようなものなのかを見ていきましょう。

Track **002** | オスカー・ワイルド『真面目が肝心』

あらすじ　友人同士であるアルジャノンとジャックはアーネストという名前の男性に扮し、アーネストという名前が好きでたまらない2人の女性とそれぞれ婚約しますが、ほどなくして2人とも正体がばれ、結婚はおぼつかなくなってしまいます。以下は、正体が露呈した直後にアルジャノンがジャックの邸宅でマフィンを食べ始める場面です。ジャックに「こんなときによく平然とマフィンを食べられるね」と言われたアルジャノンは、「問題を抱えているときには食べることだけが僕の慰めなんだ」と言い、次のように続けます。

At the present moment I am **eating muffins** because I am unhappy. Besides, I am particularly fond of muffins.

今は悲しいから僕はマフィンを食べているんだ。それに僕はマフィンが特に気に入っているんだ。

ヒント　At the present momentで「今は」、muffinは「マフィン」、because S＋Vで「S＋Vという理由で」、Besidesは「それに」、particularlyは「特に」、be fond of ～で「～を気に入っている」。

この文では、「食べる」という意味を表すeatという動詞の後ろにmuffins（マフィン）という名詞が置かれています。なぜこのようなことが起こるのかというと、それはeatという動詞は、eat Oという形で「Oを食べる」という意味を表すことができるためで、これにより、eat muffinsは「マフィンを食べる」という意味を表します。eat O（O を食べる）における O の部分が「eat という動詞の目的語」で、eat muffins（マフィンを食べる）の場合、muffins が O に相当することになります。

eat muffins
V O

このV + O という形が第 3 文型です。O は「動詞が表す動作の対象となるもの」であり、「動詞の目的語」と呼ばれます。O になれるのは名詞のみで、形容詞や副詞などが O になることはできません。また、eat muffins の eat のように O を伴って使われる動詞を「他動詞」と呼びます。

なお、O は「動詞が表す動作の対象となるもの」ですが、O には必ずしも変化が加えられるとは限りません。たとえば、leave O（O から去る）の O には「場所」や「人」を表す語が入りますが、leave O は、「その場所から去る」あるいは「その人のもとから去る」という意味を表し、その場所や人に何か能動的な動作が加えられるわけではありません。reach O（O に到達する）などの場合も同様です。

また、leave O（O から去る）や reach O（O に到達する）が示すように、V + O は必ずしも「O を〜する」という意味になるわけではなく、動詞によって「O から〜する」や「O に〜する」などの意味になることもよくあります。

ここで一度 eat という動詞に戻ってみましょう。

Track **003** オスカー・ワイルド『真面目が肝心』

あらすじ 物語の冒頭、友人であるアルジャノンの邸宅にやってきたジャックが、挨拶を交わしたすぐ後にアルジャノンに向かって言うセリフです。アルジャノンは、別の来客のために使用人に用意させたサンドウィッチを自分が食べています。Algy はアルジャノンのことです。

Eating as usual I see, Algy!

君は相変わらず何かを食べているね！

ヒント 文頭に You're が省略されています。この文は I see (that) you're eating as usual. と同じ意味。I see (that) you're ～ing は直訳すると「君が～しているということが私には見て取れる」となりますが、「君は～しているんだね」というニュアンスで使われます。as usual は「相変わらず、いつも通り」。

この文でも eat（食べる）という動詞が使われていますが、1つ前の例と異なり、「何を食べているのか」を示す語はありません。eat はそれだけで「何かを食べる」という意味を持つことができ、必ずしも「何を食べているのか」を示す語を一緒に使う必要はないのです。このような「動詞が単独で使われているケース」を表すのが第１文型です。Eating の後ろには as usual（相変わらず）が置かれていますが、as usual のように副詞的に働く部分は文型には関係しません。このように O を伴わずに使われる動詞を「自動詞」と呼びます。自動詞としても他動詞としても使える eat のような動詞もあれば、どちらか一方としてしか使えない動詞もあります。

eat という動詞は「何を食べているのか」を示す語を一緒に使う必要はない、というのは一見当然のようにも思えますが、たとえば、discuss という動詞は原則として discuss O（O について議論する）という形で他動詞として用いられ、O なしで自動詞として使うことはできません。したがって、日本語では「～について議論する」と言えますが、英語では discuss about ～とは言えません。

このように、動詞を自動詞として第１文型で使えるかどうか、あるいは他動詞として第３文型で使えるかどうかはその動詞によって決まっています。また、複数の意味を持つ動詞の場合、意味によって自動詞であったり他動詞であったりすることもあります。こう書くと「覚えることが多くて大変」と思われるかもしれませんが、基本的な動詞の基本的な使い方を身につければ、十分に英語でやり取りすることができます。

V か V + O かで意味が変わる：hear ～と hear of ～の違いなど

多くの動詞は第 1 文型（V）と第 3 文型（V + O）の両方の形で使うことができますが、どちらの文型で使うかによって動詞の意味が変わることがあります。

hear編

Track 004　オスカー・ワイルド『ドリアン・グレイの肖像』

あらすじ　貴族の美青年ドリアン・グレイは、ある若い女優と激しい恋に落ち、婚約します。ドリアンは彼女の演技に魅了されていますが、ドリアンに出会って本物の恋を知った彼女は「演じる」という行為を空虚に感じるようになり、舞台での輝きを失ってしまいます。そしてその様子を見たドリアンは失望し、彼女に冷たく別れを告げます。翌日、自分の行いを後悔したドリアンは彼女に会う決心をしますが、もう彼女はこの世にはいなかったのでした。以下は、何年も後になって彼女の弟がドリアンに復讐しようとする場面で、弟のセリフで始まっています。弟は、ある夜、酒場でドリアンのあだ名が使われるのを耳にし、そのあだ名で呼ばれた男がドリアンだと確信します。そしてドリアンの後をつけ、人気のない夜道でピストルを突きつけます。

'[...] I knew nothing of you but the pet name she used to call you. I **heard it** tonight by chance. [...]'
Dorian Gray grew sick with fear. 'I never knew her,' he stammered. 'I never **heard of her**. You are mad.'

「俺は彼女が生前お前を呼ぶのに使っていたあだ名以外、お前のことは何も知らなかった。今夜、そのあだ名を偶然聞いたのだ」

ドリアン・グレイは恐怖で気分が悪くなった。「私はその女性と知り合いだったことはない」彼はつっかえながら言った。「彼女のことなど聞いたこともない。君は頭がおかしいんだ」

ヒント　but ～で「～を除いて」、pet name は「あだ名、愛称」。she の前には関係代名詞が省略されています。heard は hear（聞く）の過去形、by chance は「偶然」、

grow C で「C になる」、with fear で「恐怖で」、stammer は「つっかえながら言う」。

heard it V O （第 3 文型）	heard of her V 前 前目 （第 1 文型）

＊「前」は前置詞、「前目」は前置詞の目的語を表します。

hear という動詞が 2 カ所で使われていますが、1 つめは第 3 文型で、2 つめは第 1 文型で用いられていることに注目してみてください。hear O は「O（＝言葉や音）を耳にする」、hear of ～は「～の存在を話に聞く／～のことを耳にする」という意味を表します（この of ～は「～のことを」の意）。hear O と hear of ～は、どちらも「聞く」という基本的な意味を持っている点では同じですが、意味合いはこのように異なります。

ちなみに know O は、O が「人」の場合、「その人と知り合いである」という意味を表します。このため、O に歴史上の人物などを入れることはできません。

push編

push は「押す」という意味でよく知られているため、push the button（ボタンを押す）のように第 3 文型で使われるイメージのある動詞ですが、第 3 文型だけでなく、次の例のように第 1 文型でも使われます。

Track 005　シャーロット・ブロンテ『ジェイン・エア』

あらすじ　ジェインは住み込みの家庭教師として働いていた屋敷の主人である貴族ロチェスターから求婚され、それを受け入れかけますが、ロチェスターの過去に関してある重大な秘密を知り、屋敷を飛び出します。そして、馬車で知らない町へ行き手持ちのお金がなくなったジェインはあてもなく数日外をさまよい、疲労は極限に達します。以下は、教会が目に入り、何とかそこにたどり着こうとしたときの様子。『ジェイン・エア』は 1 人称の視点から書かれており、I（私）はジェイン本人です。

Renewing then my courage, and gathering my feeble remains of strength, I pushed on.

そして私は勇気を新たに絞り出し、残った弱々しい力をかき集め、頑張って先へ進みました。

ヒント then は「そして」。Renewing と gathering は「~して/~すると」を表す分詞構文。renew O で「O を新たにする」、courage は「勇気」、gather O で「O をかき集める」、feeble は「弱々しい」、remains は「(大部分が失われた後に) 残っている部分」、strength は「力」、on は「続けて、先へ」。

この文における push は「頑張って進む」という意味の自動詞で、「逆境の中を押し進む」というニュアンスを持っています。このように、自動詞としても他動詞としても使うことができ、自動詞の場合「(自分が) 動く」、他動詞の場合「他の人やものを動かす」という意味を表す動詞は数多く存在します。よく使われる get もその一例で、自動詞として「(自分が) 移動する」、また他動詞として「O を移動させる」という意味を持ちます。

・get on the train → 「電車の上に移動する=電車に乗る」
・get O on the train → 「O を電車の上に移動させる = O を電車に乗せる」
*この on は前置詞です。on ~で「~の上に」。

「get in ＋《名詞》」の意味は２通り

in、on、off、over、up、down などの語が副詞として働く場合、「V ＋ O ＋ in」のように O の後ろに置かれたり、「V ＋ in ＋ O」のように V と O の間に置かれたりします（ただし O が it などの代名詞のときは「V ＋ O ＋副詞」という語順のみ可能で、「V ＋副詞＋ O」という語順は使えません）。しかしここで問題が生じます。というのは、in、on、off、over、up、down 等は副詞としてだけでなく、前置詞としても働くことができるため、「V ＋ in ＋名詞」のように、動詞と名詞の間にこれらの語が置かれると、それが前置詞として使われているのか、それとも副詞として使われているのかがわかりにくくなってしまうのです。

次の例では put in the flour という語句が出てきます。この in が前置詞なのか副詞なのか、そして put in the flour はどのような意味を表すのかを考えてみましょう。

Track 006　L・M・モンゴメリ『赤毛のアン』

あらすじ　慕っているアラン夫人が家に来ることになり、アンは夫人をもてなすためにケーキを焼こうと決心しますが、ケーキはアンによると「うまくできてほしいときほど失敗するもの」であり、アンは不安で仕方がありません。しかも彼女は以前ケーキを焼いたときに小麦粉を入れ忘れて大失敗しています。以下はアンが親友のダイアナに不安を打ち明けるセリフの一部です。

I suppose I shall just have to trust to Providence and be careful to put in the flour.

運を天に任せて、あとは小麦粉をちゃんと入れるように気をつけるしかなさそうね。

ヒント　I suppose ～は直訳すると「～と思う」ですが、「たぶん～ということだね」といったニュアンスで使われます。shall は「未来のことについての話者の確信」を表す will と同じ働きをしています（→ p. 101）。have to do ～で「～しなくてはならない」、trust to Providence で「運を天に任せる」、be careful to do ～で「ちゃんと～するように気をつける」、flour は「小麦粉」。

put in the flour
V 副詞 O

in は前置詞として in 〜で「〜の中に」という意味を持つほか、副詞として単独で「中に」という意味を表すこともできます。put in the flour の in は副詞。put in the flour は第 3 文型で、the flour が put の目的語 O として働いています（副詞は文型には無関係です）。put O で「O を入れる／ O を置く」。これに in（中に）を加えた put in O は「O を中に入れる」という意味を表します。

ではなぜこのように決まるのかを考えてみましょう。まず、put という動詞は「置く、つける」という意味であることから、「何を置くのか、何をつけるのか」の「何」にあたる言葉、つまり目的語をとても強く求める動詞です。そのため put を見たら目的語となる名詞を探し始めることになりますが、in は名詞ではないため、後ろの the flour を put の目的語と解釈するしかありません。すると単独で存在している in は副詞として働くしかないことになります。ある名詞が動詞の目的語で、かつ同時に前置詞の目的語も兼ねることはありません。もし仮に in が前置詞だとすると、in the flour の部分は「小麦粉の中に」という意味になりますが、そうすると「何を小麦粉の中に入れるのか」がわからなくなってしまいます。

put の場合は、put が通常は他動詞として使われること、つまり後ろに目的語が来るということを一度理解すれば、「put in ＋《名詞》」における in は副詞であり、《名詞》は put の目的語であることがはっきりします。しかし、自動詞としても他動詞としても働ける動詞の場合、「V in ＋《名詞》」は、in が前置詞か副詞かによって、次のように 2 通りの意味を表します。

get を例にすると、「get in ＋《名詞》」が…
①「自動詞＋前置詞＋前置詞の目的語」という組み合わせの場合
→「《名詞》の中に入る」（第 1 文型）
②「他動詞＋副詞＋ O」という組み合わせの場合
→「《名詞》を中に入れる」（第 3 文型）

このように 2 通りの解釈が可能な場合には、通常、文脈でどちらの意味なのかを判断することになります。

Track 007 ジョージ・オーウェル『動物農場』

あらすじ ジョーンズ氏が経営する農場で反乱を起こし、人間たちを追い出した動物たちは、人間に搾取されることなく豊かな生活を送ろうと、自分たちで作物を作って農場を運営し始めます。以下は、収穫作業の前に、動物たちのリーダーであるブタのスノウボールが仲間を鼓舞する場面です。

'Now, comrades,' cried Snowball, [...], 'to the hayfield! Let us make it a point of honour to **get in the harvest** more quickly than Jones and his men could do.'

「さあ同志よ、干し草畑へ!」とスノウボールは叫んだ。「我々の名誉にかけてもジョーンズと彼の部下がやっていたよりも速く収穫作業を行おうではないか」

ヒント comradeは「(特に共産主義の)同志」、hayfieldは「干し草畑」、make it a point of honour to do ～で「名誉にかけても～する」。make O + Cで「OをCにする」。itは形式目的語で、to do ～の部分が実質的な目的語です(→ p. 57)。a point of honourは「名誉にかけても成し遂げなければならないこと」。the harvestは「作物」、than S + Vで「SがVするよりも」。

get in the harvest
V 副詞 O

この文におけるget in the harvestは「他動詞+副詞+O」という組み合わせ。get O(Oを移動させる)にin(中に)を加えたget in Oは「Oを中に入れる」という意味になるため、get in the harvestは「作物を取り入れる=収穫する」という意味を表します。もしget in the harvestを「自動詞+前置詞+前置詞の目的語」と解釈すると「(自分が)作物の中に入り込む」という意味になってしまいます。「自動詞+前置詞+前置詞の目的語」としてのget in ～は、get in the car(車の中に入る=車に乗る)のようなフレーズでよく使われます。

この例ではgetが自動詞なのか他動詞なのかを文脈で判断しましたが、文脈に頼らなくても、次のように形で判断できることもあります。

Track 008　ジェイン・オースティン『高慢と偏見』

あらすじ　主人公エリザベスの姉ジェインと、ダーシーの友人ビングリーは誰が見ても互いに惹かれ合っており、2人は結婚するものだと皆が思っていましたが、所用でロンドンに発ったビングリーはなぜか戻ってこず、音信も途絶えてしまいます。ジェインは傷つきますが、優しい彼女はビングリーを責めることもなく、家族の前では普段通りに振る舞おうと努めています。以下は、ジェインを気づかうおばのガーディナー夫人がエリザベスに言う言葉です。

Poor Jane! I am sorry for her, because, with her disposition, she may not get over it immediately.

かわいそうなジェイン！　彼女のことが気の毒ですわ。だって彼女の性格からすると、すぐには立ち直れないかもしれませんもの。

ヒント　be sorry for ～で「～のことを気の毒に思う」、with ～で「～のせいで」、disposition は「性格」、may not ～で「～しないかもしれない」、immediately は「すぐに」。

get　**over**　**it**
V　**前**　**前目**

＊「前」は前置詞、「前目」は前置詞の目的語を表します。

in、on、off、over、up、down などの語は副詞として働く場合、「V ＋ O ＋ in」のように O の後ろに置かれたり、「V ＋ in ＋ O」のように V と O の間に置かれたりしますが、O が it などの代名詞のときは「V ＋ O ＋副詞」という語順のみ可能で、「V ＋副詞＋ O」という語順は使えません。このことから、get over it は「他動詞＋副詞＋ O」ではなく「自動詞＋前置詞＋前置詞の目的語」の組み合わせであることがわかります。over ～は「～を越えて」という意味を表す前置詞、

getは自動詞で「移動する」。したがって、get over ～は「～を越えて移動する」という基本の意味を持ち、「～を乗り越える／～から立ち直る」などの意味で使われます。

第2文型

V＋Cという形で表されるのが第2文型で、Cは「補語（complement）」と呼ばれます。第2文型で表される主な意味には次のようなものがあります。

・「Cである」　：be C
・「Cになる」　：become C、get Cなど
・「Cのままでいる」　：remain C、keep Cなど
・「Cのような印象を与える」　：seem C、look C、sound Cなど

主語まで合わせて考えると、第2文型の文は「SはCである」「SはCになる」などの意味になり、「S＝C」の関係が成り立ちます。Cは「Sが何なのか」や「Sがどのような状態なのか」等を示す役割を持っています。

～である

第2文型の代表的な動詞がbe動詞で、be Cで「Cである」という意味を表します。Cの部分には、I'm hungry.（お腹が空いた）のように形容詞を入れたり、She's a teacher.（彼女は教師です）のように名詞を入れたりすることができます。

Track 009　エミリー・ブロンテ『嵐が丘』

あらすじ　上流階級の家庭の長男で容姿にも優れるエドガー・リントンに求婚され、それを受け入れたキャサリンは、使用人であり乳母のような存在であるネリーに婚約を伝えますが、キャサリンのエドガーに対する気持ちが一時的なものであることを知っているネリーは、エドガーを愛しているのかとキャサリンに尋ねます。問い詰められたキャサリンは、自分にとって最も大切なのは、血はつながっていないが自分と一緒に育てられたヒースクリフであると告白します。キャサリンは「私のエドガーへの愛は森の木の葉のようなもので、時間とともに変わっていく。でも私のヒースクリフへの愛は、木々の下にある永遠の岩のようなもの。目に見える歓びの源ではない

けれど、それがなくては存在できない」と言い、次のように続けます。

Nelly, I *am* Heathcliff! He's always, always in my mind: not as a pleasure, [...], but as my own being.

私はヒースクリフその人自身なの！　あの人はどんなときも私の心の中にいる。歓びの源泉としてではなく、私の存在そのものとして。

ヒント　as ～で「～として」、pleasureは「歓びを与えるもの」、not A but Bで「AではなくB」、my ownで「私自身の」、beingは「存在」。

*am*の後ろのHeathcliffが補語のC。be Cで「Cである」。したがって、I am Heathcliff!は、「私はヒースクリフである」という意味になりますが、原文のI *am* Heathcliff!ではamが強調されており、特別な意味合いが追加されています（強調する場合にはよく斜体が使われます）。

ここで、I *am* Heathcliff!の意味を考える前に、まず、仮に他の部分が強調されていたとしたら、この文がどのようなニュアンスになるかを見てみましょう。もしHeathcliffが強調されたとすると、I am *Heathcliff*!は「私は（他の人やものではなく）ヒースクリフなのです」という意味になります。また、Iが強調されたとすると、*I* am Heathcliff!は「（他の人ではなく）私がヒースクリフなのです」や「（他の人はともかく）私はヒースクリフなのです」といった意味になります。それでは、be動詞が強調された原文のI *am* Heathcliff!はどうでしょうか。

「～である」という意味を持つbe動詞は、主語と「～」の部分をイコールで結ぶ機能を持っており、be動詞が強調されたI *am* Heathcliff!という文では、このイコールの関係が強調されていることになります。したがって、I *am* Heathcliff!は、「私とヒースクリフはまさにイコールなんです！」「私はまさにヒースクリフそのものなんです！」といったニュアンスを持っています。キャサリンによるI *am* Heathcliff!という言葉は、英語のbe動詞の本質をよく表しています。

～になる

第2文型で表される主な意味の2つめが「Cになる」で、become C、get C、grow Cなどがあります。どの動詞の場合もCに形容詞を入れることができますが、Cに名詞を入れられるかどうかは動詞によって異なります。

Track 010　オスカー・ワイルド『ドリアン・グレイの肖像』

あらすじ 青年ドリアンは退廃的な生活を送りながらも若さと美しさを保っていますが、肖像画に描かれた彼の顔はどんどん醜く崩れていき、やがてドリアンの心も疲弊していきます。ドリアンは友人のヘンリー卿に、次のように苦しい心の内を打ち明けます。

I wish I could love, [...] But I seem to have lost the passion and forgotten the desire. I am too much concentrated on myself. My own personality has **become a burden** to me.

人を愛することができたらいいのだけど。でも僕は誰かを愛したいという情熱を失い、その願望も忘れてしまったようだ。僕は自分自身のことに注意を向けすぎてしまうんだ。自分の性質が僕には重荷になってしまった。

ヒント I wish I could ～は「～できたらいいのだが」(→ p. 96)。love はここでは「他人を愛する」の意。seem to have done ～で「～したように思われる」、the passion は「人を愛したいという情熱」、the desire は「人を愛したいという願望」、be too much concentrated on ～で「～に注意を向けすぎている」。has become における現在完了は「結果」の用法です。burden は「重荷」。

become C で「Cになる」。become は、次の例で紹介する get と並んで、「～になる」という意味を表す最も一般的な動詞です。この例では a burden がCとして働いており、become a burden で「重荷になる」。become C における C の部分には、名詞の他に形容詞を入れることもできます。

Track 011 | アーネスト・ヘミングウェイ『移動祝祭日』

あらすじ ヘミングウェイが、自分が暮らしていた1920年代のパリを振り返る一節です。

You got very hungry when you did not eat enough in Paris because all the bakery shops had such good things in the windows and people ate outside at tables on the sidewalk so that you saw and smelled the food.

十分に食べていない場合、パリではすごく空腹を感じてしまうのだった。というのはどのベーカリーもウィンドウに本当においしそうなものを並べていたし、歩道に置かれたテーブルでは人々が食事をしていて、食べ物が目に入り、その匂いを嗅いでしまうから。

ヒント このyouは自分を含めた「人一般」を表します。enoughは「十分に」、このsuchは「本当に」の意。sidewalkは「歩道」。outsideとat tables on the sidewalkは同格で、outside（外で）をより詳しく表したものがat tables on the sidewalk（歩道のテーブルで）です。so that S + Vで「その結果SがVする」（→ p. 286）、smell Oで「Oの匂いを感じ取る」。長くてやや読みにくい文ですが、コンマなしで「～ and ～」とつながっていくのが非常にヘミングウェイらしいところです。頭の中で3行目のwindowsの後ろにコンマを補うと読みやすくなります。

get Cで「Cの状態になる」。very hungryがCとして働いています。get Cにはbecome Cよりカジュアルなニュアンスがあり、日常会話で頻出します。ただし、become CではCに名詞と形容詞の両方を入れることができるのに対し、get C（Cの状態になる）ではCに入れられるのは形容詞のみです。

become Cやget Cのように「C（の状態）になる」という意味を表すフレーズには、他にもgrow Cやturn Cなどがあります。grow Cは「年を取る（grow old）」のような「徐々に起こる変化」を表す場合に、turn Cは「黄色になる（turn yellow）」のような「色の変化」を表す場合に特によく使われます。

be Cが「Cである」という「状態」を表すのに対し、become Cやget Cは「Cになる」という「変化」を表すため、「お腹が空き始める（begin to get hungry）」のように「変化」を表す場合には、be Cではなくget Cやbecome Cなどが使われます。begin to be hungryのような言い方は現代では通常使われません。

Track 012 チャールズ・ディケンズ『クリスマス・キャロル』

あらすじ 物語の冒頭、あるクリスマスイブの夜に貪欲な金貸しの老人であるスクルージのところに幽霊が現れる場面から。スクルージが独りで自分の部屋にいたところ、建物内には他に誰もいないはずなのに、なぜか建物にあるすべてのベルが揺れて鳴り始めます。言いようのない不安な気持ちに駆られてスクルージがビクビクしているとベルは次第に鳴りやみますが、今度は下の階から重い鎖が引きずられるような音が聞こえてきます。以下はそのすぐ後の様子を描く文で、The cellardoorは「下の階で倉庫として使われている部屋のドア」、heはスクルージ、the noiseは前述の「重い鎖が引きずられるような音」を指しています。

The cellardoor flew open with a booming sound, and then he heard the noise [...] coming up the stairs; then coming straight towards his door.

倉庫のドアがとどろくような音を立ててすごい勢いで開きました。そして彼は鎖の音が階段を上って近づき、さらに自分の部屋のドアにまっすぐに近づいてくるのを聞きました。

ヒント flewはfly（飛ぶように速く動く）の過去形、boomingは「とどろくような」、hear O ~ingで「Oが～しているのを聞く」、up the stairsで「階段を上に向かって」。このupは前置詞です（→ p. 28）。towards ～で「～に向かって」。

flyは「飛ぶ」や「飛ぶように速く動く」という意味の場合、通常は単独で使われますが、この文では「開いている状態」を表すopenという形容詞を伴っています。このopenはCとして働いており、fly openで「飛ぶように速く動いて開いた状態になる」つまり「すごい勢いで開く」という意味が表されています。このように、通常は第1文型で使われる動詞であっても、Cを伴って「Vすることで Cの状態になる」という意味を表すことがあります。

～のままでいる

第2文型で表される主な意味の3つめが「Cの状態のままでいる」で、remain C、keep C、stay Cなどがあります。いずれも、Cには形容詞を入れることができます。

Track 013　オスカー・ワイルド『ドリアン・グレイの肖像』

あらすじ　友人バジルによって描き上げられた自分の肖像画を初めて目にした貴族の美青年ドリアンは、自分の美しさを初めて意識し、今までに経験したことのない歓びを覚えますが、その歓びはすぐに去り、鋭い痛みのような悲しみを覚えます。以下は、長い沈黙の後にドリアンがようやく口にする言葉です。

How sad it is! I shall grow old, and horrible, and dreadful. But this picture will **remain always young.**

なんて悲しいことだろう！　僕は年を取り醜くなっていく。それなのにこの絵は永遠に若いままだ。

ヒント　How C + S is! は感嘆文で「Sはなんて Cなのだろう！」という意味を表します。この shall は「話者の確信」を表す will と同じです（→ p. 101）。grow C で「（徐々に）Cになる」、horrible と dreadful はここではどちらも「醜い」。

remain C で「Cの状態のままでいる」。always young（常に若い）がCとして働いています。

<参考>

似た意味を持つ remain C、keep C、stay C ですが、Cの部分に形容詞以外にどのような語を入れられるかはそれぞれ少しずつ異なります。たとえば、remain C

の場合、remain friends（友だちでいる）のようにCに名詞を使えますが、keep C のCには名詞は使えません。そこで役立つのが学習者向けの英英辞典です。こういった辞典で動詞を引くと、その動詞がどのような語を伴うことができるのかがわかります。英英辞典は敷居が高く感じられがちですが、学習者向けのものは慣れれば非常に便利でおすすめです。Oxford Advanced Learner's Dictionary や Longman Dictionary of Contemporary English など、オンラインで無料で使えるものもあります。

～な印象を与える

第2文型で表される主な意味の4つめが、seem C（Cであるように思われる／Cであるような印象を与える）などの「印象」を表すものです。Cには主に形容詞が使われますが、名詞が入ることもあります。

Track 014　オスカー・ワイルド『真面目が肝心』

あらすじ　ジャックは赤ちゃんのときにバッグに入った状態でターミナル駅の荷物預り所で発見されたため、両親が誰だかわからないまま大人になりましたが、あるとき偶然そのバッグの持ち主だった人物が判明します。以下は、その人物から「あなたの身元のことはレディ・ブラックネルがご存じです」と言われたジャックが、レディ・ブラックネルに自分の身元を尋ねるときの言葉です。レディ・ブラックネルは、ジャックの婚約相手であるグウェンドリンの母親です。

Lady Bracknell, I hate to seem inquisitive, but would you kindly inform me who I am?

私が詮索好きであるかのような印象を与えたくはないのですが、私が誰なのかをどうか教えてくれますか？

ヒント　I hate to do ~ but で「～したくはないのですが」、inquisitive は「詮索好き」を表す形容詞。would you ~? は「～してくれますか？」。kindly はフォーマルな場面で please（どうか）に近い意味で使われることがあります。who I am は「私が誰であるのか」、inform me who I am で「私が誰であるのかを私に教える」。

seem C は「C であるように思われる」と訳されることがよくありますが、これは「主語に相当する人やものが C のような印象を周りに与えている」ということに他なりません。この例では inquisitive が C。seem inquisitive は「詮索好きであるような印象を与える」という意味を表しています。

「印象」を表す第 2 文型のフレーズには seem C 以外に、You look happy.（嬉しそうだね）のように「見たときの印象」に注目する look C や、That sounds interesting.（それは面白そうだね）のように「聞いたり読んだりしたときの印象」に注目する sound C などがあります。

Verb Patterns

第4文型

目的語Oが動詞の後ろに2つ続くV＋O＋Oという形が第4文型で、代表的なものにgive B＋A（BにAを与える）などがあります。1つめのOに相当するBは「間接目的語」、2つめのOに相当するAは「直接目的語」と呼ばれます。この項では間接目的語をBで、直接目的語をAで表します。

第4文型のフレーズは、give B＋Aのように「BにAを〜する」という意味を持つものが大多数です。また、多くの場合、第4文型のフレーズと同じ意味を第3文型でも表すことができ、たとえば、give B＋Aはgive A to B（AをBに与える）と基本的に同じ意味を表します。

Track 015 | アーネスト・ヘミングウェイ『移動祝祭日』

あらすじ ヘミングウェイはパリで暮らしていた1920年代に、同じくアメリカ人作家であるスコット・フィッツジェラルドに出会い親交を結びます。以下は、フィッツジェラルドとの当時のやり取りを振り返る一節で、heはフィッツジェラルドを指しています。文中の『陽はまた昇る』の草稿について、ヘミングウェイは、まだ不完全な状態であり書き直すまでは誰にも見せたくないと思っていたようです。

That fall of 1925 he was upset because I would not **show him the manuscript of the first draft of The *Sun Also Rises*.**

1925年のその秋、私が『陽はまた昇る』の最初の草稿を彼に見せようとしないので、彼は怒っていた。

ヒント be upsetで「怒っている」、would not 〜は「〜しようとしなかった」（→ p. 116）、manuscriptは「原稿」、draftは「下書き」。

show **him** **the manuscript of ~**
V **B** **A**

show B + A で「B に A を見せる」。show him the manuscript of ～は「彼に～の原稿を見せる」という意味を表します。show B + A は、第 3 文型の show A to B（A を B にを見せる）と基本的には同じ意味を持ち、どちらの形もよく使われます（show A to B は、「A を見せる」を表す show A と、「B に」を表す to B を組み合わせたものです）。

ただし、A が it または them の場合には通常 show B + A ではなく show A to B の形が使われます。show him it や show him them といった言い方はあまり自然ではありません。また、「何を見せるのかはもう決まっていて、それを誰に見せるかが問題になっているとき」にも show B + A ではなく show A to B の形が使われる傾向があります。これらの傾向は、第 3 文型と第 4 文型の両方で使われる他の動詞にも当てはまります。

show B + A と同じく第 4 文型で使われ、かつ、第 3 文型で同じ意味を表したときに V + O + to ～の形になる代表的な動詞には次のようなものがあります。

	第 4 文型	第 3 文型
B に A を与える	give B + A	give A　to B （A を与える）（B に）
B に A を送る	send B + A	send A　to B （A を送る）（B に）
B に A を伝える	tell B + A	tell A　to B （A を伝える）（B に）
B に A を教える	teach B + A	teach A　to B （A を教える）（B に）

to は、to ～で「～に」という意味を表す前置詞です。give A to B のような第 3 文型のフレーズでは、フレーズ全体を丸ごと漠然と捉えるのではなく、to B が 1

つのまとまりとして「Bに」という意味を持っていることを意識するのが、英語を理解する上でも使う上でも重要です。to以外の前置詞が使われる場合でも同様です。

これらの第4文型のフレーズでは、同じ意味を第3文型で表した場合にto〜が使われますが、toではなくforが用いられるケースもあります。

Track 016　D・H・ロレンス『チャタレイ夫人の恋人』

あらすじ　レディ・チャタレイの夫である準男爵サー・クリフォード・チャタレイは文化人として名声を築きますが、次第にレディ・チャタレイは知識人に共通する欺瞞と不毛さをクリフォードに感じるようになり、自分たちの土地の森番で労働者階級のメラーズに惹かれていきます。そしてクリフォードとの生活に耐えられなくなった彼女は、クリフォードと離婚してメラーズと一緒になることを決意します。ある夜、姉のヒルダを味方につけようとした彼女は、夫に知られないように密かにヒルダをメラーズに引き合わせ、メラーズが暮らしている小屋に3人で向かいます。以下は、小屋に着いてから最初にメラーズがヒルダとレディ・チャタレイにかける言葉です。メラーズはこの時点では標準英語を話していますが、この後、労働者階級の自分に対するヒルダの蔑みを感じたメラーズはわざと土地の訛りを全面に出して話し始めます。

Can I make you tea or anything, […]?

紅茶か何かをいれましょうか？

ヒント　~ or anything で「~か何か」。

make **you** **tea or anything**

V　B　A

make B + A で「Bのために A を作ってあげる」という意味を表します。make B + A と同じ意味を持つ第3文型のフレーズは make A for B。これは make A (A

を作る）と for B（B のために）を組み合わせたものです。show B + A も make B + A も同じ第 4 文型ですが、第 3 文型にすると、show の場合には show A to B という to ～（～に）が使われるのに対し、make の場合には make A for B という for ～（～のために）が使われることに注目してください。to と for は次のように使い分けられています。

show（見せる）の場合、「見せる」という行為自体が「相手」を必要とするものであり、「誰に対して見せるのか」が to ～（～に）で示されます（同じことが p. 49 の表の動詞にも当てはまります）。一方、make（作る）の場合、「作る」という行為自体は「相手」を必要とせず自分だけで完結します。そして、誰かのために何かを作る場合には、「誰のために作るのか」を for ～（～のために）で示します。

make B + A と同様に第 4 文型で使われ、かつ、第 3 文型で同じ意味を表したときに V + O + for ～の形が使われる主な動詞には次のものがあります。

	第 4 文型	第 3 文型
B に A を買ってあげる	buy B + A	buy A　for B （A を買う）（B のために）
B のために A を手に入れてくる	get B + A	get A　for B （A を得る）（B のために）

「作る」と同様に、「買う」も「手に入れてくる」も、それ自体はやはり「相手」を必要としない行為です。したがって、make の場合と同様に、第 3 文型では buy A や get A の後ろには to B（B に）ではなく for B（B のために）が使われています。

Track 017　アーネスト・ヘミングウェイ『移動祝祭日』

あらすじ　こちらもフィッツジェラルドとの思い出を語る文章。ひょんなことからヘミングウェイは、知り合ってまだ日の浅いフィッツジェラルドとリヨンに旅をすることになりますが、フィッツジェラルドは列車に乗り遅れ、翌朝ようやくリヨンのホテルで、すでに到着していたヘミングウェイと合流します。以下は、ホテルで朝食を終えたときの様子を描いたもの。he はフィッツジェラルドを指しており、直前には、

「彼が今朝私に会うまでにすでに酒を飲んでいたのは彼の様子から明らかだった」という文があります。ヘミングウェイはこの旅で、フィッツジェラルドのちょっと困った、しかし愛すべき人柄を発見していくことになります。

[…] and, as he looked as though he needed a drink, I asked him if he did not want one in the bar before we set out. He told me he was not a morning drinker and asked if I was.

彼はアルコールを飲みたそうだったので、私は彼に、出発する前にバーで一杯飲みたくないか尋ねた。彼は、自分は朝は飲まないと私に言い、私のほうはどうなのかと聞いた。

ヒント as S + V で「S + V ので」、look as though S + V で「S + V かのように見える」、drink は「アルコール入りの飲み物」、if S + V で「S + V かどうか」、set out は「出発する」、morning drinker は「朝お酒を飲む人」。did、set、was で過去形が使われているのは時制の一致によるものです（→ p. 118）。

asked **him** **if he did not want one in the bar before we set out**

V **B** **A**

told **me** **(that) he was not a morning drinker**

V **B** **A**

ask B + A で「B に A を尋ねる」、tell B + A で「B に A を伝える」。A の部分には、このように疑問詞の節＊や that 節（→ p. 280）が使われることも非常によくあります。ask O if S + V は「S が V するかどうかを O に尋ねる」、tell O (that) S + V は「S + V ということを O に伝える」という意味を表します（that S + V は「S + V ということ」の意。→ p. 280）。tell B + A 等の A の部分に疑問詞の節や that 節が使われる場合、tell A to B のような第 3 文型のフレーズに書き換えることはできません。

＊「節」とは主語と動詞を含むまとまりのことです。

Verb Patterns

第5文型

動詞の後ろに目的語O、そしてその後ろに補語Cが置かれたV+O+Cという形が第5文型です。第5文型のフレーズは意味の上で主に次の4つに分類できます。

(1)「OをCの状態にする」または、それに類するもの
(2)「OをCと認識する」または、それに類するもの
(3)「『OがC』という事態を経験する」
(4)「Cの状態のままOをVする」

Vにどのような動詞が使われるのかによって、Cの部分に入るのは名詞、形容詞、分詞、不定詞など様々ですが、OとCの間に常に主語と述語の関係、つまり「OがC」という関係が成り立つのが、第5文型の非常に重要な特徴です。

第5文型(1)「OをCの状態にする」

英語にはV + O + Cという形で「OをCの状態にする」、またはそれに類する意味を表すフレーズが数多くあり、その代表的なものにmake O + C(OをCの状態にする)、keep O + C(OをCの状態に保つ)などがあります。Cの部分に入るのは名詞、形容詞、分詞、不定詞などで、動詞により異なります。

~僕を美男子にするために~ make O + Cなど

Track 018 オスカー・ワイルド『真面目が肝心』

あらすじ アルジャノンの邸宅でジャックがアルジャノンと話していると、アルジャノンのおばが娘のグウェンドリンと一緒にやってきます。以下は、しばらくしてジャックとグウェンドリンが2人きりになったときに2人の間で始まるやり取りです。ジャックはグウェンドリンにプロポーズするつもりでいます。

JACK	Charming day it has been, Miss Fairfax.
GWENDOLEN	Pray don't talk to me about the weather, Mr Worthing. Whenever people talk to me about the weather, I always feel quite certain that they mean something else. And that **makes me so nervous.**
JACK	I do mean something else.

JACK：　今日はいい天気ですね。
GWENDOLEN：　どうか天気の話をするのはおやめになって。天気の話をされると私はいつも、その人は何か別のことを言おうとしているに違いないと思ってしまいますの。そして本当に落ち着かなくなるんです。
JACK：　まさに私も別のことを言おうとしているのです。

ヒント Charming day it has been は倒置文。It has been a charming day. と意味は同じです。Pray は Please と同義。whenever S + V で「S が V するときはいつでも」、feel quite certain that S + V で「S + V ということを確信する」。mean O で「O を意味する、O を意図する」、something else は「何か別のこと」、「do +動詞の原形」で「実際に～している」。

makes　me　so nervous
V　O　C

make O + C で「O を C の状態にする」。C の部分には、主に名詞や形容詞が入ります。that makes me so nervous で「それは私を本当にナーバスな状態にする」。

Track 019　シャーロット・ブロンテ『ジェイン・エア』

あらすじ　ジェインが住み込みの家庭教師として働いている屋敷の主人である貴族ロ

チェスターは、美しい貴族の娘と結婚することになっています。結婚式を間近に控えたある日、ロチェスターは偶然顔を合わせたジェインと上機嫌で雑談を始めます。以下は、その中でロチェスターがジェインに言うセリフです。

Tell me now, fairy as you are – can't you give me a charm, or a philter, or something of that sort, to **make me a handsome man**?

教えてくれ。君は妖精のような人なのだから、僕を美男子にするために、魔法の言葉とか薬とか、何かそういうものを僕に授けることはできないのか？

ヒント fairy as you are は「君は妖精のように小柄な人なのだから」の意。can't you ~? で「~できないのか？」、give B + A で「B に A を与える」、charm は「魔法の言葉」、philter は「魔法の薬」、something of that sort で「何かそういうもの」。to 以下は不定詞の副詞的用法（→ p. 298）と捉えても形容詞的用法（→ p. 303）と捉えても構いません。

make	me	a handsome man
V	O	C

1 つ前の例（→ p. 54）と異なり、C に形容詞ではなく a handsome man という名詞が使われていますが、「O を C（の状態）にする」という意味は変わりません。make me a handsome man で「僕を美男子にする」。

Track 020　L・M・モンゴメリ『赤毛のアン』

あらすじ　地元の学校で先生として教えることになったアン。近所に住むリンド夫人は「パイ家の子どもたちはもう全員卒業していなくなったから、あなたは先生としてうまくやっていけるわよ」とアンを励まします。パイ家の子どもたちは先生を困らせるので有名だったのです。リンド夫人は次のように言葉を続けます。their は「パイ家の子どもたち」を指しています。

[...] I guess their mission in life was to **keep schoolteachers reminded** that earth isn't their home.

先生たちに「間違った星に生まれついてしまった」と思わせ続けることがあの子たちの使命だったのよ。

ヒント I guess (that) S + V は直訳すると「私は S + V と推測する」ですが、自分が思っていることをカジュアルに述べるのによく使われます。mission in life は「人生における使命」、to 以下は「～すること」を表す不定詞の名詞的用法。earth isn't their home は「地球は自分の居場所ではない」といった意味です。

keep **schoolteachers** **reminded that earth isn't their home**

V **O** **C**

keep O + C で「O を C の状態に保つ」。C には形容詞や分詞が入ります。reminded that S + V は remind O that S + V（S + V ということを O に思い出させる）の過去分詞。他動詞の過去分詞は受け身の意味を表すため、keep schoolteachers reminded that S + V は「S + V ということを思い出させられている状態に先生たちを保つ」という意味を表します。

O と C の間には必ず「O が C」という「主語と述語の関係」が成り立っている必要があります。remind は「思い出す」ではなく「思い出させる」という意味であること、そして、「先生」は「思い出させる側」ではなく「思い出させられる側」であることから、C には reminding ではなく reminded を使わなければならない点に注目してみてください。C は過去分詞なので、O と C の間には「先生が思い出させられる」という正しい「主語と述語の関係」が成り立っています。もし C に現在分詞の reminding を使うと、「先生」は「思い出させる側」になってしまいます。

Track 021 | L・M・モンゴメリ『赤毛のアン』

あらすじ　アンは地元の小さな町を離れて都会の高等学校に通うことが決まります。出発の日が近づいたある晩、それまでアンに華やかな服を着せることを好まなかった養母マリラが、アンがパーティーに招かれたりしたときのためにと、豪華なイブニングドレス用の生地をプレゼントします。以下は、喜んだアンがマリラに言うお礼の言葉です。

Thank you so much. I don't believe you ought to be so kind to me – it's **making it harder** every day **for me to go away.**

本当にありがとう。こんなに私に優しくしてはいけないわ。日を追うごとにここから離れがたい気持ちになってしまっているもの。

ヒント　ought to be ～で「～であるべき」。it's making ～の it は「マリラがとても優しいこと」を指しています。for me to go away の for は「～にとって」という意味に解釈しても不定詞の動作主（→ p. 297）を表すと解釈しても構いません。

making　it　harder　(for me) to go away
V　形式O　C　実質的なO

to go away（ここを去ること）は不定詞の名詞的用法（→ p. 294）。V + O + C という形において、O が不定詞や that 節の場合には、O をいったん it で置き換え、そして不定詞や that 節を C の後ろに置きます。この it は「形式目的語」と呼ばれます。it's making it harder every day for me to go away. は「それは、ここから去ることを私にとって 1 日ごとにますます難しくしている」という意味を表します。

ここまでは、「O を C の状態にする」という意味で使われる典型的な動詞を例として取り上げてきましたが、次の例の shiver（震える）のように「O を C の状態にする」という意味で使われるのが想像しにくい動詞でも、V + O + C の形で使われることがあります。

Track 022 | アーネスト・ヘミングウェイ『老人と海』

あらすじ 明け方、老人は目を覚ますと、開け放してあった小屋のドアからまだ空にある月を眺め、丸めて枕として使っていたズボンを広げて履き、漁に出るため小屋を抜け出していきます。

He was shivering with the morning cold. But he knew he would **shiver himself warm** and that soon he would be rowing.

彼は朝の寒さに震えていたが、震えているうちに暖かくなるし、どうせあと少しすれば自分は船を漕いでいるのだ（だから寒くなくなる）とわかっていた。

ヒント shiver (with cold) は「(寒さで) 震える」。warm は「暖かい状態」を表す形容詞。第 2 文は he knew (that) ~ and that ...という構造で、「彼は～ということと…ということを知っていた」の意。would be ~ing は、will be ~ing（～している状態になる）に時制の一致が適用されたもの。row は「(船を) 漕ぐ」。

shiver **himself** **warm**
V **O** **C**

shiver himself warm は直訳すると「震えることによって自分自身を暖かい状態にする」。このように、一見第 5 文型に馴染まないように思える動詞であっても、「V することで O を C の状態にする」という意味で V + O + C の形で使われることがあります。

have O + C / get O + C

have は「have + O + 過去分詞」という形でもよく用いられ、「O を～してもらう」などのいくつかの異なる意味を持ちます。「get + O + 過去分詞」も「have + O + 過去分詞」とほぼ同じ意味で使われます。

Track 023 ｜ アーネスト・ヘミングウェイ『移動祝祭日』

あらすじ フィッツジェラルドと彼の妻ゼルダはフランスを車で旅行していた際、天候のせいでリヨンに車を残してパリに戻ってきており、のちにヘミングウェイは旅行も兼ねてフィッツジェラルドと一緒にリヨンにその車を取りにいきます。しかし、リヨンでその車を見たヘミングウェイは、車の幌がなくなっているのを見て驚きます。前の旅行で幌が損傷してしまった際、ゼルダの意向で幌を丸ごと取り払ってしまっていたのです。以下は幌がなくなった事情を説明する一節で、it は車の幌を指しています。Scott はフィッツジェラルドのことです。

[…] and Zelda had ordered it cut away and refused to have it replaced. His wife hated car tops, Scott told me, […].

ゼルダが幌を切り取らせてしまい、再びくっつけてもらうのを拒んでいたのだった。妻は車の幌が嫌いなんだ、とスコットは私に言った。

ヒント 「had ＋過去分詞」は過去完了で、「過去の出来事の理由・背景」を表すのに使われています（→ p. 210）。「order ＋ O ＋過去分詞」は「（店の人などに）指示して O を～してもらう」という意味。cut away は cut O away（O を切り離す）の過去分詞、refuse to do ～で「～するのを拒む」、replaced は replace O（O を再び載せる）の過去分詞、car top は「車の幌」。

have it replaced
V O C

「have/get ＋ O ＋過去分詞」は「O を～してもらう」という意味を表すことができ、自分で何かをするのではなく、誰か他の人にしてもらう場合に使われます。have it replaced で「それ（＝車の幌）を再びくっつけてもらう」。過去分詞の replaced は「くっつけられる」という受け身の意味を持つため、O と C の間には「それがくっつけられる」という正しい「主語と述語の関係」が成り立っています。もし C を replacing にすると、「それがくっつけている」ことになってしまいます。

「have/get ＋ O ＋過去分詞」は日常生活でも頻出です。たとえば「髪を切る」は、お店で切ってもらう場合は have my hair cut または get my hair cut（どちらも「髪を切ってもらう」の意）。cut my hair は「自分で自分の髪を切る」という意味になります。

Track 024 ｜ アーネスト・ヘミングウェイ『移動祝祭日』

あらすじ　ヘミングウェイはパリ時代、特に春の間は早朝に書き物をしていたようです。以下はある朝、新聞を買いに外に出て、ヤギのミルク売りを見送ってアパートに戻るときの様子を描いた文章の一部です。

I breathed the air in and walked back fast to [...] get my work done.

私は外の空気を吸うと、作品を仕上げるために速足で戻った。

ヒント　breathe O in で「O を吸い込む」。to 以下は「～するために」を表す不定詞の副詞的用法です。work は「作品、仕事」。done は do O（O をする）の過去分詞で、形容詞のように「もう済まされた状態／もう終えられた状態」を表すことができます。

---

get **my work** **done**
V **O** **C**

「get O ＋ C」は、C に done や finished などの「完了」を表す語を用いて、「O を終わらせる」という意味でもよく使われます。この場合は「終わらせる」という作業を行うのは自分であり、「誰かに～してもらう」という意味ではありません。get O done は直訳すると「O を済ませられた状態にする」。O と C の間には「O が済ませられる」という「主語と述語の関係」が成り立ちます。get O done は finish O（O を終える）とほぼ同じ意味ですが、get O done は「手間がかかると感じている作業」に関してよく使われます。また、get の代わりに have が用いられることもあります。

～僕が君を愛するのを彼らがやめさせることができるなら～ V + O + do ～の形で使われる使役動詞

make、have、letの3つの動詞は「使役動詞」と呼ばれ、make O do ～、have O do ～、let O do ～という形で「Oに～させる」や、それに類する意味を表すことができます。わざわざ「使役動詞」という名前がつけられているのは、このようにV + Oの後ろに動詞の原形が直接続くのが非常に特殊であるためです。英語にはask O to do ～（～してくれるようOに頼む）のようにV + O + to do ～という形で使われる動詞は無数に存在しますが、V + O + do ～という形で使われる動詞は、現在では3つの使役動詞と後述する知覚動詞（→ p. 69）、それからhelpくらいしかありません（helpは特殊で、help O to do ～とhelp O do ～のどちらの形でも使え、「Oが～するのを助ける」という意味を表します）。

make O do ～（Oに～させる）などの使役動詞のフレーズでは、Oとdo ～の間に「Oが～する」という「主語と述語の関係」が成り立ちます。このため、使役動詞を用いた「V + O +動詞の原形」のフレーズは第5文型として説明されることがよくあります。

なお、ask O to do ～（～してくれるようOに頼む）のようなV + O + to do ～という形においても、Oとto do ～の間に「Oが～する」という「主語と述語の関係」が成り立ちます。本書では、V + O + to do ～の形を不定詞の項で取り上げています（→ p. 329）。

Track 025　ジョージ・オーウェル『1984』

あらすじ　党員のあらゆる行動が監視され、党に不都合と見なされればたちまち捕らえられて拷問を受け処刑される究極の監視社会に生きるウィンストンは、危険を冒して、一緒にいるところを見られてはならない恋人と秘密の逢瀬を重ねています。ある日、逢引の最中にウィンストンは恋人に「一度捕まれば2人とも殺されることになるけれど、それでも一番大事なのは最後までお互いを裏切らないことだ。たとえそれが何の違いも生み出さないにしても」と話します。それに対し恋人は「拷問では人は何もかもしゃべらされてしまうものよ」と答えますが、ウィンストンは「拷問で白状してしまうことを言っているわけではないんだ。何を言ってしまうか、何をしてしまうかは問題じゃない。心の中のことだけが大事なんだ」と言い、次のように続けます。they は拷問をする側の人間を指しています。

‘[…] If they could **make me stop** loving you – that would be the real betrayal.’ She thought it over. ‘They can’t do that,’ she said finally. ‘[…] They can **make you say** anything – *anything* – but they can’t **make you believe** it. […]’

「僕が君を愛するのをもし奴らがやめさせることができたら、それこそが本当の裏切りと言えるだろう」彼女は彼の言ったことをしばらく反芻し、それから言った。「彼らにもそれはできないわ。彼らは人に何でも言わせることができる。それこそどんなことでも。でも言ったことを信じさせるのは無理よ」

ヒント could は仮定法過去形（→ p. 76）。If they could ~ that would be …で「もし仮に彼らが～することができたとしたら、それは…を意味するだろう」。stop ~ ing で「～するのをやめる」、betrayal は「裏切り」、think O over で「O をじっくり考える」、finally は「ついに、ようやく」。you はここでは「あなた」ではなく「自分も含めた人一般」を表しています。you はこのように「誰にでも当てはまること」を述べる場合にも使われます。

make O do ～で「O に～させる」。この例のように、S と O が両方「人」の場合、make O do ～は「強制的に～させる」というニュアンスを持ちます。また、特にアメリカ英語では、have O do ～も「命令したり頼んだりして O に～させる」という意味で使われます。

Track **026** チャールズ・ディケンズ『クリスマス・キャロル』

あらすじ 強欲で他人を顧みなかったために自分がいかに不毛な人生を歩んできてしまったかを3人の精霊によって思い知らされたスクルージ。彼は過去の自分と決別し、人のために生きることを決意します。以下は、別人のようになったスクルージの様子を描く文で、him と he はスクルージを指しています。

Some people laughed to see the alteration in him, but he **let them laugh**, and little heeded them; [...].

彼の変貌を見て笑う人もいましたが、彼は笑いたい人にはそうさせていました。そしてそういった人たちのことはほとんど気にしませんでした。

ヒント some は「一部の」、laugh to see ~で「~を見て笑う」、alteration は「変化」、in ~で「~における」、little は「ほとんど~ない」、heed O で「O に注意を払う」。

let O do ~は「O（=何かをしたがっている人）に~させておく／させてあげる」あるいは「O が~するのを可能にする」といった意味を表します。let them laugh は前者で「彼らに笑わせておく」の意。

第5文型(2)「OをCと認識する」

第5文型の2つめのグループは、「O を C と認識する」またはそれに類する意味を表すタイプで、C の部分に入るのは名詞、形容詞、分詞、不定詞など、動詞によって様々です。

~「プロポーズしにロンドンに」「それは休暇ではなく仕事だね」~ call O + C（O を C と呼ぶ）など

Track 027　オスカー・ワイルド『真面目が肝心』

あらすじ ロンドンに出向いてきたジャックが友人のアルジャノンに、ロンドンへ来た理由を話す場面です。グウェンドリンはアルジャノンのいとこです。

JACK　I am in love with Gwendolen. I have come

up to town expressly to propose to her.

ALGERNON　I thought you had come up for pleasure? . . . I call that business.

JACK：　僕はグウェンドリンに恋をしているんだ。彼女にプロポーズするためにロンドンに来たんだよ。

ALGERNON：　てっきり君は休暇で来たのかと。僕にはそれは仕事だね。

ヒント be in love with ～で「～に恋をしている」、come up to town で「ロンドンに出てくる」（この town は「都会」の意）、expressly to do ～で「～するというまさにその目的のために」。「had +過去分詞」は過去完了で、come up の時制が thought の時制よりも前であることを示しています。pleasure は「仕事」との対比としての「余暇、休暇」。

call that business
V　O　C

call O + C で「O を C と呼ぶ」。call that business は直訳すると「それを仕事と呼ぶ」ですが、call O + C は「O を C であると見なす」というニュアンスを持つこともよくあります。C の部分には名詞が入るのが一般的ですが、形容詞も使われます。

Track 028　エミリー・ブロンテ『嵐が丘』

あらすじ エドガー・リントンと結婚したキャサリンは夫と、それからエドガーの妹のイザベラ・リントンと一緒に暮らしていますが、あろうことかイザベラは、リントン家の人間を激しく憎んでいるヒースクリフに恋をしてしまいます。以下は、それを知って驚愕したキャサリンがイザベラに向かって言うセリフです。キャサリンは、ヒースクリフがイザベラの思い描いているような優しい人物ではないことを知り尽くしています。

But I'll not believe this idiocy! It is impossible […] that you consider him an agreeable person! I hope I have misunderstood you, Isabella?

いや、私はそんな馬鹿げたことは信じないわ！　あなたが彼のことをいい人だと思っているなんて、あるはずのないことよ！　私の誤解であってほしいわ。そうよね、イザベラ？

ヒント idiocy は「愚かさ」。It is impossible that S + V で「S + V ということはあり得ない」。agreeable person は「いい人」、misunderstand O で「O を誤解する」。

consider **him** **an agreeable person**
V **O** **C**

consider O + C で「O は C だと考える」。こちらはややフォーマルな響きを持ちますが、やはり典型的な第 5 文型のフレーズです。consider O + C は C の部分に名詞、形容詞、分詞を入れて使われるほか、ほぼ同じ意味で consider O to be ～という形で用いられることもあります。

consider O to be ～に類するものに know O to be ～（O は～であると知っている）や believe O to be ～（O は～であると信じている）などがありますが、どれもフォーマルで、日常会話では know (that) S + V（S + V と知っている）や believe (that) S + V（S + V と信じている）のような that 節を使った形が一般的です。ただし、be believed to be ～（～であると信じられている）などの受動態の形（→ p. 227）は、能動態（believe O to be ～など）ほどフォーマルではありません。

～名前を聞くと、字面が目に浮かびません？～
「hear + O +現在分詞」と「hear + O +過去分詞」の使い分け

hear（聞く）、see（見る）、feel（感じる）などの「知覚」を表す動詞は、「V + O +動詞の原形」という形で使えますが（→ p. 69)、それ以外にも「V + O +

現在分詞」や「V ＋ O ＋過去分詞」という形で使うこともできます。

Track 029 | L・M・モンゴメリ『赤毛のアン』

あらすじ アンが養子になってまもない頃、アンは養母マリラに、名前を呼ぶときにはAnnではなく、eをつけてAnneと呼んでほしいんですとお願いします（アンの名前はAnneというつづりです）。しかし、AnnとAnneはどちらも同じ発音であるため、マリラはアンに何が違うのかと尋ねます。アンはそれに対し「Anneのほうがずっと字面がいいんです」と答え、次のように続けます。

When you **hear a name pronounced** can't you always see it in your mind, [...]?

名前を聞くと、いつもその字面が目に浮かびません？

ヒント pronounce Oで「Oを発音する」。can't you see ～？は「～が見えませんか？」の意。in your mindで「頭の中で」。

hear	a name	pronounced
V	O	C

前述の通り（→ p. 53）、OとCの間には「主語と述語の関係」が常に成り立っており、この文の場合、OとCの間には「名前が発音される」という関係が存在しています（他動詞の過去分詞は「～される」という受け身の意味を持ちます）。hear a name pronouncedで「名前が発音されるのを聞く」。「hear ＋ O ＋過去分詞」は「Oが～されるのを耳にする」という意味を表します。

Track 030 | シャーロット・ブロンテ『ジェイン・エア』

あらすじ ジェインが自分の子ども時代を振り返る章から。両親を亡くしたジェインは親戚に育てられていますが、その親戚やそこの子どもたちから冷たくされています。以下は、ある日の夕方、理不尽な理由で普段使われない部屋に閉じ込められたときのことを語る文章の一部です。

I heard the rain still beating continuously on the staircase window, [...].

雨がまだ階段の窓を休みなく叩いているのが聞こえました。

ヒント still は「いまだに」、continuously は「途切れることなく」、beat on ～で「～を叩く」、the staircase window は「階段のところの窓」。

heard **the rain** **beating**
V **O** **C**

V + O + C の C として使われる現在分詞は「～している」という意味を表します。このため、この文における O と C の間には「雨が（窓を）叩いている」という関係が存在しています。heard the rain beating で「雨が（窓を）叩いているのが聞こえた」。「hear + O +現在分詞」は「O が～しているのが聞こえる／O が～しているのを聞く」という意味を表します。

see（見る）や feel（感じる）などの動詞も hear と同様に使われ、たとえば「see + O +現在分詞」は「O が～しているのを見る」、「see + O +過去分詞」は「O が～されるのを見る」という意味を表します。

～プロポーズの場面を想像するのが難しかったわ。経験がないから～ 形式目的語が使われる文

「～すること」という意味を表す名詞的用法の不定詞（→ p. 294）や、「S + V ということ」という意味を表す that 節（→ p. 280）も V + O + C の O として働くことができます。ただし、その場合、O をいったん形式目的語 it で置き換えて、その上で不定詞や that 節を C の後ろに置きます。

Track 031 | L・M・モンゴメリ『赤毛のアン』

あらすじ 物語を自分で創作するという宿題を学校で出されたアンは、得意の空想力ですらすらと書き上げますが、唯一難しかったのが、主人公の男性がヒロインにプロポーズする場面でした。以下は、苦労した場面のことをアンが親友のダイアナに話して聞かせるセリフの一部です。

I found it rather hard to imagine the proposal because I had no experience to go by.

プロポーズの場面を想像するのがなかなか難しかったわ。私には（想像する上で）参考になるような（プロポーズの）経験がないから。

ヒント find O + C で「O は C であると実感している」、rather は「なかなか」、proposal は「結婚の申し込み／プロポーズ」。to go by は experience（経験）を修飾する不定詞の形容詞的用法です。go by ～で「～を判断の基準とする」。by と experience の間には「前置詞」と「前置詞の目的語」の関係が成り立っています。

found　it　rather hard　to imagine the proposal
V　形式 O　C　実質的な O

find it C to do ～で「～するのは C であると実感している」。it は形式目的語で、不定詞部分が実質的な O として働いています。to imagine the proposal は不定詞の名詞的用法（→ p. 294）で、「プロポーズを想像すること」という意味を表しています。

Track 032 | チャールズ・ディケンズ『クリスマス・キャロル』

あらすじ クリスマスイブの夜、貪欲な金貸しの老人である主人公スクルージのもとに幽霊が現れます。幽霊は何年も前に死んだマーリーという男で、スクルージと一緒に金貸しを営んでいた人物。この幽霊は体が透明で、スクルージには幽霊の体の向こう側が透けて見えます。以下はその場面を描く文です。この文は、「腸、はらわた」

を意味する bowels という語が「慈悲の心」という意味も持っていることを利用した、ディケンズによるジョークです。

Scrooge had often heard it said that Marley had no bowels, but he had never believed it until now.

マーリーには bowels（はらわた／慈悲の心）がないと人が言うのをスクルージはよく聞いていましたが、このときまで信じたことはなかったのでした。

ヒント 「had ＋過去分詞」は過去完了。had often done ～は「それまで頻繁に～していた」、had never done ～は「それまで～したことがなかった」という意味を表します。until now で「このときまで」。

heard	it	said	that Marley had no bowels
V	形式 O	C	実質的な O

「hear ＋ O ＋過去分詞」は前述の通り「O が～されるのを聞く」（→ p. 66）。said は say O（O を言う）の過去分詞。したがって、hear O said は「O が言われるのを耳にする」となりますが、上の文では O の部分に置かれている it は形式目的語で、that Marley had no bowels が実質的な目的語として働いています。that Marley had no bowels は that の名詞節（→ p. 280）で、that S ＋ V で「S ＋ V ということ」という意味を表します。hear it said that S ＋ V は直訳すると「S ＋ V ということが言われるのを耳にする」。意味は hear that S ＋ V（S ＋ V ということを耳にする）とほとんど変わりません。

～あなたが落としたバラを彼が拾うのを見たの～
V ＋ O ＋ do ～の形で使われる知覚動詞

see（見る）、watch（注視する、観察する）、hear（聞く）、feel（感じる）、notice（気づく）などの「知覚」を表す動詞は「知覚動詞」と呼ばれ、使役動詞と同様に「V ＋ O ＋動詞の原形」という珍しい形を取ることができます。知覚動詞が「V

＋ O ＋動詞の原形」という形で使われる場合、次のように「O が〜するのを V する」という意味を表します。

- see O do 〜　：O が〜するのを見る
- hear O do 〜：O が〜するのを聞く
- feel O do 〜　：O が〜するのを感じる

これらのフレーズでは、O と do 〜の間に「O が〜する」という「主語と述語の関係」が成り立つため、使役動詞の場合と同様、知覚動詞を用いた「V ＋ O ＋動詞の原形」のフレーズも第 5 文型として捉えることができます。

Track 033　L・M・モンゴメリ『赤毛のアン』

あらすじ　アンのクラスメイトのギルバートはアンのことが好きなのですが、以前ふざけてアンの髪の色をからかったことがあり、そのためにアンはギルバートをずっと無視しています。以下は学校で行った劇の催し物が終わった後で、アンの親友でギルバートに同情するダイアナが、アンにギルバートの様子を伝えるセリフです。Gil はギルバートを指しています。

When you ran off the platform [...] one of your roses fell out of your hair. **I saw Gil pick it up and put it in his breast pocket.**

あなたが舞台から走り降りたときに、髪につけていたバラが 1 輪落ちたの。ギルがそれを拾って胸ポケットに入れるのを私は見たのよ。

ヒント　off 〜で「〜から」、platform は「舞台」、out of 〜で「〜の中から」、breast は「胸」。

see O do 〜で「O が〜するのを見る」。see O 〜ing（O が〜しているのを見る）と異なり、see O do 〜は「O が行う動作を、その開始から完了まで目にする」という意味を持ちます。このため、I saw Gil pick it up and put it in his breast pocket.（私はギルがそれを拾って胸ポケットに入れるのを見た）は、「ギルがそれを拾おうとしたところから、それを胸ポケットに入れ終わるところまでの動作全体を目にした」ことを示します。一方、see O ～ing（Oが～しているのを見る）では、動作はすでに行われている最中であり、see O ～ingは通常「その一部を目にする」ことを表します。同じことが、hear O do ～ / hear O ～ingなどにも当てはまります。

第5文型（3）「『OがC』という事態を経験する」

第5文型の3つめのグループは、「『OがC』という事態を経験する」という意味を表すタイプです。動詞には主にhaveが用いられ、中でも特によく使われるのが、Cに過去分詞を用いた「have + O + 過去分詞」というフレーズです。p. 59で「Oを～してもらう」という意味を表す「have + O + 過去分詞」を紹介しましたが、それ以外にも「have + O + 過去分詞」は「Oが～されるという事態を経験する」という意味を表すことができます。たとえばhave O stolenは「Oが盗まれるという事態を経験する」、したがって「Oを盗まれる」という意味になります。

Track 034　L・M・モンゴメリ『赤毛のアン』

あらすじ　アンは養子になった当初は、一度口を開くとおしゃべりが止まらなくなるほど話をするのが好きでしたが、成長するにつれて前ほどにはおしゃべりをしなくなります。その理由をマリラに尋ねられたアンは、次のように答えます。

I don't know – I don't want to talk as much, [...] It's nicer to think dear, pretty thoughts and keep them in one's heart, like treasures. I don't like to **have them laughed at or wondered over.**

自分でもわからないけど、前ほどしゃべりたい気持ちにならないの。大切で素敵な思いは心で想って心に秘めておくほうがいいみたい。宝物みたいに。それを笑われたり驚かれたりするのは嫌だから。

ヒント as much の as は「同じくらい」の意。I don't want to talk as much は直訳すると「(以前と) 同じくらい多くはしゃべりたくない」。It's nicer to do ~で「~するほうがもっといい」。この It は形式主語です (→ p. 296)。think thoughts で「思いを抱く」、dear は「大切な」、one's は「自分の」、treasures は「宝物」。laughed at は laugh at ~ (~のことを笑う) の過去分詞、wondered over は wonder over ~ (~に驚嘆する) の過去分詞です。

have **them** **laughed at or wondered over**
V O C

「have + O +過去分詞」で「O が~されるという事態を経験する」。したがって have them laughed at or wondered over は「それを笑われたり、それのことで驚かれたりする (=それを嘲笑や驚きの対象にされる)」という意味を表します。「get + O +過去分詞」も「O が~されるという事態を経験する」という意味で使われることがあります。

have は様々な用法を持ち、「have + O +過去分詞」だけでなく、「have + O +現在分詞」や「have + O +動詞の原形」も「『O が C』という事態を経験する」という意味で使われます。その場合、「have + O +現在分詞」は「O が~しているという事態を経験する」、「have + O +動詞の原形」は「O が~するという事態を経験する」という意味を表します。

第5文型 (4)「Cの状態のままOをVする」

第 5 文型の最後のグループが「C の状態のまま O を V する」という意味を表すタイプです。C には主に形容詞や分詞が用いられます。

Track **035** | アーネスト・ヘミングウェイ『老人と海』

あらすじ 老人には自分を慕ってくれている少年がおり、毎日老人が夕方に漁から戻ってくるとその少年が海辺で片付けを手伝い、一緒に老人が住んでいる小屋に行き、時間をともに過ごします。以下は小屋での２人のやり取りで、最初のセリフは少年のものです。この直前に「おじいさんは今日は何を食べるの？」「魚入りのイエローライスだよ。食べるかい？」「ううん、僕は家で食べるから」というやり取りがあります。

‘[…] Do you want me to make the fire?’ ‘No. I will make it later on. Or I may **eat the rice cold.**’ […] they went through this fiction every day. There was no pot of yellow rice and fish and the boy knew this too.

「火をおこそうか？」「いや、後で自分でやるよ。それか（火はおこさないで）ライスは温めずに食べることにするかもしれない」
２人はこの架空のやり取りを毎日行うのだった。魚入りのイエローライスは存在せず、少年はそのことも知っていた。

ヒント want O to do ～で「Oに～してほしい」、make the fireは「火をおこす」、later onは「後で」、may ～は「～するかもしれない」、go through ～で「～をひと通り行う」。pot of yellow rice and fishは「窯で炊いた魚入りのイエローライス」。

eat	the rice	cold
V	O	C

eat the rice coldにおけるV＋O＋Cは「Cの状態のままOをVする」の意。eat the rice coldは「冷たい状態のままライスを食べる」という意味を表します。OとCの間には「ライスが冷たい」という「主語と述語の関係」がやはり成り立っています。

Track 036　アーネスト・ヘミングウェイ『老人と海』

あらすじ　漁師である老人にとって不漁がずっと続いていましたが、沖合に出たある日、ついに彼の釣り針にかつてないほどの大物がかかります。しかし、そのあまりの力に老人は釣り上げることができず、姿を見せないまま彼の小舟を引っ張ってどこまでも海中を進んでいく巨大な魚と老人との数日にわたる長い戦いが始まります。以下は、魚が急に動いたときに釣り糸が擦れて、老人が手に怪我を負った様子を描く一節です。

[...] he washed his hand in the ocean and **held it there, submerged**, for more than a minute [...].

彼は海水に手を入れて手を洗い、1分以上、手を海水に浸したままにしておいた。

ヒント hold O で「O を(ある位置で)保持する」、submerged は submerge O(O を沈める)の過去分詞。for more than a minute で「1分以上」。

held it there, submerged

V O 副詞 C

held it there, submerged における submerged も、「C の状態のまま O を V する」を表す V + O + C の C として働いています。held it there, submerged で「沈められた状態のまま手をそこで保持した」。なお、この submerged を分詞構文(→ p. 348)と捉えることはできません。分詞構文の意味上の主語は主節 * の主語に一致するため、もし submerged が分詞構文だとすると、この文の主語である「彼」自身が沈められていることになってしまいます。

* 「主節」とは文の中で最も中心的な「S + V」の部分のことで、木で例えると「幹」に相当します。

Chapter 2

仮定法

仮定法とは…

「仮定法」とは、通常の現在形や過去形とは異なる「動詞の特殊な使い方」のことで、仮定法には大きく分けて「仮定法現在形」と「仮定法過去形」の2つの形があります。この項では仮定法過去形を扱います（仮定法現在形については→p. 145）。

通常の現在形や過去形が、実際に存在している事象や実際に起こった出来事などの「現実世界」を描写するのに使われるのに対し、仮定法過去形は「現実世界とは切り離された事柄」を表すのに使われます。if S + VのVを仮定法過去形にすることで「もし仮にSが～だったら」といった仮定を述べたり、I wish S + VのVに仮定法過去形を使うことで「Sが～だったらいいのに」などの願望を述べたりすることができます。

仮定法過去形は次のような形を取ります。

・一般動詞と助動詞　→ 通常の過去形と同じ

・be動詞　→ 主語の人称・単複にかかわらずwere*

＊日常会話では、1人称単数と3人称単数の主語にはwasが使われることもあります。

「もし仮に～だったら」：if節の中で使われる仮定法過去形

仮定法過去形をif節の中で使うことで、「もし仮に～だったとしたら」「もし仮に～するとしたら」といった「現実から切り離された架空の仮定」を提示することができます。通常のif節（if S +動詞の現在形）が「SがVする場合には」という「条件」を作るのに対し、仮定法過去形が使われたif節は「仮定」を作ると考えるとよいでしょう。

if節と主節の構成は、次の表が示すように、どのような目線で物事を考えるかによって異なります。表の(b)における「had +過去分詞」は、過去を振り返る働きを持つ「have＋過去分詞」のhaveが仮定法過去形のhadに変わったもので、「仮定法過去完了」と呼ばれます。

＜if節の構成＞

	if節（架空の仮定を作る部分）
「現在」→「現在または未来」 （現在の視点から 現在／未来を考える場合）	(a) if + S +仮定法過去形 （仮にSが～だったら） （仮にSが～したら）
「現在」→「過去」 （現在の視点から 過去を振り返る場合）	(b) if + S + had +過去分詞 （[あの時] 仮にSが～だったら） （[あの時] 仮にSが～していたら） *「had +過去分詞」＝仮定法過去完了

＜主節の構成＞

	主節（if節の仮定を受けて、架空の世界を推量する部分）
「現在」→「現在または未来」 （現在の視点から 現在／未来を考える場合）	(A) S + would +動詞の原形 （Sは～するだろう） S + could +動詞の原形 （Sは～できるだろう） （Sは～するかもしれない） S + might +動詞の原形 （Sは～するかもしれない）
「現在」→「過去」 （現在の視点から 過去を振り返る場合）	(B) S + would have +過去分詞 （Sは～していただろう） S + could have +過去分詞 （Sは～できていただろう） （Sは～していたかもしれない） S + might have +過去分詞 （Sは～していたかもしれない）

仮定法過去形が使われたif節が仮定を作る一方、その仮定を受ける主節では、表の(A)(B)のように助動詞の過去形が使われます。主節で助動詞の過去形が使われるのは、if節で仮定法過去形の動詞が使われた時点で、話者は言わば「過去形の空間」に入り込んでしまっているためです。形は過去形ですが、これらの助動詞は過去のことを表すわけではありません。

主節で使われるwouldは「話者の確信」を表すwill（→ p. 101）または「主語の意思」を表すwill（→ p. 107）が過去形になったもの、couldは「可能」を表すcan（→ p. 122）や「可能性」を表すcan（→ p. 128）が過去形になったもの、mightは「可能性」を表すmay（→ p. 154）が過去形になったものです。また、(B)における「have＋過去分詞」は過去を振り返る働きを持っています。

ここで大事な点は、if節の中の動詞の過去形（＝仮定法過去形）は仮定を作るために使われているのに対し、主節では、if節が作る仮定を受けて助動詞が過去形になっているということです。「仮定を作っているのか」それとも「仮定を受けているのか」という区別が非常に重要です。そして仮定法過去形を含む文を作る場合には、今、自分が言おうとしているのが、表の(a)(b)(A)(B)のどれに相当するのかを常に意識してみてください。

～誰かのせいにできたらスッキリするのに～
「架空の仮定」現在・未来編

Track 037　L・M・モンゴメリ『赤毛のアン』

あらすじ　アンが住んでいるところは自然が豊かで、特に10月の紅葉が美しく、以下は周りの景色に目を奪われながら外から帰ってきたアンが養母マリラに言う言葉です。しかし、語り手によると「美的センスがあまり発達していない」マリラの反応は今ひとつです。

I'm so glad I live in a world where there are Octobers. It **would** be terrible **if** we just **skipped** from September to November, wouldn't it?

10月というものが存在する世界に住めて本当に嬉しい。もし(10月をスキップして)9月からいきなり11月になってしまったら、目も当てられないでしょうね。

ヒント be glad (that) S + Vで「SがVして嬉しい」、a world where S + Vで「SがVする世界」。このwhereは関係副詞です。Itはif節の内容を指しています。terribleは「ひどい、目も当てられない」、skip from A to Bで「中間のものを飛ばしてAからBに直接移動する」。wouldn't it?は付加疑問文で、「そう思わない?」というニュアンスを加えています。

if節:if we just skipped from September to November → 表の(a)に相当
主節:It would be terrible → 表の(A)に相当

10月をスキップするという実際にはあり得ない架空の仮定を作るための手段として、if節の中ではskipの仮定法過去形であるskippedが使われています(一般動詞の仮定法過去形は、通常の過去形と同じ形です)。そしてこのif節によって作られる仮定を受けて、主節の助動詞には「話者の確信を表すwill」の過去形であるwouldが使われています。

「if節の仮定を受けて、主節で助動詞の過去形が使われる」というこのプロセスは、if節が主節の後に置かれる場合でも変わりません。上の ヒント で「Itはif節の内容を指しています」と述べた通り、It would ~と言おうとしている時点で、仮定法過去形を含むif節が頭の中にあり、wouldはそのif節の仮定を受けています。

Track 038 オスカー・ワイルド『真面目が肝心』

あらすじ ジャックはロンドンに来るときはいつも、自分の名前はアーネストだということにしており、ロンドンで知り合った人たちは、友人のアルジャノンやアルジャノンのいとこであるグウェンドリンも含めて皆ジャックのことをアーネストだと思っています。p. 54で紹介したやり取りの後、ジャックから愛を告白されたグウェンドリンは「アーネストという名前の人を愛するのがずっと私の理想でした。いとこのアルジャノンから『自分にはアーネストという名前の友人がいる』と聞いたときから私はあなたを愛する運命だとわかっていたんです」とジャックに伝えます。以下は、それを聞いて驚いたジャックとグウェンドリンのやり取りです。

JACK　　You really love me, Gwendolen?

GWENDOLEN　　Passionately! [...] My own Ernest!

JACK　　But you don't really mean to say that you **couldn't** love me **if** my name **wasn't** Ernest?

GWENDOLEN　　But your name is Ernest.

JACK：　本当に僕のことを愛してくれているのですか？
GWENDOLEN：　それはもう情熱的に！　私のアーネスト！
JACK：　でももし僕の名前がアーネストでなかったら僕のことを愛せないということではないですよね？
GWENDOLEN：　でもあなたの名前はアーネストでしょ。

ヒント　passionatelyは「情熱的に」、mean to do ～で「～することを意図する」。you don't really mean to say that S + V? は「S + Vということを言おうとしているわけではないですよね？」の意。

if節：if my name wasn't Ernest → 表の(a)に相当
主節：you couldn't love me → 表の(A)に相当

ジャックがif節で言いたいことは「(僕の名前はアーネストだけど) もし仮に僕の名前がアーネストでなかったとしたら」。これは「事実に反した仮定」であり、このためにif節の中ではbe動詞の仮定法過去形であるwasn'tが使われています。そして、このif節によって作られる仮定を受けて、主節の助動詞にはcan（～できる）の過去形であるcouldが使われています。前述の通り、be動詞の仮定法過去形は正式にはwereですが（→ p. 76）、日常会話では1人称単数と3人称単数の主語には was もよく用いられます。

Track 039　L・M・モンゴメリ『赤毛のアン』

あらすじ　アンはあるクラスメイトの挑発に乗せられて民家の屋根の一番高い部分を歩こうとし、屋根から落ちて足を骨折してしまいます。以下は、その日の夜、挑発に乗った自分が愚かだったと自覚しているアンがマリラに言う言葉です。

If I could blame it on anybody I would feel so much better.

もしこのことを他の誰かのせいにできるなら、ずっと気分がスッキリするのに。

ヒント　blame O on ～ で「O を ～ のせいにする」。anybody は「誰か」。somebody ではなく anybody が使われているのは、「誰か」という意味に、「それが誰かを問わず」というニュアンスが加えられているためです。

if 節：If I could blame it on anybody → 表の (a) に相当
主節：I would feel so much better → 表の (A) に相当

実際には自身のせいであることをアン自身が一番よくわかっているため、「もし他の誰かのせいにできるなら」は「架空の仮定」です。「架空の仮定」を作る場合、if 節の中の動詞が助動詞であっても、一般動詞や be 動詞の場合と同様に、その助動詞が仮定法過去形で使われます。助動詞の仮定法過去形は通常の過去形と同じです。

Track 040　オスカー・ワイルド『真面目が肝心』

あらすじ　天真爛漫な若い女性セシリーと、彼女の家庭教師であるミス・プリズムのやり取りから。何かあるとすぐにその場で日記に書き込むセシリーは、ミス・プリズムに「日記をしまいなさい。日記をつける必要なんてないでしょう」と言われて次のように答えます。セシリーの以下の言葉に対するミス・プリズムのコメントは→ p. 244。

I keep a diary in order to enter the wonderful secrets of my life. If I **didn't** write them down, I **should** probably forget all about them.

私、自分の私生活の驚くべき出来事を記すために日記をつけていますの。もし書き留めておかなかったら、その出来事のことをきっとすべて忘れてしまいますわ。

ヒント keep a diary で「日記をつける」、in order to do ～で「～するために」、enter O で「O を記入する」、wonderful は「驚くべき、不思議な」、write O down で「O を書き留める」。I should probably ～の should は would と同じ。イギリス英語では主語が 1 人称の場合、would と同じ意味で should が使われることがあります。

if 節：If I didn't write them down → 表の（a）に相当
主節：I should probably forget all about them → 表の（A）に相当

「出来事を書き留めずにいること」はやろうと思えば簡単にできることであり、「成し得ないこと」では決してありませんが、話者であるセシリーの普段の習慣に反しています。このためセシリーにとっては「もし出来事を書き留めておかなかったら」は「架空の仮定」に感じられるので、if 節の中では don't の仮定法過去形である didn't が使われています。

「明らかに現実に反する仮定」や「あまり現実的ではない仮定」を作る場合には、if 節の中では仮定法過去形の動詞が使われることが文法のルールとして決まっていますが、それなりに起こり得る内容の仮定を作る場合に if 節の中で仮定法過去形の動詞が使われるかどうかは、話者がその仮定を「現実から切り離された架空の仮定」と捉えているか、それとも現実として想定しているかによります。後者の場合には、if 節の中では仮定法過去形ではなく、通常の現在形の動詞が使われます。また、次の例のように、十分に可能な事柄であっても、あえて「架空の仮定」として提示することもあります。

控えめに提案したいときに使える「if + S +仮定法過去形」

Track 041 アーネスト・ヘミングウェイ『移動祝祭日』

あらすじ ひょんなことからヘミングウェイは、知り合ってまだ日の浅いフィッツジェラルドとリヨンに旅をすることになります。フィッツジェラルドは愛すべき性質を持っていますが、お酒を飲むと自分の健康を過度に心配する癖があったようで、ある晩、ホテルで自分は病気だと悲痛な様子でヘミングウェイに訴え、明らかに平熱であるにもかかわらず、体温を測ってほしいと頼みます。ホテル中を探してもバスタブのお湯の温度を測るための巨大な温度計しかありませんでしたが、ヘミングウェイがそれをフィッツジェラルドの脇の下に入れ、しばらくしてから取り出して平熱だと伝えるとフィッツジェラルドは一応落ち着きます。しかし実際には温度計はフィッツジェラルドの体温にまったく反応していないのでした。以下は、ひとまず落ち着いたフィッツジェラルドにヘミングウェイが言葉をかける場面です。

'You're fine,' I said. 'But I think it **would** be just as well **if** you **stayed** in bed and **had** a light supper, [...].'

「君は大丈夫だ」私は言った。「でも（今夜は外に出ずに）このままベッドで休んで軽い食事を取ってもいいと思う」

ヒント fine は「元気いっぱい」ではなく「大丈夫／特に問題ない」というニュアンスでよく使われます。it は if 節の内容を指しています。as は「同じくらい」という意味で、be just as well は直訳すると「（他のことと）まったく同じ程度に良い」。

if 節：if you stayed in bed and had a light supper → 表の（a）に相当
主節：it would be just as well → 表の（A）に相当

it would be just as well if you stayed in bed and had a light supperは直訳すると「（他のことをしてもいいだろうが）もし仮にこのままベッドで休んで軽い食事を取るとしたら、それもまた同じくらいいいだろう」。この文は実質的には提案であり、if節の内容は「起こり得ない」どころか、話者であるヘミングウェイはフィッツジェラルドに対して、if節の内容を勧めています。if節の中で仮定法過去形の動詞が使われているのは、「もし仮に」という「現実から切り離された仮定」の体裁にすることで、提案が押しつけがましくならないようにするためです。wouldの代わりにmight（かもしれない）を使うと、より一層「奥ゆかしい」提案になります。「if＋S＋仮定法過去形」の組み合わせは、控えめな、したがってより丁重な提案をするための手段としても非常によく使われます。

～あのとき彼に手を差し出していなかったら～「架空の仮定」過去編

Track 042　L・M・モンゴメリ『赤毛のアン』

あらすじ　アンは、昔自分の髪の色をからかったことで口をきかずにいたギルバートと仲直りしたいと思いながらもきっかけを見つけられずにいました。一方、アンにずっと好意を抱き続けてきたギルバートは、ある事情で困難を抱えることになった彼女のために、自分が得ることになっていた職を譲ります。そのことを知った翌日、出かけた帰り道でアンは誰かが口笛を吹きながらギルバートの家から出てくるのに出くわします。

It was Gilbert, and the whistle died on his lips as he recognized Anne. He lifted his cap courteously, but he **would have passed** on in silence, **if** Anne **had not stopped** and **held** out her hand.

それはギルバートでした。アンの姿を認めると彼の口笛は止みました。彼は礼儀正しく帽子を軽く上げました。でも黙ってそのまま過ぎ去っていたことでしょう。もしアンが立ち止まって（握手のために）手を差し出していなかったとしたら。

ヒント　whistleは「口笛」、dieは「やむ」、as S＋Vで「SがVすると同時に」、courteouslyは「礼儀正しく」、pass onで「通り過ぎていく」、in silenceは「黙ったまま」、hold out Oで「Oを差し出す」。

if節：if Anne had not stopped and held out her hand → 表の(b)に相当

主節：he would have passed on in silence → 表の(B)に相当

このパッセージの語り手は、「実際にはアンは立ち止まって手を差し出し、そのためにギルバートも立ち止まってアンの手を取った」ということを知っています。したがって、「(あのとき) もしアンが立ち止まって手を差し出していなかったとしたら」は現実に反する「架空の仮定」。この時点でif節の中では仮定法の形の動詞を使うことが決定します。ただし前項までの例とは異なり、このif節では語り手は過去を振り返っていますので、if節の中の動詞には仮定法過去完了形(had＋過去分詞) が使われています。この「had＋過去分詞」は、過去を振り返る働きを持つ「have＋過去分詞」のhaveが仮定法過去形のhadに変わったものです。

if節に仮定法過去形の動詞が使われている時点で、その仮定を受ける主節の助動詞も過去形になることは決定していますが、この例では主節（彼は過ぎ去っていたことでしょう）においても語り手は過去を振り返っています。このため、主節（he would have passed ～）では「話者の確信を表すwill」の過去形wouldと、過去を振り返る働きを持つ「have＋過去分詞」が一緒に使われています。

Track 043　L・M・モンゴメリ『赤毛のアン』

あらすじ　アンがマリラとマシューの家に来て２日目の夜のこと。マリラはアンを養子にすることをすでに決めていますが、アンはまだそれを知らされていません。寝る時間になって、アンはマリラに寝る前のお祈りをするように言われますが、本来の祈りの言葉を知らなかったため、一生懸命に即興で神様へのお祈りを口にします。それは、今日見た外の美しい景色についての感謝の言葉に始まって「どうかこの家に住むことができますように。そして大人になったら美人になりますように。敬具　アン」で終わる斬新なもので、謹厳なマリラは卒倒しそうになりますが、お祈りを終えたアンはマリラに向かって次のように話します。

I could have made it much more flowery if I'd had a little more time to think it over.

もう少し考える時間があれば、お祈りをずっと凝ったものにできたのだけど。

ヒント make O + C で「O を C の状態にする」、much more で「ずっと、はるかに」、flowery は「凝った」。I'd は I had を短縮したもの。a little more で「あともう少し多くの」、think O over で「O についてじっくり考える」。to think it over は不定詞の形容詞的用法で「それについてじっくり考えるための」の意。

if 節：if I'd had a little more time to think it over → 表の（b）に相当
主節：I could have made it much more flowery → 表の（B）に相当

if 節は「お祈りを準備する時間が仮にもっとあったなら」という「架空の過去についての仮定」を作っているため、if 節の中では仮定法過去完了形（'d had）が使われています。主節はこの仮定を受けているために助動詞の過去形（could）が使われ、また「お祈りをずっと凝ったものにすることができたのに」と過去を振り返っているために、could の後ろは「have ＋過去分詞」になっています。「could have ＋過去分詞」は「～することが可能だっただろう」という意味を表します。

ここでいったん今までの例文の構造を振り返ってみましょう。これまでに紹介した文では、if 節と主節の組み合わせは次のどちらかになっています。

- **「表の（a）に相当する if 節」＋「表の（A）に相当する主節」**
- **「表の（b）に相当する if 節」＋「表の（B）に相当する主節」**

しかし、可能な組み合わせはこの 2 つだけではありません。次の例のように、「表の（b）に相当する if 節」＋「表の（A）に相当する主節」という組み合わせもよく見られます。

Track 044 ジェイン・オースティン『高慢と偏見』

あらすじ 主人公のエリザベスがダーシーと交流を深めるようになる前の物語の序盤、舞踏会でダーシーは友人からエリザベスと踊るように勧められますが、「彼女は自分の興味を引くほどには美しくない」と断り、その言葉がエリザベス本人の耳にも入ってしまいます。以下は後日、エリザベスの友人シャーロットが舞踏会でのダーシーの振る舞いについて話し、エリザベスがそれに答える場面です。シャーロットは、ダーシーは容姿、身分、財産などあらゆる点で優れているためプライドが高いのも当然と考えており、ダーシーの高慢さをそれほど嫌悪していません。

'[...] If I may so express it, he has a *right* to be proud.'
'That is very true,' replied Elizabeth, 'and I **could** easily forgive *his* pride, if he **had not mortified** *mine*.'

「こう言ってよければ、あのお方は言わば高慢になる権利をお持ちなのよ」
「本当にその通りね」とエリザベスは答えた。「私もあの方のプライドを簡単に許せるわ。もし彼が私のプライドを傷つけていなかったとしたら、ですけれど」

ヒント If I may so express it は「こう言ってよければ」。a right to be ～で「～である権利」。forgive O で「O を許す」、mortify O で「O を傷つける」。

if 節：if he had not mortified *mine* → 表の（b）に相当
主節：I could easily forgive *his* pride → 表の（A）に相当

エリザベスは実際にはダーシーにプライドを傷つけられたため、「もし（あのとき）彼が私のプライドを傷つけていなかったとしたら」は、過去についての「架空の仮定」です。このため、if 節の中では仮定法過去完了形が使われています。一方、主節は「（現在、あなたと同様に）私も彼のプライドを許容できているでしょう」という意味であり、「架空の過去」ではなく「架空の現在」を推量しています。このため、主節は表の（B）ではなく（A）に相当する形になっています。

if 節がないのに would や could が使われるのはなぜ？

これまでの例では、if 節が作る仮定を受けて主節で助動詞の過去形が使われていましたが、助動詞の過去形を生じさせる仮定は、実際には必ずしも if 節によって作られるとは限りません。中に仮定法過去形や仮定法過去完了形の動詞を含む if 節と同等の仮定が他の語句に含まれている場合もあれば、話者の頭の中にあるだけで言葉では示されない場合もあります。割合で言えば、if節によって仮定が明示されるケースのほうが少ないと言っても過言ではありません。

if節がない場合、どのような仮定を受けて助動詞の過去形が使われているのかを考えることが、文のニュアンスを汲み取る上で非常に重要です。ただし、助動詞の過去形を生じさせる仮定は常に具体的なものであるとは限らず、「もし可能であれば」「その気になれば」「もしかしたら」といった漠然としたものであることもよくあります。

～あなたのためならどんなことでも～　would

Track 045　L・M・モンゴメリ『赤毛のアン』

あらすじ　アンがマリラの家の養子になってまもない頃のこと。近所に住むリンド夫人が訪ねてきた際、あけすけにものを言う彼女に容姿を否定されてひどく傷ついたアンは夫人の前で感情を爆発させてしまい、夫人に謝る決心をするまで自分の部屋から出ることをマリラから禁じられてしまいます。部屋に閉じこもり、食事を与えられてもあまり口をつけないアンを心配した養父マシューは、マリラに見られないようにこっそりとアンのところに行き、形だけでも謝ってしまってはどうかと勧めます。以下は、夫人に謝るなど屈辱的と考えていたアンが、マシューのためならと応じるセリフです。

But still – I'd do anything for you – if you really want me to –

でも、あなたのためなら私、どんなことでもする。もしあなたが私にそうしてほしいと本当に願っているなら。

ヒント　But still で「でも」、want O to do ～で「O に～してほしいと願っている」。

この文のif節の中の動詞は仮定法過去形ではなく現在形のwant。それにもかかわらず主節では助動詞の過去形である'd（would）が使われています。これは、

for you と anything にそれぞれ「あなたのためなら」「たとえどんなことであっても」という仮定が含まれていて、これを受けて「意思を表す will」が過去形に変わっているためです。

Track 046 オスカー・ワイルド『真面目が肝心』

あらすじ アーネストという名前が大好きなセシリーと、名前をアーネストと偽ってセシリーに出会ったアルジャノンとの会話から。アルジャノンがセシリーに「『一点の曇りもない完璧さ』というものが女性の姿を借りて現れたのがあなたという人であるように思えます」と伝えたところ、セシリーは「よろしければあなたのおっしゃることを日記に書き取らせていただきますわ」と言い、アルジャノンの言葉を本人の前で自分の日記に書き取り始めます。以下は、セシリーの言葉を聞いたアルジャノンのセリフです。この後、セシリーはアルジャノンに日記を見せるのを拒み、さらにp. 311 で紹介するやり取りへと続いていきます。

Do you really keep a diary? I'd give anything to look at it. May I?

本当に日記をつけているのですか？　それを見るためなら僕は何を手放しても構いません。拝見しても？

ヒント keep a diary で「日記をつけている」、give O で「O を手放す」。May I の後ろには look at it が省略されています。May I ~? で「~してもよいですか？」。

この 'd（would）はやはり「意思を表す will」が過去形に変わったもの。would は、to look at it（それを見るためなら）と anything（どんなものであっても）に含まれる仮定を受けています。この例のように「～するために」という意味を表す不定詞の副詞的用法が、「～するためなら」という仮定のニュアンスを伴って使われることはよくあります。

Track 047　アーネスト・ヘミングウェイ『移動祝祭日』

あらすじ　フィッツジェラルドとの旅行の思い出を語る文章から。パリからの列車に乗り遅れたフィッツジェラルドは、翌日の朝リヨンのホテルで、すでに到着していたヘミングウェイとようやく合流します。以下は朝食をどうするかについてホテルで相談する2人の会話で、最初の言葉はフィッツジェラルドのものです。

'[...] Should we have breakfast here?' 'It would be quicker in a café.' 'But we're sure to get a good breakfast here.' 'All right.'

「ここで朝食を取ろうか？」「カフェで食べるほうが早いだろう」「でもここなら確実にいい朝食が食べられる」「じゃあそれで構わないよ」

ヒント　イギリス英語では、相手と一緒に行うことについて何かを提案する場合にShall we ~?（～しましょうか？）が使われますが、アメリカ英語ではshallはフォーマルな響きを持っており、日常会話ではShall we ~?の代わりにShould we ~?がよく使われます。同様に、アメリカ英語ではShall I ~?（私が～しましょうか？）の代わりにShould I ~?がよく使われます。be sure to do ~で「必ず～する」。

It would be quicker in a café.は、「もし仮にカフェで朝食を取るとしたら、そのほうが早く済むだろう（だからカフェのほうがいいのではないか？）」という「提案」の役割を果たしており、in a caféに含まれる仮定を受けて「話者の確信を表すwill」がwouldに変わっています。この例のように、wouldは控えめに提案したり意見を述べたりしたい場合に非常によく用いられます。wouldではなくwillを使うと「ダイレクトな提案」になります。

Track 048　アーネスト・ヘミングウェイ『老人と海』

あらすじ　老人の小屋の近所に住む少年は老人と毎日漁に出ていましたが、その船ではまったく魚が獲れないため、少年の親は老人の漁の手伝いをするのをやめさせて自分の家の漁を手伝わせます。しかし少年は老人を慕い、できるだけ手伝おうとします。ある日の夕方、少年は、老人が翌日の漁で使うイワシを自分が獲ってくると申し出ますが、老人は「それはいいから野球をしていなさい」と断ります。以下は、少年が老人に重ねて言う言葉です。

I would like to go. If I cannot fish with you, I would like to serve in some way.

獲ってきたいんです。一緒に漁をすることができなくても、何かで役に立ちたくて。

ヒント go は「イワシを獲ってくる」の意。serve は「役に立つ」、in some way で「何らかの方法で」。

I would like to do ～は「(できたら) ～したいです」という意味を表します。would は「もし可能であれば」という気持ちを受けており、このために I would like to do ～は控えめで丁寧な響きを持っています。I would の短縮形は I'd で、I'd like to do ～は「～したいのですが」と要望を伝えるときの定番フレーズ。イギリス英語では同じ意味で I should like to do ～も使われます(ただしフォーマル)。I want to do ～も「～したい」という意味を表しますが、直接的な言い方であるため、相手に何かを依頼する場合には I'd like to do ～がおすすめです。

日常会話で頻出：「～することもできます」を表す could など

Track 049 | L・M・モンゴメリ『赤毛のアン』

あらすじ マシューとマリラの家では、マシューの農作業を手伝うことのできる男の子を養子にもらう手配をしていました。しかし、いざ養子を迎えにマシューが駅に行ったところ、そこにいたのは女の子(アン)。手違いとはいえアンを1人で駅に残して帰るわけにもいかず、マシューはいったん彼女を馬車に乗せ、自分の家に向かいます。最初は困惑していたマシューですが、馬車でアンの天真爛漫なおしゃべりを聞いているうちにすっかり彼女のことが気に入り、彼女を養子にしたくなってしまいます。一方、手違いを知ったマリラは、女の子では農作業を手伝えないからアンを送り返すしかないと言い張ります。以下は、アンを養子にしたいマシューがマリラを説得しようとするセリフです。

‘I could hire a French boy to help me,’ said Matthew, ‘and she’d be company for you.’

「農作業の手伝いにはフランス人の男の子を雇うことだってできる」マシューは言いました。「それにあの子がいれば君の話し相手にもなるじゃないか」

ヒント hire O で「O を雇う」、company は「一緒に時間を過ごしてくれる人」。

I could hire 〜には if 節はありませんが、話者であるマシューの頭の中には「その気になれば、やろうと思えば」という仮定があり、この仮定を受けて can の過去形である could が使われています。could は「やろうと思えば」「その気になれば」「もしあなたが望むなら」などの仮定を受けて「〜することもできますよ」という意味を表すことができます。この使い方の could は日常会話で頻出です。

セリフの後半の she’d be company for you. では、「もしアンを養子にすれば」という仮定を受けて、「話者の確信を表す will」を過去形にした ’d（would）が使われています。これも 2 つ前の例の It would be quicker in a café.（→ p. 90）と同じく、控えめな提案と言えます。

Track 050 エミリー・ブロンテ『嵐が丘』

あらすじ キャサリンはある心痛のために臥せっていて、使用人のネリーが彼女の面倒を見ています。キャサリンは事あるごとに自分の状態がいかに悪いかを夫であるエドガーに伝えてほしいとネリーに頼みますが、キャサリンのわがままな性格を知っているネリーは「大げさに振る舞っているだけ」と考え、彼女の様子をエドガーに伝えません。しかしエドガーはあるとき偶然にキャサリンの様子を見て、その面変わりした姿にショックを受け嘆き悲しみます。以下は、自分に何も知らせなかったネリーを責めるエドガーのセリフです。

Months of sickness **could** not cause such a change!

何カ月も病気をしたってこれほど面変わりしてしまうことはない！

ヒント months of ～で「何カ月にも及ぶ～」、sickness は「病気」、cause O で「O を引き起こす」、such は「このような」。

上の文は直訳すると「仮に何カ月にも及ぶ病気だったとしても、これほどの変化を引き起こすことはできないだろう」となります。Months of sickness という主語自体に「仮に何カ月にも及ぶ病気だったとしても」という仮定が含まれており、これを受けて can が could に変わっています。

ここまで if 節以外の仮定を受ける would や could を紹介してきましたが、may の過去形である might も様々な仮定を受けて「かもしれない」という意味を表します。p. 157 では、might が「もしかしたら」という漠然とした仮定を受けるケースを取り上げています。

～万が一私が必要になったら～ 「万が一～したら」を表す if + S + should

if + S + should ～で、未来のことについて「（可能性は低いかもしれないけれど）万が一 S が～するようなことがあったら」という意味を表すことができます。この should は、if 節などの中で「将来起こる可能性のあること」に使われていた shall が仮定法過去形になったものと考えられます。if + S + should ～は現在ではフレーズとして定着しており、通常、主節には「would ではなく will を用いた文」または「命令文」が使われます。

Track 051 オスカー・ワイルド『理想の夫』

あらすじ 若くして政治家として高い地位を確立しているサー・ロバートは自分の過去の行いについてある女性から脅迫されており、国家の一大事業において彼女に不正に便宜を図るか、政治生命を断たれるかのどちらかを選ばなければならない窮地に陥っています。以下は、苦悩の最中にあるサー・ロバートから相談を受けた親友のゴーリング卿が、別れ際にサー・ロバートに伝える言葉です。文中の Curzon Street はロンドンの一等地にある通りの名前で、ゴーリング卿は「カーゾン・ストリートにある自宅」のことを指しています。

If you **should** want me tonight by any chance, send round a note to Curzon Street.

今夜、万が一僕が必要になったら、カーゾン・ストリートのほうに言伝けを届けてくれ。

ヒント want me は「私を必要とする」の意。by any chance は「万が一」。send round O で「O を届ける」、note は「言伝け、メモ」。

If you should want me tonight は、「今夜君に僕が必要になるようなことはおそらくないと思うけれど、もしそうなったら」という意味を表しています。by any chance によって「万が一」という意味が強調されていますが、by any chance がなくても意味は変わりません。

～君は歯科医みたいな口をきくね～ 「まるで～ように」を表す as if

「S が V する場合」を意味する if + S + V と、「～ように」を表す as ～を組み合わせた as if + S + V は、V を仮定法過去形や仮定法過去完了形で使うと、「まるで～かのように」という意味を表します。

Track 052 オスカー・ワイルド『真面目が肝心』

あらすじ p. 220 で紹介する場面の続きです。ジャックが以前忘れていったシガレットケースに「親愛なるジャックおじさまへ　セシリーより」と彫り込まれているのを見ていたアルジャノンは、ジャックにセシリーという女性のことを尋ねます。しかし、彼女の話を早く終わらせたいジャックが「セシリーは自分のおばだ」と答えたため、アルジャノンはジャックに「なぜ君のおばであるはずのセシリーが君のことをおじと呼ぶんだ?」と聞き、次のやり取りが続きます。

ALGERNON	Come, old boy, you had much better have the thing out at once.
JACK	My dear Algy, you talk exactly as if you were a dentist.

ALGERNON: さあ今すぐに白状してしまったほうがいいぞ。
(別の意味:今すぐに引き抜いてしまったほうがいい)
JACK: 君はまるで歯医者みたいな口をきくね。

ヒント Come は「さあ」、old boy は呼びかけの言葉。had better do ~は「~したほうがいいぞ」という「強い勧告」や「脅し」に使われるフレーズです。have the thing out は「白状する」という意味ですが、直訳すると「それを外に出す/それを引き抜く」となります。at once は「すぐに」、exactly は「まさに」。

as if you were a dentist は「まるで歯科医であるかのように」という意味を表します。「~だったかのように」であれば if 節の中(~だった)は「現在→過去」の目線ですが、この例のように「~であるかのように」という意味を表す場合、if 節の中(~である)は「現在→現在」の目線であるため、if 節の動詞は p. 77 の表の(a)の形(=仮定法過去形)になっています。

なお、もし「話す」を「話した」に変えて「まるで歯科医であるかのように君は話した」と言いたい場合、You talked exactly as if you were a dentist. となります。talk は過去形の talked になりますが、if 節に変化はありません。これは、たとえ「話した」の部分が過去時制であっても、「まるで歯科医であるかのように」の部分は変わっておらず、if 節の中(~である)は「現在→現在」の目線のままであるためです。

Track 053 | オスカー・ワイルド『ドリアン・グレイの肖像』

あらすじ 友人バジルによって美しく描き上げられた自分の肖像画を初めて目にした美青年ドリアンの様子を描く文です。

When he saw it [...] his cheeks flushed for a moment with pleasure. A look of joy came into his eyes, as if he had recognized himself for the first time.

それを見たとき彼の頬は一瞬歓びで赤らんだ。そして喜悦の色が彼の目に現れた。まるで生まれて初めて自分を認識したかのように。

ヒント flush は「赤らむ」、for a moment で「一瞬」、pleasure と joy はともに「歓び」。look は表情、recognize O で「O を認識する」、for the first time で「初めて」。

「認識しているかのように」であれば if 節の中（認識している）は「現在→現在」の目線ですが、この例のように「認識したかのように」という意味を表す場合、if 節の中（認識した）は「現在→過去」の目線であるため、if 節の動詞は p. 77 の表の(b)の形（＝仮定法過去完了形）になっています。

～「本物の恋？」「それがわかればいいのだけど」～
「～だったらいいのに」を表す I wish

「願う」という意味を持つ wish という動詞を I wish (that) S + V という形で用い、V に仮定法過去形や仮定法過去完了形の動詞を使うと、「～だったらいいのに」という「現実に反する願望」を表すことができます。I wish (that) S + V の V には、if S + V の V と同様、「現在→現在」の目線であれば仮定法過去形が使われ、「現在→過去」の目線であれば仮定法過去完了形が使われます。また、that は省略されることがほとんどです。

Track 054 | オスカー・ワイルド『ドリアン・グレイの肖像』

あらすじ 物語の終盤、ヘンリー卿が、ドリアンに好意を持っているある公爵夫人に話しかける場面です。最初はドリアンも含めた3人で話していましたが、ドリアンがいなくなったときにヘンリー卿が公爵夫人に問いかけをする形で2人の会話が始まります。ヘンリー卿は、そのシニカルな世界観でドリアンが退廃的な生活を送るようになるきっかけを作ってしまった人物です。him はドリアンを指しています。

'Are you very much in love with him?' he asked. She did not answer for some time, but stood gazing at the landscape. 'I **wish I knew**,' she said at last.

「彼への気持ちは本物の恋なのですか？」と彼は尋ねた。彼女はしばらくの間それには答えず、外の景色を見つめて立っていた。「私にそれがわかっていたらいいのだけど」彼女はようやく言った。

ヒント be in love with ～で「～に恋をしている」。gazing は「～しながら」を表す分詞構文。gaze at ～で「～を見つめる」、at last は「ようやく、ついに」。

I wish I knew は「私が（今その答えを）知っていたらいいのだけれど」という「現在の事実に反する願望」を表しています。I wish S + V における S + V の部分は「現在→現在」の目線であるため、V は p. 77 の表の(a)の形（＝仮定法過去形）になっています。

Track 055 | L・M・モンゴメリ『赤毛のアン』

あらすじ 幾何学が苦手で苦労しているアンと養父マシューの会話です。

'Matthew, did you ever study geometry when you went to school?' 'Well now, no, I didn't,' said Matthew, [...]. 'I **wish you had**,' sighed Anne, 'because then you'd be able to sympathize with me. [...]'

「学校に通っていたときに幾何学を習った？」「いや、習わなかった」とマシューは答えました。「習っていたらよかったのに」とアンはため息をついて言いました。「だって、そうしたら私のつらい気持ちがわかるはずだから」

ヒント 第1文が現在完了ではなく通常の過去時制になっているのは when ～によって期間が「現在とは切り離された過去の一時期」に限定されているため。ever は「(学校に通っていた期間の中で) いつの時点かを問わず」。geometry は「幾何学」。Well now はマシューの口癖で、特に意味はありません。I wish you had の後ろには studied geometry when you went to school が省略されています。sigh は「ため息をつく」、then は「そうであれば」、you'd は you would を短縮したもの。be able to do ～で「～できる」、sympathize with ～で「～に共感する」。

I wish you had は「あなたが昔、学校で幾何学を習っていたらよかったのに」という「過去の事実に反する願望」を表しています。I wish S + V における S + V の部分は「現在→過去」の目線であるため、V は p. 77 の表の(b)の形（＝仮定法過去完了形）になっています。

then you'd be ～で過去形の 'd（would）が使われているのは、then（そうであれば）に含まれる仮定を受けているためです。then は「もしあなたが昔、学校で幾何学を習っていたら」という「過去についての架空の仮定」を表しているため、これを受ける助動詞は過去形でなければならず、would の代わりに will を使うことはできません。

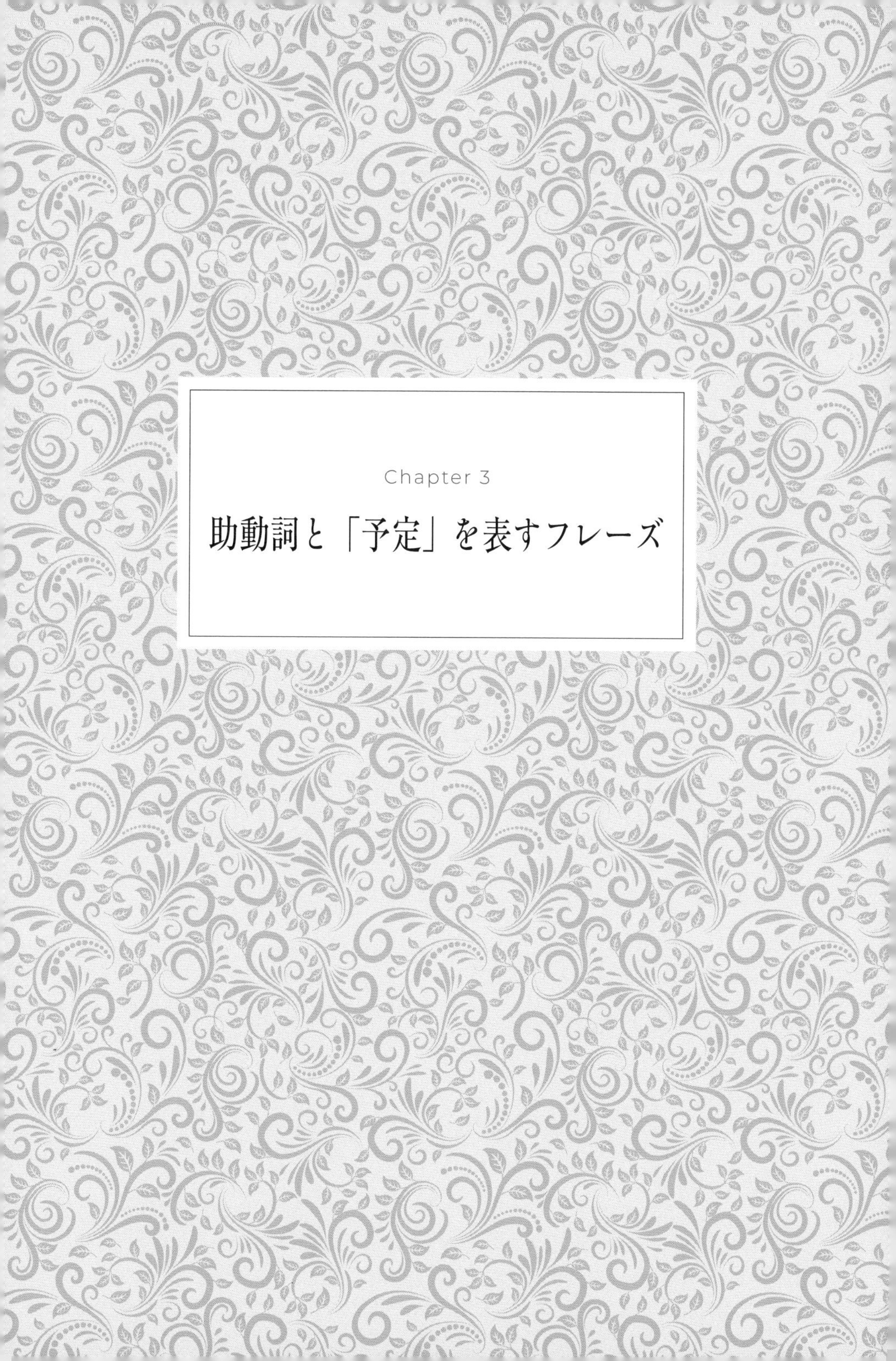

Chapter 3

助動詞と「予定」を表すフレーズ

Modal Verbs and Future Forms

助動詞とは…

助動詞には主なものに will、can、should、may、must があり、動詞の原形と組み合わせて使われます。たとえば、「できる」を表す can を go（行く）という動詞と組み合わせて can go とすることで、「行くことができる」という意味を表すことができます。助動詞には多くの使い方がありますが、文の中での位置は次の通りで、文の作り方自体は決して難しくありません。

＜助動詞を使った文の形＞
肯定文：《主語》＋《助動詞》＋《動詞の原形》
否定文：《主語》＋《助動詞》＋ not ＋《動詞の原形》
疑問文：《助動詞》＋《主語》＋《動詞の原形》?

助動詞は表面的な意味だけでなく、丁寧さやフォーマルさの度合いなどのニュアンスにも大きく影響するため、読み書きだけでなく日常的なコミュニケーションにおいても非常に重要な役割を果たします。

will と would

willの主な使い方には「話者の確信」を表す用法や「主語の意思」を表す用法などがあります。「I will」とその短縮形である「I'll」が必ずしも同じ意味を表すわけではないなど、非常によく使われる助動詞ながら正しく使おうとすると意外と難しいのがwillです。短縮形は「will」→「'll」、「will not」→「won't」。

wouldはwillの過去形で、「決まって〜するのだった」などの意味で過去のことについて使われたり、控えめなニュアンスで発言したいときにwillの代わりに使われたりします。短縮形は「would」→「'd」、「would not」→「wouldn't」。

1. 話者の確信（未来）

willは「未来のことについて話者が確信していること」を表すことができます。この場合、S + will do 〜は「Sは〜すると私は確信している」という意味を表します。

主語が1人称以外の場合

Track 056 L・M・モンゴメリ『赤毛のアン』

あらすじ 慕っているアラン夫人が家に来た際、アンは夫人をもてなすためにケーキを焼きますが、バニラと書かれたビンに入っていた痛み止めの塗り薬をそれと知らずにケーキに入れたため、ケーキは奇妙な味になってしまいます。夫人にケーキを出してしまってからマリラにそれを指摘されたアンは自分の部屋に駆け込み、ベッドに伏せて泣いてしまいます。以下はアンを慰めにきたアラン夫人をマリラと勘違いして、アンが顔を上げずに言うセリフです。

I shall never be able to live this down. [...] Diana will ask me how my cake turned out and I shall have to tell her the truth.

このことで私は一生笑い者になってしまうわ。ダイアナは私のケーキがどんな出来だったかを私に尋ねるに決まっているし、そうしたら彼女に本当のことを言わないわけにはいかない。

ヒント 2カ所のshallはともに「未来のことについての話者の確信」を表すwillと同じ働きをしています(→ p. 104)。be able to do ～で「～できる」、live O downで「Oのことを皆に忘れてもらう」、ask O how S turned outで「どのようにSが出来上がったかをOに尋ねる」、have to do ～で「～しなければならない」、tell O the truthで「Oに真実を伝える」。

肯定文や否定文でwillが主節の動詞として2人称または3人称の主語に使われる場合、そのwillは通常「主語の意思」ではなく、「話者の確信」を表します。Diana will ask me how ～は、あくまでも話者であるアンが自分の頭の中で確信していることを表しているのみで、主語であるダイアナが実際にケーキの出来を尋ねようと意図しているわけではありません。be going to do ～（～するつもりだ）を使うと、主語の人称にかかわらず「主語となっている人が意図していること」を表すことができます（→ p. 169)。

また、未来についての「話者の確信」を表すwillには「断定」のニュアンスがあります。このため、断定を避けたい場合にはI think Diana will ask ～やDiana will probably ask ～のように、I think (that) S + V（私はS + Vと思う）やprobably（おそらく）などを併用します。

他にも、willの代わりに「仮定を受けて使われるwould」（→ p. 87）を使うことで、より控えめなニュアンスにすることもできます。Diana will ask me how my cake turned outが、「ダイアナがケーキの出来を私に尋ねる」ことを「私」が「知っている」というニュアンスを持つのに対し、Diana would ask me how my cake turned outの場合、「状況から判断すると／彼女の性格から判断すると」などの仮定をwouldが受けているため、文は「(状況から判断すると／彼女の性格から判断すると）ダイアナはケーキの出来を私に尋ねるだろう」という「推量」

のニュアンス（＝控えめに見通しを述べるニュアンス）を持ちます。

なお、「will ＋《動作を表す動詞》」は、主語の人称にかかわらず、個人的な予定を聞き手に単に伝える目的ではあまり使われません。たとえば、She will come tomorrow. は、「彼女が明日来る」ということを聞き手に「言い聞かせる」ニュアンスを持ち、「彼女は明日来ますから」と相手を安心させたり、「彼女は明日来るんですよ」と相手に警告したりする場合などに主に使われます。自分の予定か他人の予定かを問わず、ごく普通に個人的な予定を聞き手に伝えるだけの場合には、be going to ～、be ～ing、will be ～ing などがよく使われます（→ p. 169）。

ここで、will が主節ではなく従属節で使われるケースを見てみましょう。「肯定文や否定文で will が 2 人称または 3 人称の主語に使われる場合、その will は通常『話者の確信』を表す」というルールはあくまでも will が主節の動詞として使われる場合に当てはまります。次の例のように、従属節の中で will が使われる場合はこの限りではありません。

Track 057　シャーロット・ブロンテ『ジェイン・エア』

あらすじ　ジェインが寄宿学校で暮らしていた子ども時代を振り返る章から。ジェインはヘレンという女の子と親しくしていましたが、ヘレンは体調が優れず、別の棟に移されてしまいます。ヘレンはちょっとした軽い病気を患っているにすぎないと思っていたジェインは、そこまで深刻に考えていませんでしたが、ある日外から帰ってきたときに医師と看護師が建物から出てくるのを見たジェインは、医師が去ってから看護師にヘレンのことを尋ねます。以下は、ジェインと看護師のやり取りから。最初のセリフがジェインのもので、he は医師、her はヘレンを指しています。

‘And what does he say about her?’
‘He says she’ll not be here long.’

「それでお医者さまは彼女のことをどうおっしゃったのですか？」
「もう長くはないそうよ」

ヒント 実際の発言は過去のものであっても、今でも同じことを言うであろうと思われる場合には、He says (that) S + V（彼はS + Vと言っている）のように、sayを現在形で使うことができます。

医師が実際に言った言葉はShe'll not be here long.（彼女はもう長くない）であり、この言葉をsay (that) S + V（S + Vと言う）を使って間接話法で報告したものが、He says she'll not be here long.（彼女はもう長くないと彼は言っている）です。このため、この文におけるwillは「話者の確信」ではなく、主節の主語である「彼」の確信を表しています。

主語が1人称の場合

「話者の確信」を表すwillが1人称の主語に使われる場合、willは、「話者が自分の未来の状況について確信していること」を表します。ちなみに、この「話者が自分の未来の状況について確信していること」を表すwillは今でこそ一般的ですが、元々はshallによって広く担われていた役割で、今でも特にイギリスではI shall～やwe shall～が使われることがあります。

Track 058　L・M・モンゴメリ『赤毛のアン』

あらすじ 13歳の誕生日にアンが親友のダイアナに話す言葉です。

In two more years I'll be really grown up. It's a great comfort to think that I'll be able to use big words then without being laughed at.

あと2年もすれば私もすっかり大人。そうしたら人に笑われずに難しい言葉を使えるようになると思うと本当に安心するわ。

ヒント In two more yearsで「あと2年したら」、grown upは「成長して大人になった状態」を表す形容詞。It's ~ to think that S + Vで「S + Vと考えることは～だ」。

It は形式主語で to think 以下が実質的な主語です（→ p. 296）。a great comfort は「大きな安心材料」。big words は「大人が使うような難しそうな言葉」、without being laughed at で「笑われることなしに」。

2つの I'll はどちらも話者であるアンが自分の未来について確信していることを表しています。

なお、「I + will」の組み合わせは、後述するように「自分の意思」を表すこともできる（→ p. 107）ため注意が必要です。「I + will」が「大人になる」や「〜することが可能になる」のような「自分の意思とは無関係なこと」に使われる場合には、文が「話者が自分の未来について確信していること」を表すことが明白ですが、それ以外の場合には、「I + will」が「確信」と「意思」のどちらを表しているのかを文脈で判断する必要があります。

2. 話者の推量（現在・過去）

will は「未来のことについての話者の確信」だけでなく、「現在や過去の事柄についての話者の推量」を表すこともできます。

Track 059　シャーロット・ブロンテ『ジェイン・エア』

あらすじ　ジェインは寄宿学校で最初は生徒として、のちに教師として合わせて8年間過ごしますが、ついに外の世界へ出ていく決心をし、ある地方で住み込みの家庭教師の職を得たジェインは旅立ちます。以下は、赴任先の近くの宿で迎えの人間が来るのを待っていたジェインが、迎えが来たことを告げられて外に出ようとする場面です。『ジェイン・エア』は1人称の視点から書かれているため、文中の me（私）はジェイン自身のことです。

[...]: a man was standing by the open door, [...] 'This will be your luggage, I suppose?' said the man rather abruptly when he saw me, pointing to my trunk in the passage.

開いたドアのところに男性が立っていました。彼は私に気づくと、通路に置いてあった私のトランクを指さして、いきなり「それはあなたの荷物ですよね？」と言いました。

ヒント by ～で「～のそばに」。～, I suppose? で「～ですよね？」。rather は「通常想定されるよりもやや大きな度合いで」といった意味。abruptly は「唐突に」。pointing 以下は「～しながら」を表す分詞構文です。point to ～で「～を指さす」。

pointing to my trunk（私のトランクを指さしながら）が示すように、男性は今そこにあるトランクを指して This will be your luggage, I suppose? と言っています。この文は「そこにあるトランクの所有者」という今現在の事柄について男性が真実だろうと思っていることを表しています。

will の代わりに would を使って、同じ内容を This would be your luggage, I suppose? と表すこともできます。この would は「状況から判断すれば」という仮定、あるいは主語に含まれる仮定を受けて will が過去形に変わったもので、will を使った文よりも確信の度合いがより低い、控えめな言い方になります。

Track 060 シャーロット・ブロンテ『ジェイン・エア』

あらすじ ジェインは自分に求婚したロチェスターの過去について、ある重大な秘密を知って彼の屋敷を飛び出します。そして馬車で知らない町へ行き手持ちのお金がなくなったジェインは、数日あてもなく外をさまよい、ついに倒れますが、ある姉妹に助けられて彼女たちの家の一室で寝かされます。回復したある日、ジェインは彼女たちの兄のリヴァーズに、それまでどこに住んでいたのかなどを尋ねられます。以下は質問に答えて自分が長く暮らした寄宿学校についてジェインが語る言葉の一部で、ジェインは「私は孤児で、施設で教育を受けたのです」と言った後、次のように続けます。

I will even tell you the name of the establishment, [...] – Lowood Orphan Asylum, —shire: you **will have** heard of it, Mr Rivers?

施設の名前もお教えしますわ。——州のロウウッド孤児寄宿学校です。リヴァーズさん、耳にされたことがおありでは？

ヒント I will ～で「～します」。この will は次項で紹介する「意思」を表す用法です。even do ～で「～しさえする」、tell B + A で「B に A を教える」。establishment は「施設」。orphan asylum は「孤児のための寄宿舎」、shire は「州」。州の名前は原作でも伏せ字になっています。hear of ～で「～の存在を耳にする」。

「have ＋過去分詞」には過去を振り返る働きがあり、「will have ＋過去分詞」で「過去の事柄についての話者の推量」を表すことができます。you will have heard of it は、相手が過去のどこかのタイミングでそのことをきっと耳にしただろうという話者ジェインの推量を表しています。

「現在の事柄についての話者の推量」（→ p. 105）の場合と同様、will の代わりに would を使うこともできます。「would have ＋過去分詞」は「架空の過去」を推量する場合だけでなく、実際に起きたことを推量する場合にも使われます。

3.「意思」を表す will

主語が 1 人称の場合

1 人称の主語に使われる will は、「自分の未来の状況について自分が確信していること」以外に、「自分の意思」を表すこともできます。「《1 人称の主語》＋《意思を表す will》」の使われ方は、次の 2 つに大きく分けられます。I'll は I will を短縮したものですが、I'll と I will が同じ意味を表すとは限らない点に注目してみてください。

① たった今やると決めたことを伝える
　→ I'll ～（では私が～します）
② すでに持っていた意思を宣言する
　→ I'll ～または I will ～（［必ず］～します）

＊主語が we の場合も同様です。

～ではちょっと尋ねてみます～「今決めたこと」は短縮形で I'll と I will は同じとは限らない

電話が鳴って I'll take it.（私が出ます）と言う場合など、すでに計画していたことではなく「たった今決めたこと」を伝える場合には、will の短縮形を使った I'll ～（では私が～します）を使用します。I will は強く響きすぎてしまうため、通常は使われません。

Track 061　シャーロット・ブロンテ『ジェイン・エア』

あらすじ　寄宿学校で8年間過ごした後、ジェインはある地方に住み込みの家庭教師の職を得てついに旅立ちます。早朝に寄宿学校を出発したジェインは16時間乗り合い馬車に揺られ、ようやく夜になって赴任先に比較的近い町の宿に到着します。しかし、そこには迎えの人が見当たりません。不安が募ったジェインは宿の給仕人にソーンフィールドという場所が近くにあるかどうかを尋ねます（ソーンフィールドは赴任先の名前です）。以下は、給仕人がそれに答える場面です。

'Thornfield? I don't know, ma'am; I'll inquire at the bar.' He vanished, but reappeared instantly. 'Is your name Eyre, Miss?'

「ソーンフィールドですか？　存じません。カウンターで聞いてみます」彼は出ていきましたが、またすぐに戻ってきました。「エア様とおっしゃるのですか？」

ヒント　ma'am は婦人に対する呼びかけ。inquire は「尋ねる」、bar は「食べ物や飲み物が提供されるカウンター」、vanish は「消える」、reappear は「再び現れる」、instantly は「すぐに」。

給仕人はジェインの質問に応じる形で「では私がカウンターで聞いてみます」と言っています。彼にとって「カウンターで尋ねること」は「たった今決めたこと」であり「元々計画していたこと」ではありません。このため、I'll ～が用いられています。

～きちんと面倒を見ます～　意思の宣言

「1人称の主語＋will」は「ちゃんと～しますよ／必ず～します」という「意思の宣言」を表すことができます。短縮形の「'll」と、短縮しないwillのどちらも使えますが、短縮しないwillは「'll」に比べてフォーマルに響いたり、強く響いたりします。

Track 062　L・M・モンゴメリ『赤毛のアン』

あらすじ　マリラとマシューの家に本来は男の子が来るはずだったのが、手違いによってアンが来て3日目のこと。マリラから正式にあなたを養子にすると言われたアンは、嬉しさのあまり泣き出します。マリラは「落ち着きなさい。あなたは泣いたり笑ったりしすぎなのよ」と言い、次のように続けます。

Yes, you can stay here and **we will** try to do right by you.

（今言った通り、うちの子として）ここにいてもいいわ。養い親としてきちんと責任を果たすよう努めます。

ヒント　このcanは「許可」を表す用法です。try to do ～で「～しようと努める」、do right by ～はやや古風で「～を正当に扱う／～の面倒をきちんと見る」の意。

we will try to do right by youは「我々はあなたに対して養い親としての責任をきちんと果たすよう努めます」という意味を表しています。話者であるマリラはwe willによって自分たちの「意思の宣言」を行っており、これが同時にアンに対する「約束」となっています。

Track 063　エミリー・ブロンテ『嵐が丘』

あらすじ　キャサリンは、同じ魂を持っていると言ってよいほど結びつきの強いヒースクリフと夫であるエドガーとの間で、心労により心身がすっかり弱っています。彼女の使用人であるネリーからキャサリンが衰弱していることを伝えられたヒースクリフは、彼女に会うことをエドガーから禁じられているにもかかわらず、自分がキャサリンに密かに会うための段取りをつけるようネリーに要求し、次のように付け加えます。

[...]: consent, or refuse, I *will* see her! What do you say?

お前が同意するにしても拒否するにしても、俺は必ず彼女に会ってやるぞ。さあどうする？

ヒント consent, or refuse は「同意するにしても拒否するにしても」、What do you say? は「さあどうだ？」。

短縮しない will が強調された「I *will* 〜」は「必ず〜するぞ」という「断固とした宣言」を表し、「強い約束」や「強い脅し」に使われます。この例では「どちらにせよ必ず彼女に会ってやる。それなら穏便に済むほうがいいだろう？　だから手伝え」という脅しのニュアンスが込められています。

主語が１人称以外の場合

前述の通り、肯定文や否定文で will が主節の動詞として２人称または３人称の主語に使われる場合、その will は通常「主語の意思」ではなく、「話者の確信」を表します（→ p. 102）。このため、主語が２人称または３人称であり、かつ will が「主語の意思」を表すケースのほとんどは、主節ではなく従属節の中で起こります。たとえば、She says she'll try to do 〜 .（彼女は〜しようと努めると言っている）は、She says, 'I'll try to do 〜 .' を間接話法にしたものであるため、She says she'll do 〜 . における will は「話者の確信」ではなく「主語である彼女の意思」を示しています。

Track 064　L・M・モンゴメリ『赤毛のアン』

あらすじ　ある日の夕方、家でマリラがアンに用事を言いつけるセリフです。Mrs Barry はアンの親友であるダイアナの母親です。

If you've finished your lessons, Anne, I want you to run over and ask Mrs Barry if she'll lend me Diana's apron pattern.

勉強が終わったのなら、ちょっとお隣に行って、バリー夫人にダイアナのエプロンの型を貸してくれるかどうか尋ねてきてちょうだい。

ヒント　lessons はここでは「勉強」の意。want O to do ～で「O に～してほしい」、run over で「(隣の家などに) サッと行く」、ask O if S + V で「S が V するかどうかを O に尋ねる」、lend B + A で「A を B に貸す」。

if she'll lend me ～における「'll」は、「主語の意思」の一種である「主語のウィリングネス (＝何かをすることを厭わない気持ち)」を表しています。if 節を直訳すると「彼女がダイアナのエプロンの型を私に貸してもいいと思っているかどうか」となります。

Track 065　オスカー・ワイルド『ドリアン・グレイの肖像』

あらすじ　ドリアンは退廃的な生活を送りながらも若さと美しさを保っていますが、その間、肖像画に描かれた彼の顔はどんどん醜く崩れていきます。肖像画を人に見られることを恐れたドリアンは、その絵に布をかぶせた上で、知り合いの美術商のハバード氏とその使用人に頼み、自宅の屋根裏にある誰も入ることのない部屋に絵を運んでもらうことにします。以下は、どこに絵を運んでもらうかをハバード氏に伝えるドリアンの言葉です。

I will show you the way, Mr Hubbard, if you will kindly follow me.

ご案内しますよ。一緒に来ていただけますか？

ヒント show O the way で「O を案内する」。kindly（親切にも）は、「お願い」を表す文に形式的に加えられることがあります。follow O で「O の後についていく」。

「条件」を表す if 節（S が V する場合には）の中では、未来を表す will はあまり使われませんが、「ウィリングネス」を表す will はわりと頻繁に見られます。この例における if 節の中の will はその一例。if 節は直訳すると「あなたが親切にも私と一緒に来てくれるのでしたら」となりますが、事実上の「お願い」として機能しています。if you will ～は主節を伴わずに単独で「お願い」として使われることもあります。

ちなみに、ワイルドは主人公であるドリアンにフォーマルでエレガントな話し方をさせており、そのために文頭で I'll ではなく I will が使われていますが、今日の普段の会話であれば I'll が使われるところです。

Will you ～?

Will you ～? は「～してくれる？」という意味で、相手に何かをしてくれるように頼むのに使われます。ただし、後述するように、Will you ～? は丁寧な依頼の表現ではありません（→ p. 113）。

何かをしてくれるように頼むフレーズには Can you ～?（～してもらえる？）や Could you ～?（～してもらえませんか？）もありますが、Can you ～? と Could you ～? が「～できるかどうか」を尋ねているのに対し、Will you ～? は「ウィリングネス」（→ p. 111）を尋ねています。

Track 066 | D・H・ロレンス『チャタレイ夫人の恋人』

あらすじ レディ・チャタレイの夫である準男爵サー・クリフォード・チャタレイは戦争で負傷したことにより下半身が麻痺しており、看護師のボルトン夫人に身の回りの世話をさせています。以下は、クリフォードとボルトン夫人の間で交わされる典型的なやり取りの場面から。「今日はいいお天気ですこと！　車椅子で少し外に出られるとよろしいかと思いますわ」と言うボルトン夫人に対し、クリフォードは「そうか？」と答え、以下のように命じます。このやり取りのようにクリフォードはしばしばボルトン夫人の提案を拒んで別のことを要求しますが、庶民の階級に属するボルトン夫人はそれを上流階級の人間の洗練の証と捉えており、クリフォードに魅力を感じています。

Will you give me that book – there, that yellow one.

あの本を取ってくれ。あそこ、あの黄色の本だ。

ヒント　give B + A で「B に A を渡す」。

Will you ～? で「～してくれ／～してくれる？」。本書に掲載しているような文学作品では「依頼」を表すのに Will you ～? が使われていることがよくありますが、今日では Will you ～? は、命令に近いニュアンスを持つことが多く、たとえ please をつけても丁寧な依頼にはなりません（please をつけても丁寧な依頼にならないのは命令文でも同じです）。Will you ～? は横柄に聞こえがちなため注意が必要です。現在では、何かをしてくれるように頼む場合、Can you ～?、Could you ～?、Would you ～? などがよく使われます。

・Can you ～?（～してもらえる？）
「～できるかどうか」を尋ねる体裁で依頼するフレーズです。そのため、Will you ～? より丁寧で、カジュアルな場面で気軽なお願いをするのによく使われます。

・Could you ～?（～してもらえませんか？）
「たとえばの話ですが／もしかして」といった仮定を受けて Can you ～? の Can が過去形の Could に変わったもの。「たとえばの話ですが／もしかして～することはできますか？」という体裁で依頼するフレーズであるため、最も丁寧です。Could you ～? は目上の人にも友だちにも使うことができるので、「依頼」のフレーズを１つ覚えるのであればこちらがおすすめです。語尾に please を加えるとさらに丁重になります。

・Would you ～?（～してくれますか？）

Could you ～? の場合と同様の仮定を受けて Will you ～? の Will が過去形の Would に変わったもので、Will you ～? よりは丁寧です。

<参考>

Can you ～? や Could you ～? は、何かをしてくれるようお願いするのに非常によく使われますが、Will you marry me?（僕と結婚してくれる？）のような「相手の意思が重要である場合」には、Will you ～? や Would you ～? が使われます（この場合の Will you ～? は横柄ではなく一般的です）。Can you marry me? だと「自分と結婚することが可能かどうか」を尋ねる形になりますが、「ある相手と結婚することが物理的に可能であること」と「実際にその相手と結婚したいこと」とは別であるため、Can you marry me? は結婚の申し込みのセリフにはなりません。

～ほら、答えようとしないじゃない～「拒否の意思」を表す will not

肯定文や否定文で will が主節の動詞として２人称または３人称の主語に使われる場合、その will は通常「主語の意思」ではなく、「話者の確信」を表す、ということをこれまで繰り返し述べてきました。このルールの例外となるのが will not ～（～しようとしない）です。否定文の場合、will が主節の動詞であり、かつ主語が２人称または３人称であっても、will not ～で「～しようとしない」という「主語の拒否の意思」を表すことができます。

Track 067　エミリー・ブロンテ『嵐が丘』

あらすじ　リントン家の人間を激しく憎んでいるヒースクリフに、あろうことか恋をしてしまうイザベラ・リントン。一方、ヒースクリフは、イザベラのことを愛していないにもかかわらずイザベラの気を引くような行動を取っています。以下は、ヒースクリフの不可解な言動に気づいたキャサリンが、ヒースクリフに真意をただすセリフです。

If you like Isabella, you shall marry her. But do you like her? Tell the truth, Heathcliff! There, you **won't** answer. I'm certain you don't.

もしあなたがイザベラのことが好きなら、彼女と結婚させてあげる。でも彼女のことが好きなの？　本当のことを言いなさい、ヒースクリフ！　ほら、答えようとしないじゃない。彼女が好きなわけではないって私にはわかっているのよ。

ヒント　S + shall ~は「Sに～させると約束する」の意。the truthは「真実」、Thereは「ほら」、I'm certain (that) S + Vで「私はS + Vということを確信している」。

このwon'tは未来のことを表しているわけではなく、主語であるヒースクリフの「拒否の意思」を表しています。

Track 068　アーネスト・ヘミングウェイ『老人と海』

あらすじ　漁師である老人にとって不漁がずっと続いていましたが、小舟で沖合に出たある日、ついに彼の釣り針にかつてないほどの大物がかかります。しかしその魚はあまりにも力が強く、老人は釣り上げることができません。こうして、まったく姿を見せないまま小舟を引っ張ってどこまでも海を進んでいく巨大な魚と、小舟に乗った老人との数日にわたる長い戦いが始まります。以下は、釣り糸を押さえたまま一睡もせずに小舟の中で２日目の朝を迎えた老人が、つってしまって動かなくなった手を何とかほぐそうとする場面です。

He rubbed the cramped hand against his trousers and tried to gentle the fingers. But it **would not** open. Maybe it will open with the sun, he thought.

彼はつって動かなくなった手をズボンに擦って指をほぐそうとした。しかし手は開こうとしなかった。陽が昇れば開くかもしれない、そう彼は思った。

ヒント rub O against ～で「O を～に擦る」、cramped hand は「つって動かなくなった手」、try to do ～で「～しようとする」、gentle O で「O をほぐす」。

「拒否の意思」を表す will not には過去バージョンもあります。will の過去形である would を使った would not がそれで、would not は「～しようとしなかった（＝～するのを拒んだ）」という「過去のある時点における主語の拒否の意思」を表すことができます。また、「意思」という言葉と一見矛盾するようですが、この用法の will not と would not は、The door won't open.（ドアが開こうとしない＝開かない）のように、意思を持たない「もの」に使うこともできます。

4.「性質」を表す will

will は、Water will freeze at 0℃.（水は 0℃で凍る）のように、「主語が持っている性質」を表すこともできます。

Track 069 アーネスト・ヘミングウェイ『老人と海』

あらすじ 美しいけれども毒を持つクラゲを漁の最中に目にした老人が、そのクラゲを食べるウミガメのことをふと考える場面です。

Most people are heartless about turtles because **a turtle's heart will beat** for hours after he has been cut up and butchered. But the old man thought, I have such a heart too and my feet and hands are like theirs.

ウミガメは食用に処理された後も何時間も心臓が動き続けるため、ウミガメのことになるとほとんどの人間は冷酷だ。だが、と老人は思った。私の心臓だって同じようなものだし、私の手足だってウミガメのそれに似ている。

ヒント most は「ほとんどの」、heartless は「冷酷な」、turtle は「ウミガメ」、beat は「脈打つ」。after he has been cut up and butchered は「それが食用に処

理された後」。この現在完了は「完了」の用法です。such a ~で「そのような」。コンマなしで「~ and ~」とつながっていくのがヘミングウェイの文体の特徴です。頭の中で 3 行目の I have such a heart too の後ろにコンマを補うと読みやすくなります。

a turtle's heart will beat for hours は直訳すると「ウミガメの心臓というのは何時間も動き続けるものだ」。この文における will は、主語である「ウミガメの心臓」が持っている（と老人が思っている）性質を表すのに使われています。

would

wouldはwillの過去形です。wouldには、これまでに仮定法やwillの項で取り上げた「何らかの仮定を受けてwillが過去形のwouldになったもの（=過去時制を表すわけではないwould）」と、「実際に過去時制を表すwould」の2つがあります。この項では後者を取り上げます。

1.「時制の一致」によるwould

英語では、「主節の動詞が過去形で使われている場合、従属節の動詞も原則として過去形で使う」というルールがあり、これを「時制の一致」と呼びます。たとえば、She said, 'I'm busy.'（「私は忙しい」と彼女は言った）と同じ意味をsay (that) S + V（S + Vと言う）を使って表すと、She said that she was busy.（自分は忙しいと彼女は言った）となります。「自分は忙しいと彼女は言った」という日本語の文では「忙しかった」ではなく「忙しい」という現在の形が使われていますが、英語では主節で過去形のsaidが使われているため、「時制の一致」によりthat節の中でも過去形のwasが使われている点に注意が必要です。

これまで様々な使い方のwillを紹介してきましたが、これらのwillが従属節の中で使われ、かつ主節の動詞が過去形である場合、「時制の一致」の適用を受けてwillが過去形のwouldに変化します。

Track **070** ｜ アーネスト・ヘミングウェイ『移動祝祭日』

あらすじ　お酒を飲むと自分の健康を過度に心配する癖があったフィッツジェラルドは、ヘミングウェイと一緒に旅をしていたある日、健康であるにもかかわらず自分は病気でもう死ぬと思い込みます。フィッツジェラルドが「自分が死ぬのは構わないが、問題は自分の死後、誰が妻と娘の面倒を見るかだ」と言い出したのを聞いたヘミングウェイは、ひとまず彼を安心させてやることに。「自分の妻子の面倒を見るのに苦労している私がどうやって彼女たちの面倒を見ることができるのかわからなかったが」という言葉の後に次の文が続きます。Scott はフィッツジェラルドのことです。

[…] I said I **would** do my best and Scott thanked me.

できるだけやってみると私は言い、スコットは私に感謝した。

ヒント do one's best は「(どのような結果になるかはわからないけれどとにかく) できるだけのことをする」、thank O で「O に感謝する」。

ヘミングウェイが実際に言った言葉は、「自分の意思」を表す will を使った I will do my best.（できるだけやってみるよ）。これを I said (that) S + V（私は S + V と言った）の S + V の部分に入れたものが I said I would do my best.（できるだけやってみると私は言った）です。will が過去形の would に変化しているのは、時制の一致により主節の動詞である said の過去時制に合わせられているためです。

ここで、この would が主節ではなく、あくまでも said (that) S + V の S + V の部分、つまり従属節の中で使われていることを改めて確認しておきましょう。主節の動詞として would を肯定文で使って「過去のある 1 つの時点における主語の意思」を表すことは、小説の語り手の文などの特殊な例を除き通常はできません。

ただし、「〜ほら、答えようとしないじゃない〜『拒否の意思』を表す will not」の項（→ p. 114）で述べた通り、否定文では would not を使って「〜することを拒んだ」という「過去のある 1 つの時点における主語の拒否の意思」を表すことができます。

2.「決まって〜するのだった」を表す would

would は「決まって〜するのだった」という意味を表すことができ、「過去に繰り返し行われた動作」や「過去に繰り返し生じた状態」を描写するのに使われます。「決まって〜するのだった」を表す would は日常会話で使われる頻度も高く、とても重要な would の用法の 1 つです。

Track 071　L・M・モンゴメリ『赤毛のアン』

あらすじ　アンがマリラとマシューの家に来て 2 日目の夜のこと。昨日ちゃんと服をたたまずに眠ってしまったことをマリラに注意されたアンは、マリラに次のように話します。them は服を指しています。

I'll fold them nicely tonight. They always made us do that at the asylum. Half the time, though, I'd forget, I'd be in such a hurry to get into bed, nice and quiet, and imagine things.

今夜はきれいに服をたたみます。施設でもいつもそうするように言われていました。しょっちゅうたたみ忘れてしまっていましたけど。私、いつも少しでも早く布団に入ってゆったり空想に耽ろうと、それぱかり考えていたんです。

ヒント　fold O で「O をたたむ」、nicely は「きれいに」、make O do ~ で「O に~させる」、asylum は「(孤児のための) 施設」、half the time は「しょっちゅう」、though は「~けれど」。forget の後ろにはコンマが置かれていますが、文はここで終わっています。be in such a hurry to do ~ で「他のことを忘れてしまうほど急いで~しようとする」、get into bed, nice and quiet で「布団に入ってゆったりする」、imagine things で「あれこれ空想する」。

2 カ所の「'd」はどちらも「決まって〜するのだった」を表す would です。2 つめの I'd be in such a hurry が示すように、この用法の would の後ろには「動作を表す動詞」だけでなく、be 動詞のような「状態を表す動詞」を使うこともできます。

「決まって〜するのだった」を表す would に近い意味を表すものに「used to + 動詞の原形」があります。「used to + 動詞の原形」は「昔は〜したものだ／昔は

〜だった」という意味を表し、今と昔の対比を強調したいときに特によく使われます。ニュアンスが多少異なるものの、would 〜と used to 〜のどちらを使っても問題ない場合も多々ありますが、It used to be one of my favourite songs.（それは昔は私の好きな歌の1つでした）のような文では「繰り返し」が含まれないため、used to を would で置き換えることはできません。would は「過去に繰り返し行われた動作」や「過去に繰り返し生じた状態」について使われます。

can と could

canの主な使い方には、「～できる」を表す「可能」の用法、「～してもいい」を表す「許可」の用法、否定文で「～であるはずがない」という意味を表す「可能性」の用法などがあります。否定文では「can not」を1語にしたcannotまたは短縮形のcan'tが使われます。

couldはcanの過去形で、canの過去バージョンとして過去のことについて使われるだけでなく、Could I ～? で「～してもいいですか？」という意味を表すなど、日常生活でのコミュニケーションにおいても重要な役割を果たします。短縮形は「could not」→「couldn't」。一見ごく基本的な使い方に見えても意外な制約があり、willと並んでcan/couldも正しく使おうとすると意外と難しい助動詞です。

～ヴィクトリア駅まで20分で行ける～ 「できる」を表すcan

「can＋動詞の原形」は「～できる／～することが可能である」という「可能」の意味を表すことができます。「可能」を表すcanは「能力を持っているために～することができる」という場合と、「現在の状況のために～することが可能になっている」という場合の両方に使うことができます。

「現在」編：「能力」と「状況」

Track 072　シャーロット・ブロンテ『ジェイン・エア』

あらすじ　寄宿学校で最初は生徒として、のちに教師として合わせて8年間を過ごしたジェインは、ある地方で住み込みの家庭教師の職を得ていよいよ寄宿学校を去ることに。出発の前の日、ジェインの旅立ちのことを聞きつけたベスィがはるばるジェインを訪ねてきます。ベスィは、ジェインが寄宿学校に入る前、孤児として親戚の家に預けられていたときに、ただ1人優しく接してくれていた使用人です。以下は、8年ぶりに再会して懐かしい気持ちに浸りながら2人がお互いの近況を尋ね合うやり取りの一部です。

‘[…] and have you learnt French?’ ‘Yes, Bessie, I **can** both read it and speak it.’

「フランス語は身につけたの？」「ええ、読むことも話すこともできるわ」

ヒント 第１文の現在完了は「結果」の用法です。both A and B で「A と B の両方」。

この例における can は「能力を持っている」という意味を表しています。ジェインは久しぶりに会ったベスィに「自分ができるようになったこと」を答えているために can が使われています。しかし通常「外国語を話すかどうか」を言うときには、「can + speak」ではなく I speak English.（私は英語を話します）、あるいは Do you speak English?（英語を話しますか？）のように、speak が現在形の文で用いられます。

Track 073 オスカー・ワイルド『ドリアン・グレイの肖像』

あらすじ ドリアンは退廃的な生活を送りながらも若さと美しさを保っていますが、彼についての悪い噂は社交界で広まっており、ドリアンの友人で彼の肖像画を描いた画家バジルは、その噂を聞き心配しています。バジルはある作品を仕上げるためにパリへ旅立つことになっていますが、出発の日、心配が募ったバジルは噂が事実ではないことを本人に確かめるため、駅に向かう前にドリアンの屋敷に立ち寄ります。以下は、すでに心が疲弊していてバジルと話をしたくないドリアンが「列車に乗り遅れてしまうんじゃないか？」と言うのに対して、大丈夫だと答えるバジルの言葉です。Victoria はロンドンのターミナル駅の１つであるヴィクトリア駅を指しています。

All I have with me is in this bag, and I **can** easily get to Victoria in twenty minutes.

僕の持ち物はすべてこのバッグの中に入っているんだ。ヴィクトリア駅まで20分もあれば簡単に行ける。

ヒント All と I の間には目的格の関係代名詞が省略されています。have O with me で「O を携帯している」、easily は「簡単に」、get to ～で「～に到着する」、in ～で「～で」。

I can easily get to ～においてバジルの言いたいことは「すでに身支度ができているので簡単に～に行ける」ということであり、この can は「現在の状況により可能になっている」ことを表しています。

「未来」編：can が使える場合と使えない場合

Track 074 ｜ オスカー・ワイルド『ドリアン・グレイの肖像』

あらすじ 自分よりはるかに身分が低く若い女優と激しい恋に落ちた貴族のドリアンが、彼女と婚約したことを友人のバジルとヘンリー卿に伝えるセリフから。ドリアンは「僕の後見人は婚約のことを怒るかもしれないけれど構わないんだ」と言った後、次のように続けます。

I shall be of age in less than a year, and then I **can** do what I like.

僕はあと1年もしないうちに成人になる。そうしたら僕は自分の好きなことができるんだ。

ヒント shall be of age は「成人する」の意。この shall は「未来のことについての話者の確信」を表す will と同じ働きをしています（→ p. 101）。in less than a year で「1年しないうちに」。what I like で「自分の好きなこと」。この what は関係代名詞です。

「将来できること」は、原則として「話者の確信」を表す will（→ p. 101）に be able to do ～（～することができる）を組み合わせた will be able to do ～を使いますが、「それを可能にする能力をすでに持っている場合」や「可能であることが現在の状況から事実としてすでにわかっている場合」には、未来であってもcanを使うことができます。上の文では、「成人する年齢を定めている現行の法律」という「現在の状況」と照らし合わせて可能だとわかっているためにcanが使われています。

この使い方のcanは、現在の自分のスケジュールに基づいてI can ～ tomorrow.（明日～できます）と言う場合のように、日常会話でも頻出です。ドリアンのセリフにおけるcanも、I can ～ tomorrow.におけるcanも、「できる」ということを「事実」として提示しています。

次の例では、同じく未来のことが述べられていますが、canではなくshall be able toが用いられています（このshallはwillと同じです）。なぜcanが使われていないのかを考えてみてください。

Track **075** シャーロット・ブロンテ『ジェイン・エア』

あらすじ　ある夜、ジェインが住み込みの家庭教師をしている屋敷で奇妙な事件が起こり、そのことが原因で、ジェインは屋敷の主人である貴族ロチェスターに夜通し付き添って問題の対処を手伝うことになります。朝を迎えて自室に戻る前、ロチェスターに「次はいつ、こうして寝ずに私に付き添ってくれるかね？」と尋ねられたジェインは、「お役に立てるならいつでも」と答えます。そして、この言葉を聞いたロチェスターは次のように続けます。この時点ではロチェスターは、美しい貴族の娘ミス・イングラムと近々結婚することになっています。

For instance, the night before I am married! I am sure I shall **not be able to** sleep. Will you promise to sit up with me to bear me company?

たとえば私の結婚式の前夜だ！　私は眠れないに決まっている。寝ないで私と一緒にいると約束してくれないか？

ヒント　for instanceは「たとえば」、the night before S + Vで「SがVする日の

前日の夜」、be married で「結婚する」、be sure (that) S + V で「S + V と確信している」、Will you ~? で「~してくれる？」、promise to do ~で「~すると約束する」、sit up で「寝ずに起きている」、bear O company で「O に付き合って時間を一緒に過ごす」。

I am sure がなかったとしても I shall not be able to sleep の shall 自体が「確信」を表しますが、これはあくまでも「頭の中での確信」であり、I shall not be able to sleep という文は、「結婚式の前夜は眠れない」ということを「事実として提示」しているわけではありません。

もし shall not be able to を can't に変えて I can't sleep. とすると、「私は結婚式の前夜は（いつも）眠れないのだ」というニュアンスになります。この場合、I can't sleep. は「今まで何度も結婚したが、式の前夜は毎回眠れなかった」という経験に基づき、「結婚式の前夜は眠れない」ということを「事実として提示」する文になります。このように意味が変わってしまうため、ロチェスターのセリフでは、shall not be able to の代わりに can't を使うことはできません。

～こっちを向いてもいいわよ～「許可」を表す can

can は「～してもいい／～することを許可されている」という「許可」の意味も表します。元々は may が主に担っていた役割ですが、「許可」を表す can も今日では十分に定着しています。

Track 076　ジョージ・オーウェル『1984』

あらすじ　ウィンストンと彼の恋人のジュリアは、処刑される危険を冒して秘密の逢瀬を重ねています。ある日、逢引の最中にジュリアはウィンストンに「ちょっとの間、向こうを向いていて。私がいいって言うまで振り向かないでね」と言い、ウィンストンはジュリアとは反対側を向きます。以下はその少し後の場面です。

'You **can** turn round now,' said Julia. He turned round, and for a second almost failed to recognise her.

「さあこっちを向いてもいいわよ」とジュリアは言った。彼は彼女のほうを向いたが、一瞬、彼女が誰だかほとんどわからなかった。

ヒント turn round で「逆側を向く」、for a second で「一瞬の間」、almost は「もう少しで」、fail to do ～で「～しない」、recognise O で「O を認識する」。

ウィンストンがこちらを向く能力を持っているのは当然のことであり、この can は「能力」を表しているわけではありません。You can turn round now における You can ～は「～してもいいよ」という意味で、can は話者が聞き手に許可を与えるために使われています。can の代わりに may を使うこともできますが、You may ～は現在ではフォーマルに聞こえるため、カジュアルな場面では You can ～がよく使われます。

Track 077 L・M・モンゴメリ『赤毛のアン』

あらすじ アンは、ある誤解がもとでダイアナの母親であるバリー夫人からダイアナと一緒に遊ぶことを禁じられていましたが、ある晩、ダイアナの両親が家を空けているときにバリー家の赤ちゃんが呼吸困難に陥り、アンはダイアナから助けを求められます。急いでダイアナの家に駆けつけたアンは、以前赤ちゃんのお守りをしていた経験を活かしてその赤ちゃんを助け、翌朝家に戻ります。外出先から戻ったバリー夫人は、赤ちゃんの命をアンが救ったことを知ってアンを訪ねてきますが、アンはまだ寝ていました。バリー夫人は養母のマリラに、アンにお詫びとお礼をしたい、またダイアナと友だちになってほしい、よければアンに今晩にでも家にきてほしいと伝えます。以下は、起きて食事を終えた直後にこのことをマリラから聞かされたアンの言葉です。

Oh, Marilla, **can** I go right now – without washing my dishes? I'll wash them when I come back, [...].

お皿を洗わずに今すぐに行ってもいい？　帰ったら洗いますから。

ヒント　right now は「今すぐ」、without ~ing で「~することなしに」。

自分を主語にして疑問文にすると Can I ～? （～してもいい？）という「許可を求める文」を作ることができます。同じ意味を持つフレーズに Could I ～? と May I ～? があり、ニュアンスがそれぞれ次のように少し異なります。

・Can I ～?
直接的な尋ね方で、カジュアルな場面で気軽なお願いによく使われます。

・Could I ～?
Can I ～? よりも控えめで丁寧な尋ね方です。この could は「もし仮に」という仮定を受けて can が過去形の could に変わったもので、Could I ～? は「もし仮に～しても構いませんか？」というニュアンスを持ち、控えめな尋ね方になります。

Could I ～? が「控えめに聞こえる」ということは「丁寧に聞こえる」ということでもあり、許可が得られるかどうか確信がない場合だけでなく、確信がある場合にも「丁寧なお願い」としてよく用いられます。その一例が、レストランなどで注文するときによく使われる Could I have ～, please? （～をいただけますか？）というフレーズ。単に「～, please.」と言うよりずっと丁寧で、好感度の高い言い方です。

・May I ～?
とても丁寧で、かつ由緒正しいフレーズですが、現在ではフォーマルに響きがちです。

～あんなに大きいはずがない～ 「可能性」を表す can と could

「現在」編：canは肯定文には使えない

can を否定文や疑問文で使うことにより、現在の事柄について「あり得ない」

と可能性を否定する文や「あり得るだろうか？」と可能性を問う文を作ることができます。この場合、通常be動詞のような「状態を表す動詞」が用いられます。

Track **078** アーネスト・ヘミングウェイ『老人と海』

あらすじ 老人は、沖合で自分の釣り針にかかった魚がかつてないほどの大物であることを確信していましたが、その魚のあまりの力に、最初は釣り糸を巻き取ることができずにいました。しかし、老人の小舟と魚との距離はわずかずつ縮まっていきます。以下は、ついに老人が自分の小舟の下をくぐっていく巨大な魚の影を目にする場面です。

'No,' he said. 'He **can't** be that big.'

「あり得ない」と彼は言った。「あんなに大きいはずがない」

ヒント No は「あり得ない」の意。that は「あれほど」。

S + can't be ～は「Sが～である可能性はない」、つまり「Sが～であるはずがない」という意味を表します。この例における He can't be that big. は「とても信じられない」という気持ちの表れとして使われていますが、S + can't be ～は、「これまでの経緯から判断して、実際に可能性はゼロである」という場合にも使われます。

また、can の過去形である could を使った S + couldn't be ～も、S + can't be ～と同じ意味で現在の事柄について用いることができます（この could も「仮定を受けて助動詞が過去形に変わるケース」に相当します）。could は would や might と同様に、「架空の世界」のことだけでなく、「現実世界」のことにも使われます。

Track **079** シャーロット・ブロンテ『ジェイン・エア』

あらすじ ジェインが寄宿学校で暮らしていた子ども時代を振り返る章から。ジェインは、ちょっとした軽い病気だとばかり思っていた親友のヘレンが危篤であることをある晩知りますが、時間も遅く、ヘレンに会うことを許してもらえません。そこでジェインは夜こっそりベッドから抜け出し、ヘレンが寝ている部屋を探し当てます。以下は、ヘレンのベッドの目の前に来たジェインが、自分とヘレンのベッドを隔てているカーテンを一度開けようとしてためらい、その後でカーテン越しにヘレンに声をかける場面です。

'Helen!' I whispered softly, 'are you awake?' [...] '**Can it be you**, Jane?' she asked, in her own gentle voice.

「ヘレン！　起きているの？」と私はそっとささやきました。「ジェイン、そこにいるのはあなたなの？」彼女はいつもの穏やかな声で尋ねました。

ヒント whisperは「ささやく」、softlyは「そっと」、awakeは「目覚めている」。itは「そこにいる人」を指しています。her own（彼女自身の）はここでは「彼女のいつもの」といった意味。gentleは「穏やかな」。

Can + S + be ~?は「Sが～である可能性はあるだろうか？」という意味を表します。Can it be you?は直訳すると「そこにいるのがあなたであるという可能性はあるだろうか？」。Is it you?（そこにいるのはあなたですか？）と聞くこともできますが、ヘレンはジェインが来ることをまったく予期していなかったため、「ジェインである可能性はあるだろうか？」という気持ちを込めてCan it be you?が使われています。

否定文の場合と同様、Can + S + be ~?の代わりにCould + S + be ~?を使うこともできます。このCouldは「もしかしたら」などの仮定を受けており、Could + S + be ~?は「あるいはそういう可能性もあるのだろうか？」というような、Can + S + be ~?よりも控えめなニュアンスを持ちます。

ここまで、「可能性」を表すcanが否定文と疑問文で使われる例を見てきましたが、特に重要な点が1つあります。それは、肯定文でcanを使って「今この時点の可能性」や「未来の可能性」を表すことはできないということです。たとえば､「彼女は家にいるかもしれない」という意味を She can be at home. で表すことはできません。同様に､「明日は雨が降るかもしれない」も It can rain tomorrow. では表せません。これに対し、could は「今この時点の可能性」や「未来の可能性」を表すことができます。

She could be at home.（彼女は家にいるかもしれない）
It could rain tomorrow.（明日は雨が降るかもしれない）

これらの could は「場合によっては、もしかしたら」といった仮定を受けており､「場合によってはそういうことも可能性としてある」というニュアンスを持っています。

「過去」編：過去を振り返る「have＋過去分詞」

「have ＋過去分詞」には過去を振り返る働きがあり、can と「have ＋過去分詞」を組み合わせることで、否定文で「〜だったはずがない／〜したはずがない」、疑問文で「〜だったということはあり得るだろうか？／〜したということはあり得るだろうか？」という意味を表すことができます。

Track 080　アーネスト・ヘミングウェイ『老人と海』

あらすじ　沖合で小舟で漁をしているときのこと。老人は手にしている釣り糸に、短い間隔で連続して同じ魚の手ごたえを感じます。その魚は食いつきそうで食いつきません。以下は、その手ごたえがいったん途切れた直後の場面です。He は魚を、he は老人を指しています。

'He can't have gone,' he said. '[...] He's making a turn. [...]'

「いなくなったはずはない」彼は言った。「あいつはただ周りをひと回りしているんだ」

ヒント　make a turn で「旋回する」。

He can't have gone は「行ってしまった可能性はない」つまり「行ってしまった

はずがない」という意味を表しています。「現在」のことを表す場合と同様、canと「have＋過去分詞」の組み合わせは、否定文と疑問文でのみ使うことができ、肯定文では使えません。しかし、couldと「have＋過去分詞」の組み合わせを使えば、肯定文、否定文、疑問文のすべてにおいて過去の事柄を振り返って「可能性」を表すことができます。

Track 081　アーネスト・ヘミングウェイ『老人と海』

あらすじ　夜を徹しての巨大な魚との戦いの最中、仕掛けておいた別の釣り糸に何かの魚がかかりますが、戦いの妨げになることを恐れた老人は、暗闇の中で器用にナイフを扱い、その釣り糸を切ってしまいます。以下は、作業が済んでから老人が今しがたの魚のことを頭の中で振り返る場面です。

I don't know what that fish was that took the bait just now. It **could have** been a marlin or a broadbill or a shark.

たった今えさに食いついたあの魚は何だったのか。あれはマカジキかメカジキか、あるいはサメだったのかもしれない。

ヒント　what + S + wasで「Sが何だったのか」。that took ～のthatはthat fishを先行詞とする主格の関係代名詞です。baitは「えさ」、marlinは「マカジキ」、broadbillは「メカジキ」。

「could have＋過去分詞」は「架空の過去」についてだけでなく、この例のように「実際に起きたこと」についても使うことができます。

～時に海は冷酷だ～「傾向」を表すcan

canを使った肯定文は「今この時点の可能性」や「未来の可能性」を表すことはできないと前項で述べましたが、「《主語》は～することがある」という「一般的な傾向」を表すことはできます。

Track 082 アーネスト・ヘミングウェイ『老人と海』

あらすじ 夜明け前、朝がもうすぐ来る気配を感じながら老人が漁のために小舟で沖合に漕ぎ出していく場面から。沖に向かう途中、老人は海でよく見かける鳥たちのことをふと思います。老人には、海の過酷さに対して鳥たちはあまりにもか弱い存在であるように感じられます。以下は、海とはどのようなものであるのかを老人が頭の中で思い描く言葉で、she は海を指しています。

She is kind and very beautiful. But she **can** be so cruel [...].

海は優しく、とても美しい。だが時に海は本当に冷酷だ。

ヒント cruel は「冷酷な」。

she can be so cruel は「時に海は冷酷になり得る」という意味を表し、「海」というものが持っている傾向・性質を示しています。

could

canの過去形であるcouldには、これまでにいくつかの項で取り上げた「何らかの仮定を受けてcanが過去形のcouldになったもの（＝過去時制を表すわけではないcould）」と、「canの過去バージョンとして実際に過去時制を表すcould」の2つがあり、この項では後者を取り上げます。

canの過去バージョンとして過去のことについて使われるcouldは、「～できる状態だった」などの意味を表します。ただし少し制約があり、日本語で「～できた」と言える場面であっても、常にcould ～が使えるとは限らないため注意が必要です。

「継続してできたこと」を表すcould：couldで表せるとは限らない

「～できる」を表すcanの過去バージョンとしてのcouldは、通常、「1回だけできたこと」ではなく「それなりに長い期間にわたって継続してできたこと」を表すのに使われます。

Track 083　L・M・モンゴメリ『赤毛のアン』

あらすじ　ある日の学校の昼休み、アンとクラスメイトは学校の近くの森で夢中で遊んでいましたが、もうすぐ午後の授業が始まることに気づき、次々と走って教室に戻ろうとします。その日は事前に先生から「遅刻した者には罰を与える」と言われていたのです。以下は、急いで教室に戻ろうとする生徒たちを描写する一節で、冒頭のAnne, […], was latest of all. は、走り出すのが一番遅かったのがアンだったことを述べています。

Anne, […], was latest of all. Anne **could** run like a deer, however; […].

走り出すのが一番遅かったのがアンでした。しかしアンはシカのように速く走ることができるのでした。

ヒント like ~で「~のように」、deer は「シカ」、~, however で「しかし~」。

Anne could run like a deer という文は一見「アンはシカのように走って教室に戻ることができた」と読めそうですが、実際には「アンはシカのように走る能力を有していた」ということを表すのみで、この文だけでは、物語のこの時点で「実際にシカのように走ったかどうか」を判断することはできません（上の文の続きではアンが授業開始と同時に教室に駆け込む様子が描かれます）。

過去のことについて使われる場合、could ~は「~できた」ではなく「~できる状態だった」という意味を表します。このため、「could +動作を表す動詞」は、「~する能力を有していた」「~することを許されていた」などの意味になり、「それなりに長い期間にわたって継続してできたこと」にのみ使うことができます。「昨日彼女に会うことができた」のように「過去のある特定の日時に実際に実行できたこと」を表す場合には、「could +動作を表す動詞」は使えません。その場合には「was/were able to do ~」や「managed to do ~」（ともに「~できた」の意）が使われます。ただし、日本語では「~できた」と言うような場面でも、英語では「主語+一般動詞の過去形」を使って単に「~した」と言うだけのこともよくあります。

一方、否定文の could not ~（~できなかった）は「過去のある特定の日時に限定されたこと」についても使うことができます。これは、肯定文の場合、「ある何かをできる状態にあったこと」と「実際にそれを実行したこと」は別であるのに対し、否定文の場合、「できない状態にあったこと」と「実行できなかったこと」は結局のところ同じであるためと言えるでしょう。

なお、次の例のように、「知覚」やそれに類する意味を表す動詞が用いられる場合には、肯定文であっても could を「過去のある特定の日時に限定されたこと」について使うことができます。

Track 084　アーネスト・ヘミングウェイ『老人と海』

あらすじ　釣り針にかかった巨大な魚によって、老人の小舟はなすすべもなく沖合で引っ張られるがままになっています。以下は、その小舟に向かって小さな鳥が飛んでくる場面から。この場面のすぐ後、船に舞い降りた鳥に老人は「君はいくつなんだ？これが初めての旅なのか？」と問いかけます。

A small bird came toward the skiff from the north. [...] The old man **could see** that he was very tired.

小さな鳥が北の方角から小舟に向かって飛んできた。その鳥が非常に疲れていることが老人には見て取れた。

ヒント　toward ～で「～に向かって」、the skiffは「老人が乗っている小舟」のこと、see that S + Vで「S + Vということが見て取れる」。

鳥が非常に疲れていることを老人が認識できたのは「その鳥が小舟に向かって飛んできたとき」であり、「過去のある特定の日時に限定されたこと」であるにもかかわらず、couldが「できた」という意味で肯定文で使われています。これは、seeのような「知覚」を表す動詞の場合、「知覚できる状態にあった」ということと「実際に知覚できた」ということは事実上同じであるためです。

～彼女には穏やかな一面があった～「過去における傾向」を表すcould

「～時に海は冷酷だ～『傾向』を表すcan」の項（→ p. 132）で「《主語》は～することがある」という「一般的な傾向」を表すcanの用法を紹介しましたが、この用法には過去バージョンも存在し、canの代わりにcouldを使うことで「過去における傾向」を表すことができます。

Track 085　エミリー・ブロンテ『嵐が丘』

あらすじ　物語の中盤、キャサリンとエドガー・リントンの娘キャサリン（母と同じ名前です）は優れた資質を持った思春期の少女へと成長しています。以下は、娘キャサリンの子ども時代を見守った使用人のネリーが、母と娘でどのように性格が違っていたかをこの物語の聞き手であるロックウッドに話して聞かせる言葉です。ネリーはまず「娘キャサリンは強い愛情を人に抱くことができ、その点では彼女は母親の性質を受け継いでいました」と述べ、そして次のように続けます。

[...] still she did not resemble her: for she **could** be soft and mild as a dove, [...]: her anger was never furious; her love never fierce: it was deep and tender.

とはいえ彼女は母親に似てはいませんでした。というのは彼女にはとても穏やかな一面があったからです。怒るときもその怒りが激しかったことはなく、また、愛情も激情の類いであったことはありませんでした。彼女の愛情は深くて包み込むようなものだったのです。

ヒント still は「とはいえ」、resemble O で「O に似ている」、for S + V で「というのは S + V だから」、soft and mild as a dove は「鳩のように穏やか」つまり「とても穏やか」。anger は「怒り」、never は「いつの時点においても～ない」。furious と fierce はともに「激しい」。her love と never の間には was が省略されています（文の構造が前の文と同じ場合には、このように共通部分を省略することがあります）。tender は「優しく包み込むような様子」を表す形容詞。

she could be soft and mild as a dove は「彼女は時にとても穏やかであり得た」つまり「彼女がとても穏やかなことがそれなりに頻繁にあった」という意味を持ち、could は、主語である「彼女」が過去に持っていた「傾向・性質」を表すのに使われています。

「時制の一致」による could

can の項で紹介した通り、can には「可能」「許可」「可能性」などを表す用法がありますが、これらの can が従属節の中で使われ、かつ主節の動詞が過去形である場合、時制の一致の適用を受けて can が過去形の could に変わります。

あらすじ アンが慕っているアラン夫人は町の教会の牧師の妻で、教会が開催する日曜学校でアンたちのクラスを受け持っています。以下は、アンがアラン夫人についてマリラに熱心に話す場面で、最初のセリフはアンのもの。She はアラン夫人を指しています。アンは、「先生だけが質問して生徒に質問させないのは不公平」というアラン夫人の言葉に感銘を受けています。

'[…] She said we could ask her any question we liked and I asked ever so many. I'm good at asking questions, Marilla.' 'I believe you,' […].

「先生がどんなことでも尋ねていいとおっしゃったから、すごくたくさん質問したの。私、質問するのが得意なのよ」「そうでしょうね」

ヒント ask B + A で「B に A を尋ねる」。any question と we の間には目的格の関係代名詞が省略されています。ever so many で「ものすごくたくさん」、be good at ~ing で「~するのが得意」。この I believe you には「実際に見なくても容易に信じることができる」というニュアンスがあります。

先生が実際に言った言葉は You can ask me any question you like.（あなたはどんな質問を私にしてもいい）。この文を間接話法である say (that) S + V（S + V と言う）を使って表したものがアンのセリフ She said we could ask her any question we liked です。You can ask ～における can は「許可」を表す用法で、この can が、主節の動詞である said の過去時制に合わせて過去形の could に変わっています。アンのセリフは「私たちは～できたと先生が言った」という意味ではないことに注意が必要です。

should

should は本来は shall という助動詞の過去形ですが、shall の過去形としてだけでなく、「〜するべき」という意味を表すなど、独自の助動詞として様々な使われ方をします。短縮形は「should not」→「shouldn't」。

1. 独自の助動詞としてのshould

〜落ち着いた状態でマフィンを食べるべき〜 「べき」を表す should

「should +動詞の原形」は「〜するべき／〜するといい」という意味を表すことができます。この場合の should は主に「個人的な意見」を表しますが、should は must（〜しなければならない）より弱い響きを持っているため、実質的には命令であっても、響きをやわらげるために must の代わりに使われることもあります。否定文 should not は「〜するべきではない／〜しないほうがいい」という意味を持ちます。

Track 087 オスカー・ワイルド『真面目が肝心』

あらすじ 友人同士であるアルジャノンとジャックはアーネストという名前の人物に扮し、アーネストという名前が好きでたまらない2人の女性とそれぞれ婚約しますが、ほどなくして2人とも正体がばれ、結婚はおぼつかなくなってしまいます。以下は、正体が露呈した直後にアルジャノンがジャックの邸宅でマフィンを食べ始める場面です。ジャックに「こんなときによく落ち着いてマフィンを食べられるね」と言われたアルジャノンは、次のように答えます。この続きは→ p. 313。

Well, I can't eat muffins in an agitated manner. The butter would probably get on my cuffs. One **should** always eat muffins quite calmly. It is the only way to eat them.

そわそわしながらマフィンを食べることなんてできないね。(そんなことをしたら)バターがそで口にくっついてしまう。人は完全に落ち着いた状態でマフィンを食べるべきなんだ。落ち着いて食べる以外にマフィンを食べる方法はない。

ヒント in a ~ mannerで「~なやり方で」、agitatedは「そわそわした」。wouldは「もし仮にそのようなことをしたら」という仮定を受けて「話者の確信」を表すwillが過去形になったものです(→ p. 87)。get on ~で「~にくっつく」、cuffは「そで口」、quiteはここでは「完全に」、calmlyは「落ち着いて」、the only way to do ~で「~する唯一の方法」。

shouldの最も基本的な用法が、「個人的な意見」として「~するべき」という意味を表す使い方で、One should always eat ~のshouldはその典型です。このshouldは「物事はこうあるべき」というアルジャノンの主観的な意見を表すのに使われています。

Track **088** L・M・モンゴメリ『赤毛のアン』

あらすじ 牧師夫妻を食事に家に招くことになり、牧師の妻であるアラン夫人を慕っているアンは数日前から懸命に準備をします。以下は、たくさんの食べ物を用意していることを親友のダイアナに伝えるアンの言葉です。

You **should** just see our pantry. It's a sight to behold.

うちのキッチンの棚を見てみるといいわ。すごい光景よ。

ヒント pantryは「食料を置いておくための棚やスペース」、sightは「光景」、behold Oで「Oを見る」。to beholdは不定詞の形容詞的用法です。a sight to beholdで「一見の価値のある光景」。

You should ~は「~するといいよ」というニュアンスで使うこともでき、軽くアドバイスをしたり、何かをするように勧めたりするのによく用いられます。また、日本語の「〜するといいよ」と同様に、必ずしも相手がその行為を実際に行うことを期待せずに、単に「〜してほしいくらいだよ」といった気持ちを表すのに使われることもあります。アンのセリフは、実際に棚を見ることを勧めているというよりは、「見てほしいくらいよ」という気持ちを表していると言えるでしょう。

〜ハバナの町の灯が見えるはず〜「はず」を表す should

should は、これまでの状況などに基づいて現在のことや未来のことを推量するのにも使われます。その場合、S + should 〜は「S は〜であるはずだ／〜するはずだ」、S + should not 〜は「S は〜ではないはずだ／〜しないはずだ」という意味を表し、話者が自分の推量について、確信とまでは言えなくても、それなりに自信を持っているときに用いられます。

Track 089　L・M・モンゴメリ『赤毛のアン』

あらすじ　男の子を養子に迎える当日、その子を駅に迎えにきたマシューは、それらしい子が見当たらないため駅員に予定の列車がいつ到着するのかを尋ねます。しかし駅員から、列車はすでに到着しており女の子がその列車から降りてきたことを聞かされたマシューは、事情を次のように駅員に説明します。

I'm not expecting a girl [...]. It's a boy I've come for. He **should** be here. Mrs Alexander Spencer was to bring him over from Nova Scotia for me.

女の子を探しているのではありません。私が迎えにきたのは男の子で、その子はここにいるはずなのです。アレグザンダー・スペンサー夫人がノヴァ・スコシアから彼を連れてくることになっていましたから。

ヒント　be expecting O で「O が来ることを想定している」。It's a boy I've come for. は強調構文で「私が迎えにきたのは男の子です」の意。was to do 〜で「〜することになっていた」、bring O over で「O を連れてくる」。

shouldが「今現在」のことについての推量を表す場合、shouldの後ろには通常、be動詞などの「状態を表す動詞」が使われます。He should be here. は「事前に取り決めたことの結果として彼は今ここにいるはずだ」という意味で、話者であるマシューが「今現在」について推量していることを表しています。

「推量」のshouldは「はず」という日本語でよく訳されますが、He should be here. は「事前の取り決めによれば彼はここにいてしかるべき」という意味であり、「べき」を表すshouldと根本的に異なる用法というわけではありません。また、S + should be ～（Sは～であるはずだ）は、強い確信がある場合に使われるS + must be ～（Sは～に違いない）を少し弱めたバージョンと捉えることができます。

Track 090　アーネスト・ヘミングウェイ『老人と海』

あらすじ　夕暮れどき、沖合で普段とは離れた海域に来てしまった老人が陸の方向に向かいながら場所の見当をつける場面です。

'It will be dark soon,' he said. 'Then I **should** see the glow of Havana. [...]'

「もうすぐ暗くなるな」彼は言った。「そうしたらハバナの町の灯が見えるはずだ」

ヒント　glowは「ぼんやりした輝き」。

shouldはこの例のように未来のことについての推量を表すこともできます。その場合、shouldの後ろには「状態を表す動詞」だけでなく様々な動詞が使われます。

should have done ～：異なる3つの意味に注意

「should have + 過去分詞」という形を使うことで「～べきだった」「本来なら～はずだった」「～したはずだ」等の意味を表すことができます。この場合の「have

＋過去分詞」は過去を振り返る役割を持っています。

Track **091** L・M・モンゴメリ『赤毛のアン』

あらすじ ある日曜日、教会の日曜学校から帰ってきて感想をマリラに聞かれたアンは、日曜学校の統括者であるベル氏の祈りの言葉があまりにも長かったため、窓から湖の素晴らしい景色を眺めながらありとあらゆる素敵な空想にふけっていたとマリラに伝えます。以下は、それに対するマリラの言葉です。ちなみに以下の発言の後、マリラはアンを叱ろうとしますが、アンはベル氏は型通りの祈りを口にするだけで、そもそも自分の祈りに関心を持っていないように思えると言い、それがマリラ自身も前から密かに感じていたことであったため、怒れなくなってしまいます。

You **shouldn't have** done anything of the sort. You **should have** listened to Mr Bell.

そんなことをしてはだめじゃないの。ベルさんの話をちゃんと聞くべきだったのよ。

ヒント anything of the sort は「そういった類のこと」。

「should have ＋過去分詞」は「～するべきだった」、「shouldn't have ＋過去分詞」は「～するべきではなかった」という意味を表すことができます。第１文は直訳すると「あなたはそのようなことをするべきではなかった」。「should (not) have ＋過去分詞」は、誰かをとがめる場合だけでなく、「～したらよかったのに」と残念がったり、自分の行為を反省したりするときにもよく使われます。

Track **092** ジョージ・オーウェル『1984』

あらすじ 窓も何もない牢に投獄された主人公ウィンストン。以下は、時間の感覚を失い、拷問の恐怖に怯えながらただひたすらにその瞬間を生きようとするウィンストンの様子を描く一節です。

Sometimes he tried to calculate the number of porcelain bricks in the walls of the cell. It **should have** been easy, but he always lost count at some point or another.

時々彼は牢獄の壁のレンガの数を数えようとした。本来なら簡単であるはずだったが、彼はいつもどこかで数がわからなくなってしまうのだった。

ヒント try to do ~で「~しようとする」、calculate O で「O を数える」、the number of ~で「~の数」、porcelain brick は「レンガ」、cell は「牢獄」、lose count で「数がわからなくなる」、at some point or another で「どこかの時点で」。

It should have been easy は「そんなことは本来なら簡単であるはずだった（でも実際には簡単ではなかった）」という意味を表しています。「はず」という言葉が使われていますが、文意は「本来であれば簡単であってしかるべきだった」ということであり、1つ前の例における「should have + 過去分詞」の用法（→ p. 143）と根本的に異なるものではありません。

Track **093** ベンジャミン・ディズレーリ『コニングズビー』

あらすじ イギリスの首相を二度務める傍らで政治小説も執筆したベンジャミン・ディズレーリ（1804-1881）の代表作から。物語の中心人物の1人であるモンマス卿の一行がパリの町を馬車で移動していたところ、馬が暴走し馬車は木にぶつかってしまいます。この事故でレディ・モンマスが気を失ってしまったため、一行は近くの家で彼女を寝かせることに。しかし彼女はケガを負ったわけではなく、まもなく意識を取り戻します。以下は、彼女はもう大丈夫と判断したモンマス卿の言葉で、The carriage は迎えの馬車を指しています。

The carriage **should have** arrived by this time. Let us get home.

迎えの馬車がもう到着したはずだ。さあ帰ろう。

ヒント by this time は「この時間までには」。Let us ～は Let's ～（～しよう）をフォーマルにしたもので、意味は同じです。

この例における「should have ＋過去分詞」は「～したはずだ」の意。前の2つの例（→ pp. 143–144）では、「should have ＋過去分詞」によって、「実際の姿」とは相反する「本来あるべきだった姿」が表されていたのに対し、この例では「それまでの経緯から判断して、すでに起こっていてしかるべきこと」、つまり「実際に起こったであろうこと」が表されています。「should have ＋過去分詞」は、「～べきだった／本来なら～はずだった」と「～したはずだ」という、根本的に異なる2つの意味を持つため注意が必要です。

that 節の中の should：suggest that ＋ S ＋ should ～（S が～するのがよいと提案する）など

多くの言語では、実際に存在している「現実世界」を描写するのには動詞の現在形や過去形が使われる一方、「起きてほしいと願っていること」や「行われるように要求していること」などを表すのには、動詞の「仮定法現在形」という特別な形が使われます。言語の種類にもよりますが、一般的に言って仮定法現在形は通常の現在形や過去形とは異なる語尾を持っています。

英語でも何世紀も前には動詞の仮定法現在形が広く存在していましたが、仮定法現在形が果たしていた役割は徐々に「助動詞＋動詞の原形」という組み合わせによって担われるようになり、現在では仮定法現在形が使われる場面はごく限られています。さらに、今日の英語における仮定法現在形は、形が動詞の原形とまったく同じであるため、「仮定法現在形に特有の動詞の形」というものは今では存在しません。

仮定法現在形（形は動詞の原形と同じ）が用いられる限られた場面というのが、次のような「要求や提案の内容を表す that 節」の中で、主にアメリカ英語でこれらの that 節に仮定法現在形が使われます。

suggest that + S +《仮定法現在形》　(Sが〜するのがよいと提案する)
ask that + S +《仮定法現在形》　(Sが〜するようにしてほしいと頼む)
order that + S +《仮定法現在形》　(Sが〜するようにと命じる)
It is important that + S +《仮定法現在形》(Sが〜することが重要だ)

他にも recommend (勧める)、demand (要求する)、insist (主張する) などの動詞や、desirable (望ましい)、necessary (必要だ) などの形容詞がこの形で用いられます。どの語も「その時点ではまだ (少なくとも完全には) 実現されていないことについて、それがこれから実現されるように要求したり提案したりするのに使われる」という点で共通しています。実際の例として、suggest という動詞がアメリカの作家フィッツジェラルドの文章の中でどのように使われているかを見てみましょう。

Track 094　F・スコット・フィッツジェラルド『グレート・ギャツビー』

あらすじ 冒頭の章から。この小説は、語り手であるニックがニューヨークの証券会社で仕事をするためにアメリカの中西部から東部に移り住んできて、ニューヨーク近郊の町に家を借りたところから始まります。ニックの家に隣接するのは、ギャツビーという名の謎めいた若い大富豪が所有する広大な邸宅。ギャツビーの隣人となったことがきっかけで、ニックはこの小説で語られる一連の出来事に関わることになります。以下はニックがギャツビーの邸宅の隣に家を借りることになった経緯を説明する一節です。「ニューヨーク市内に部屋を見つけるのが最も便利ではあったが、私には芝生や木々の多い場所のほうが好ましかった」という趣旨の後に次の文が続きます。

[…] so when a young man at the office **suggested that we take** a house together in a commuting town, it sounded like a great idea.

だから職場の若い男性が、(市外の) ベッドタウンに一緒に家を借りようと提案したとき、それは非常に良いアイデアであるように思われた。

ヒント この take は「借りる」の意。commuting town は「そこから通勤できるような近隣の町」、sound like ~で「~のように聞こえる」。

suggestedが過去形であるにもかかわらず時制の一致が適用されておらず、that節の中の動詞には過去形のtookではなくtakeが使われています。これは、アメリカ英語では suggest that + S + V（S が V するのがよいと提案する）の V には、suggest の時制に関係なく仮定法現在形が使われるためです。仮定法現在形は原形と同じ形であるため、仮にtakeの主語が3人称単数であってもtakesにはなりません。

前述の通り、「何かが行われるように要求したり提案したりする場合」にthat節の中で仮定法現在形が用いられるのは主にアメリカ英語であり（→ p. 145）、イギリス英語では通常「should ＋動詞の原形」が使われます。イギリスの作家モームの文章で、同じ動詞suggestがどのように使われているのかを見てみましょう。

Track 095　W・サマセット・モーム『世界の十大小説』

あらすじ 無名時代のフランスの文豪バルザックを描いたモームの文章から。以下の文で書かれていることがきっかけとなり、バルザックはペンネームを使って友人とたくさんの小説を共同で書いていくことになります。モームによると、それらの作品はひどい出来ではあったものの、それらを書くことを通してバルザックは、読者を飽きさせないように物語をどんどん進めていくことの大切さや、愛、お金、名誉など、人々が最も関心を持っていることを題材として含めることの重要性などを学んだようです。him はバルザックを指しています。

Presently a friend, [...], came to see him and suggested that they should write a novel in collaboration.

ほどなくして友人が彼に会いにきて、共同で小説を書こうと提案した。

ヒント presently は「ほどなくして」、in collaboration は「共同で」。

フィッツジェラルドの例とモームの例のどちらにおいても suggest が「提案する」という同じ意味で使われているにもかかわらず、that 節の中の動詞が前者では仮定法現在形だったのに対し、後者では「should ＋動詞の原形」になっています。この場合の「should ＋動詞の原形」は仮定法現在形と同等の役割を果たしており、英語において「助動詞＋動詞の原形」が仮定法現在形の代わりに使われ得ることを示す好例と言えるでしょう。なお、「should ＋動詞の原形」が仮定法現在形の代わりに使われる場合、should 自体に明確な意味はありません。

「that ＋ S ＋仮定法現在形」と「that ＋ S ＋ should ＋動詞の原形」はどちらも比較的フォーマルな響きを持っています。イギリス英語の場合、たとえ「何かが行われるように要求したり提案したりする場合」であっても、カジュアルな場面では「should ＋動詞の原形」の代わりに通常の現在形（主節の動詞が現在形のとき）や過去形（主節の動詞が過去形のとき）も使われます。

2. shallの過去形としてのshould

should は本来 shall の過去形ですが、これまで見てきたように、shall の過去形としてではなく、独自の助動詞として様々な場面で使われています。しかし、shall の過去形としての should の使い方が存在しないわけではありません。

「話者の確信」（→ p. 101）を表すのには、現在では主語の人称にかかわらず will が広く使われていますが、元々は、主語が 1 人称以外の場合には will が、主語が 1 人称の場合には shall が用いられていました。この伝統は徐々に失われつつありますが、今も主にイギリス英語で残っており、特に少し前のイギリス人作家の文章では shall が頻繁に見られます。そして、何らかの仮定を受けたり、時制の一致が適用されたりするなどして助動詞の過去形が使われる場面では、shall の過去形として should が使われます。

Track 096 | エミリー・ブロンテ『嵐が丘』

あらすじ　p. 41 で紹介したキャサリンの言葉の前置きとなる部分で、同じくキャサリンの言葉です。*he* はヒースクリフを指しています。以下の言葉の後にキャサリンは

「私のエドガーへの愛は森の木の葉のようなもので、時間とともに変わっていく。でも私のヒースクリフへの愛は、木々の下にある永遠の岩のようなもので、目に見える歓びの源ではないけれど、必要なものなの」と言い、その後で、p. 41の言葉が続きます。

If all else perished, and *he* remained, I **should** still continue to be; and if all else remained, and he were annihilated, the universe would turn to a mighty stranger [...].

もし仮に他のすべてのものが消滅しても、彼という人間が残っていれば、私は存在し続ける。でももし他のすべてのものが残っても、彼が消えてなくなったら、この世界は私にとって完全に無縁の場所になる。

ヒント all elseで「他のすべてのもの」。perishedとremainedはそれぞれperish（消滅する）とremain（残る）の仮定法過去形です。stillは「引き続き」、continue to beで「存在し続ける」。このbeは「存在する」の意。wereはbeの仮定法過去形。be annihilatedはannihilate O（Oを消滅させる）の受動態。the universeは「この世界」、turn to ～で「～になる」、mighty strangerで「完全に異質な見知らぬもの」。

I should still continue to beのshouldは、「仮定法過去形（→ p. 76）の動詞を含むif節」が作る仮定を受けることによって、1人称の主語に使われるshall（話者の確信）が過去形に変わったものです。一方、the universe would ～は、同じく「仮定法過去形の動詞を含むif節」の仮定を受け、また同じく「話者の確信」を表しているにもかかわらず、主語が1人称ではないために、shallの過去形shouldではなく、willの過去形wouldが使われていることに注目してみてください。1行目のshouldと3行目のwouldはまったく同じ意味で使われています。

may と might

may には主な使い方として、「〜してもよい」という「許可」を表す用法と、「〜する可能性がある／〜である可能性がある」という「可能性」を表す用法の2つがあります。この2つの使い方が特に重要ですが、それ以外にも may には少し特殊な用法がいくつかあり、「〜しますように」という「祈りの言葉」などでも may が用いられます。用法により程度は異なりますが、全体的に may にはフォーマルなニュアンスがあります。

might は may の過去形ですが、他の助動詞の過去形と同様、常に過去のことを表すわけではなく、「かもしれない」という意味で日常会話で非常によく使われます。

1.「許可」を表すmay

may には「〜してもよい」という「許可」を表す用法があり、May I 〜?（〜してもよいですか？）などのフレーズで使われます。否定文の may not は「〜してはいけません」という意味を表します。

同じく「許可」を表すことのできる助動詞に can がありますが、「許可」には can ではなく may を使うのが正しいとされていた歴史的経緯があり、may のほうが「由緒正しい」と言えるかもしれません。現在では、may は「丁寧かつフォーマル」なニュアンスを持っており、主にフォーマルな場面で使われます。

〜彼女と話してもいいですか？〜　主語が1人称の場合

Track 097　シャーロット・ブロンテ『ジェイン・エア』

あらすじ　ジェインが自分の子ども時代を振り返る章から。ちょっとした軽い病気だとばかり思っていた親友のヘレンが危篤であることをある日突然知らされたジェインが、急いでヘレンに会おうとする場面です。「私の心を悲しみが突き抜け、そしてヘレンに会いたい、いや会わなければいけないという思いが私を捉えました。私は彼女を看病している職員に、彼女がどの部屋にいるのかを尋ねました」という文の後に次の会話が続きます。

'She is in Miss Temple's room,' said the nurse.
'**May** I go up and speak to her?'

「彼女はテンプル先生のお部屋よ」とその職員は答えました。
「部屋に行って彼女と話してもいいですか？」

ヒント go up で「上の部屋に行く」。

May I ～? は「～してもよいですか？」という意味を表し、丁寧に許可を求めるフレーズとして用いられます。ただし、現在では場面によってはやや過剰にフォーマル／丁寧に響くこともあり、カジュアルな場では May I ～? の代わりに Can I ～? や Could I ～? がよく使われます。

Track 098　エミリー・ブロンテ『嵐が丘』

あらすじ リントン家の人間を憎み、その財産を自分のものにしようと企むヒースクリフの策略により、リントン家の娘であるキャサリン（母と同じ名前です）は自分の屋敷から誘い出されてヒースクリフの屋敷に閉じ込められ、彼の息子と結婚するよう強制されます。一方、彼女の父親であるエドガー・リントンは重い病気にかかっており、明日をも知れぬ命です。以下は、父親を深く愛するキャサリンが一刻も早く父親のもとに帰ろうとしてヒースクリフに言う言葉で、文中の Thrushcross Grange はリントン家の屋敷の名前です。

I'll marry him within this hour, if I **may** go to Thrushcross Grange afterwards. [...] If papa thought I had left him on purpose, and if he died before I returned, could I bear to live?

結婚した後で家に帰ってもいいのなら、今すぐにでも彼と結婚するわ。もしお父さまが、自分から私がわざと去ったと思っていらして、そのまま私が戻る前にお亡くなりになったら、私が生きていけるとでも？

ヒント marry O で「O と結婚する」、within this hour で「今すぐにでも」、afterwards は「その後で」。thought と died は仮定法過去形です。had left は過去完了。この過去完了は、left の時制が thought の時制より前であることを示しています。on purpose は「わざと」。returned が過去形になっているのは時制の一致によるもの。bear to do ～で「～するのを耐える」。

if I may go to ～で「もし私が～に行くことを許可されるのなら」。主節で「自分」を主語として「私は～することを許可されている」という意味を表す場合、通常 I may ～ではなく、I can ～や I'm allowed to ～が使われますが、if 節などの従属節の中では I may ～も比較的よく見られます。

～見てもいいですよ～　主語が 2 人称の場合

Track 099　シャーロット・ブロンテ『ジェイン・エア』

あらすじ ジェインが自分の子ども時代を振り返る章から。ジェインが寄宿学校に入ったばかりでまだ誰とも友だちになっていないある日、外のベンチで真剣に本を読んでいる同い年くらいの女の子を見かけて、ジェインがその子に声をかける場面です。

'Is your book interesting?' […] 'I like it,' […]. 'What is it about?' I continued. […] 'You may look at it,' replied the girl, offering me the book.

「その本、面白いのかしら？」「私は気に入っているわ」
「何についての本なの？」と私は続けて尋ねました。「見てもいいわよ」彼女は私に本を差し出しながらそう答えました。

ヒント offering 以下は「～しながら」を表す分詞構文。offer B + A で「B に A を差し出す」。

You may ～は「～してもよいですよ」という意味で、通常、自分が権限を持っていて相手に許可を出す場合に使われます。May I ～? と同様、You may ～は丁寧ですが今日ではフォーマルな響きを持っており、カジュアルな場では You may ～の代わりに You can ～がよく使われます。

～マフィンを食べる権利を持っている～　主語が 3 人称の場合

Track 100　オスカー・ワイルド『真面目が肝心』

あらすじ p. 29 で紹介したアルジャノンのセリフのすぐ後に続くやり取りです。アルジャノンはジャックの邸宅の庭でジャックのマフィンをがつがつと食べており、それを見たジャックはアルジャノンからマフィンの皿を取り上げて、自分でマフィンを食べようとします。以下は、マフィンを取り上げられたアルジャノンが不平を言う場面です。

ALGERNON　I wish you would have teacake instead. I don't like teacake.

JACK　Good heavens! I suppose a man may eat his own muffins in his own garden.

ALGERNON：　君は（マフィンではなくて）パウンドケーキのほうを食べてくれればいいのに。僕はパウンドケーキが好きじゃないんだ。

JACK：　バカな！　人には自分の庭で自分のマフィンを食べる権利があると思うね。

ヒント I wish you would ～で「君は～してくれたらいいのに」。この would は「意思」を表す will の仮定法過去形です（→ p. 96）。teacake は「パウンドケーキ」、Good heavens! は驚きを表す言葉。I suppose (that) S + V で「私はS + Vと思う」。

「《3人称の主語》+ may」は、話者が権限を持っていて第三者に許可を出す場合にも使われますが、多くの場合、この例のように「《主語》は～する権利を持っている」という意味で使われます。

2.「可能性」を表すmayとmight

mayとその過去形であるmightは、どちらも現在のことや未来のことについて「可能性がある」「かもしれない」という意味を表すことができます。否定文のmay notとmight notは「可能性がない」ではなく「～ない可能性がある」という意味を表します。「可能性」を表すmay/mightは疑問文では通常は使われません。「Sが～する可能性はありますか？」と尋ねたい場合には、Do you think (that) + S + may ～? (Sが～する可能性はあると思いますか？) などのフレーズが用いられます。また、may/mightと「have + 過去分詞」を組み合わせることで、過去の事柄について言及することもできます。

～何回も結婚するかもしれません～　ややフォーマルな may

現在ではmayはややフォーマルに響きがちで、「～する可能性がある」という日本語のような、「可能性を真剣に捉えている」ニュアンスを持つことがよくあります。一方、本書に掲載しているような文学作品では、カジュアルな会話からフォーマルな文章まで様々な場面でmayが頻繁に出てきます。

Track 101　オスカー・ワイルド『真面目が肝心』

あらすじ　ジャックとグウェンドリンはお互いに惹かれ合っており結婚したがっています。しかし、ジャックは赤ちゃんのときにバッグに入った状態でターミナル駅の荷物預り所で発見されて親がわからないまま大人になっており、気位の高いグウェンドリンの母親は、そのような事情を持つジャックと娘との結婚を許しません。母親に反対されてジャックとの結婚に悲観的になったグウェンドリンは、「母に対する私の影響力は私が3歳のときになくなってしまったの」とジャックに言い、次のように続けます。she は母親を指しています。

But although she **may** prevent us from becoming man and wife, and I **may** marry someone else, and marry often, nothing that she can possibly do can alter my eternal devotion to you.

母は私たちが夫と妻になるのを許さないかもしれませんし、私は他の誰かと、それも何回も結婚するかもしれませんが、母がたとえどんなことをするにしても、私が永遠にあなたのものであるという事実を変えることはできません。

ヒント although S + V で「S + V けれど」、prevent O + from ~ing で「O が~するのを妨げる」。nothing that she can possibly do can ~で「彼女がなし得るどのような行為も~することはできない」。この that は目的格の関係代名詞で、that から do までが関係代名詞の節です。alter O で「O を変える」、my eternal devotion to ~で「~に自分を永遠に捧げていること」。

この例における2つの may は両方とも「将来起こる可能性があると話者が思っていること」を表しています。

Track **102** チャールズ・ディケンズ『クリスマス・キャロル』

あらすじ クリスマスイブの夜、貪欲な金貸しの老人である主人公スクルージのもとに幽霊が現れます。幽霊は何年も前に死んだマーリーという男で、スクルージと一緒に金貸しを営んでいた人物。スクルージはマーリーの幽霊の姿を見て、それがしゃべるのを聞きますが、それでもなお目の前にいる幽霊の存在を認めようとしません。マーリーの幽霊が「君はなぜ自分の目や耳を信じないのかね？」と尋ねると、スクルージは次のように答えます。文中の them は senses（五感）を指しています。

'Because,' said Scrooge, '[...] A slight disorder of the stomach makes them cheats. You **may** be an undigested bit of beef, [...].

There's more of gravy than of grave about you, whatever you are!'

「だって」とスクルージは言いました。「腹の調子がほんの少し悪くなっただけで人間の五感など信用できなくなってしまうものだ。君の正体は消化されていない牛肉のかけらかもしれん。何者か知らないが、君はグレイブというよりグレイビーっぽいぞ！」

ヒント slight は「わずかな」、disorder は「不調」、make O + C で「O を C にする」、cheats は「人を欺くもの」、undigested は「未消化の」、bit は「かけら」。There is more of A than B about ～で「～には B というより A の雰囲気がある」。gravy は「肉汁や、それをもとにして作るソース」、grave は「墓」。最後の文は gravy と grave という 2 つの似た言葉を使ったジョークです。whatever you are で「君が何であるにしても」。

You may be ～で「君（の正体）は～である可能性がある」。may はこのように「状態を表す動詞」を伴って、「現在の事柄についての可能性」を表すこともできます。

Track 103 L・M・モンゴメリ『赤毛のアン』

あらすじ アンが親友のダイアナと話している場面から。以下は、慕っているアラン夫人が「どんなときも人をけなすようなことを言ってはだめ」と言ったことを受けてアンが話す言葉です。ジョスィ・パイは、アンにいつも意地悪なことを言っているクラスメイトです。

I simply can't talk about Josie Pye without making an uncharitable speech, so I never mention her at all. You **may have** noticed that.

私、ジョスィ・パイの話をすると彼女のことを悪く言わずにはいられないから、彼女の話はしないことにしているの。気づいていたかもしれないけれど。

ヒント simply can't ～で「とにかく～できない」、without ～ing で「～することなしに」、make an uncharitable speech で「けなすような発言をする」、mention O で「O のことを話題にする」、notice O で「O に気づく」。

You may have noticed that. で「あなたはそのことに気づいていたかもしれない」。現在の視点から過去を振り返って「S は～した可能性がある」と述べる場合には、この例のように「may have ＋過去分詞」を使います。「have ＋過去分詞」には過去を振り返る働きがあります。

日本語の「～するかも」の感覚で使える might

might は may の過去形ですが、必ずしも過去のことを表すわけではなく、前項のすべての例において、次のように may を might に置き換えることができます。ニュアンスは少し変化しますが、意味は変わりません。

she may prevent us from ～ → she might prevent us from ～
You may be ～ → You might be ～
You may have noticed ～ → You might have noticed ～

これらの例における might は、「もしかしたら」という漠然とした仮定を受けて may が過去形に変わったもので、このために might を使った文は may を使った文に比べて、確信の度合いがやや低く、より控えめなニュアンスを持ちます。日本語で普段気軽に使われる「かもしれない」という言葉に近いのは might のほうで、英語でも日常会話では might が頻出します。

3.「可能である」:「フォーマルな can」としての may

may は can のように「可能である」という意味を表すことがあります。この用法の may は、現在では主にフォーマルな書き言葉で使われます。

Track 104 | シャーロット・ブロンテ『ジェイン・エア』

あらすじ 貴族ロチェスターの屋敷で住み込みの家庭教師として働いているジェインは、ある日、子どもの頃に自分が預けられていた親戚が重体で自分に会いたがっていることを伝えられ、休暇をもらって遠い親戚の家へ旅立つことにします。以下は、出発の直前に交わされるジェインとロチェスターの会話から。ロチェスターは美しい貴族の娘ミス・イングラムと結婚する予定のはずですが、なぜかジェインと別れたくない様子を見せます。「人はどのように別れの挨拶をするものなのか教えてくれ」と言うロチェスターに、ジェインは「さよならか、それに類することを言うのですわ」と答えますが､ロチェスターは納得しません。ロチェスターは「それでは味気ないし、よそよそしい。握手をしたらどうだろうか。いや、それも物足りない」と言い、その後に次のやり取りが続きます。

‘[…] So you’ll do no more than say Farewell, Jane?’

‘It is enough, sir; as much goodwill **may** be conveyed in one hearty word as in many.’

「それで君はただ『さよなら』を言うだけなのか？」

「それで十分ではありません？　1語でも心がこもっていれば、多くの言葉を費やしたのと同じくらいたくさんの温かい気持ちを伝えられるものですわ」

ヒント do no more than ～で「～以上のことはしない」､Farewell は「さようなら」を表すやや古風な語。as much goodwill で「同じくらいたくさんの温かい気持ち」（この as は「同じくらい」の意）。be conveyed は convey O（O を伝える）の受動態。in one hearty word で「心のこもった 1 つの言葉で」。as in many の後ろには words が省略されています。as in many(words) は｢多くの言葉で伝えられる場合と｣という意味を持ち、as much goodwill と合わせて「多くの言葉で伝えられる場合と同じくらいたくさんの温かい気持ち」という意味を表します。

この例における～ may be conveyed は「～は伝えられ得る」つまり「～を伝えることが可能である」という意味であり､「～は伝えられるかもしれない」という意味ではありません。この場合の may は can のフォーマルなバージョンと捉えることができます。

4. ～幸せでありますように～ mayの特殊な使い方

p. 145で述べた通り、多くの言語において「動詞の仮定法現在形」によって担われている役割を、英語では「助動詞＋動詞の原形」という組み合わせが果たしています。「may＋動詞の原形」も例外ではなく、mayは以下のような「目的」を表すthat節や、「祈り」の内容を表すthat節の中で使われることがあります。この用法のmayも現在では主にフォーマルな書き言葉で用いられます。

・so that + S + may ～（→ p. 285）　（Sが～できるように）
・in order that + S + may ～　（Sが～できるように）
・pray that + S + may ～　（Sが～するように祈る）

また、この他に「Sが～しますように」という「祈り」の文でも「May + S + 動詞の原形」という倒置文の形でmayが使われます。

Track 105　チャールズ・ディケンズ『クリスマス・キャロル』

あらすじ　物語の最後、心を入れ替えたスクルージはクリスマスの朝に、それまでずっと安い給料で自分の事務所で働かせてきたクラチットとその家族へ七面鳥をプレゼントしようと決心します。スクルージは通りがかりの男の子に、店で一番大きな七面鳥を買ってきてくれるように頼みますが、男の子はスクルージが冗談を言っているのだと思って本気にしません。その男の子にスクルージは次のように言葉を続けます。

I am in earnest. Go and buy it, and tell 'em to bring it here, **that I may give them the direction where to take it**. Come back with the man, and I'll give you a shilling.

私は本気だよ。それを買いにいって、お店の人にそれをここに持ってきてくれるように伝えてくれないか？　届け先をお店の人に教えたいんだ。お店の人を連れてここに戻ってきてくれたら、君に1シリングあげよう。

ヒント be in earnest で「本気である」。tell 'em は tell them を縮めたもの。them はここでは「お店の人」のこと。tell O to do ～で「O に～するように指示する」、give B + A で「B に A を与える」、the direction where to take it で「それをどこに届ければよいかという指示」、the man も「お店の人」、a shilling は「1 シリング（お金の単位）」。

この文における that I may give ～は so that S + V（S が V できるように）の so が省略されたもの。直訳すると「私が届け先の指示をお店の人に与えられるように」となります。V の部分に may が使われる場合には、このように so が省略されることがあります。スクルージのこのセリフはカジュアルなものですが、本書に掲載しているような文学作品では、会話であっても今日の基準ではフォーマルに聞こえる文体が使われていることが少なくありません。that + S + may ～は現在ではかなりフォーマルに響きます。

Track 106 チャールズ・ディケンズ『クリスマス・キャロル』

あらすじ スクルージは精霊に連れられて過去を旅し、若かった頃の自分が婚約者から別れを告げられる場面を見せられます。以下は、婚約者の女性が若きスクルージに「あなたにはお金がすべてになってしまった。あなたの中で私が占めていた場所は、お金という偶像に取られてしまった」と伝えた後に、最後にかける言葉です。この後、彼女が去っていくのを見せられたスクルージは精霊に「つらい場面をこれ以上見せないでください」と懇願します。

May you be happy in the life you have chosen!

あなたが選んだ人生であなたが幸せでありますように！

ヒント the life you have chosen で「あなたが選んだ人生」。you の前には目的格の関係代名詞が省略されています。have chosen は現在完了の「結果」を表す用法です。

「May + S +動詞の原形」で「S が～しますように」。「動詞の原形」の部分に be

動詞を入れると「Sが〜でありますように」という意味になります。語順は疑問文と同じですが、この場合のMay + S〜は「祈り」を表す特別な形であり、疑問文ではありません。May + S〜というフレーズは、今でもお祝いのカードの文面などでよく使われます。

5. 〜役立つかもしれないと思ったんだ〜「時制の一致」によるmight

様々な使い方のmayを紹介しましたが、これらのmayが従属節の中で使われ、かつ主節の動詞が過去形である場合、「時制の一致」(→ p. 118)の適用を受けてmayが過去形のmightに変化します。

Track 107　L・M・モンゴメリ『赤毛のアン』

あらすじ　養母であるマリラの方針のため、アンはどこへ行くときも常に飾り気のない服を着ています。しかし、友だちは皆かわいい服を持っているのにアンだけが持っていないのをかわいそうに思った養父マシューは、アンに洋服を買おうと決心します。そこでマシューは大きな町に馬車で買い物に行くのですが、内気で女性と話すのが極めて苦手な彼は、華やかな女性店員に接客されて気が動転し、使う予定もないブラウンシュガーを大量に買ったあげく逃げるように帰途につきます。以下は、帰宅してマリラに「うちではブラウンシュガーは使わないのに、なぜ買ってきたの?」ととがめられたときのマシューの返事です。

'I – I **thought** it **might** come in handy sometime,' said Matthew, [...].

「いや、その、いずれ役立つかもしれないと思ったんだ」とマシューは言いました。

ヒント　come in handyは「役立つ」。

マシューが実際に思ったことはIt may come in handy sometime. またはIt might come in handy sometime.(どちらも「これはいずれ役立つかもしれない」の意)。この内容をI thought (that) S + V(私はS + Vと思った)を使って報告したものがマシューのセリフです。主節の動詞 thought が過去形であることから、それに合わせて may は過去形の might に変化します。元々 might が使われている場合には、時制の一致の適用を受けても might のままで変わりません。

なお、主節の動詞として might を使って「S は〜するかもしれなかった」という「過去のある特定の時点において存在していた可能性」を表すことは、小説の語り手の文などの特殊な例以外ではできません。

must

mustには大きく分けて「～しなければならない」と「～に違いない」の2つの意味があります。mustに過去形はありません。短縮形は「must not」→「mustn't」。

「～しなければならない」

「must ＋動詞の原形」は「～しなければならない」という意味を表すことができます。イギリス英語とアメリカ英語で比較すると、「～しなければならない」を表すmustはイギリス英語でより多く使われ、アメリカ英語ではmustの代わりに、「have to ＋動詞の原形」等が使われることがよくあります（→ p. 164）。

youを主語としたYou must ～（あなたは～しなければならない）は、「命令／勧告」や「お願い／お誘い」（特にイギリス英語）として使われます。ただし、「命令や勧告」としてのYou must ～はかなり強く響くため、You must ～よりも弱いYou should ～（～するべき／～するといい）が代わりに使われたり、I think you must ～のようにI thinkが加えられたりすることもよくあります。また、「命令や勧告」としてのYou must ～は通常、親が子どもに対して使うなど、話者が「命令や勧告」をする権限を持っている場合に使われます。

否定文の「must not ＋動詞の原形」は「～してはならない」という意味を持ちます。「～しなくてもよい」は、「don't have to ＋動詞の原形」や「don't need to ＋動詞の原形」で表します。

Track 108　L・M・モンゴメリ『赤毛のアン』

あらすじ　アンがマリラの家の養子になってまもない頃のこと。近所に住むリンド夫人が訪ねてきた際、あけすけにものを言う彼女に容姿を否定されてひどく傷ついたアンは、夫人の前で感情を爆発させてしまいます。リンド夫人が帰った後、マリラは夫人の態度を批判しつつもアンに次のように言います。herはリンド夫人を指しています。

[...] you **must** go to her and tell her you are very sorry for your bad temper and ask her to forgive you.

彼女のところに行って、癇癪を起こしたことを謝って、許してくれるようにお願いしてきなさい。

ヒント tell O (that) S + V で「O に S + V と伝える」、be sorry for ~で「~のことを申し訳なく思っている」、bad temper は「癇癪を起こしやすい性質」、ask O to do ~で「~してくれるよう O に頼む」、forgive O で「O を許す」。

目上の立場にいるマリラがアンに下す命令として must が使われています。これが「命令や勧告」を表す you must ～の典型的な使い方です。

「～しなければならない」という意味を表すフレーズには must ～以外に「have to ＋動詞の原形」があり、一応のルールとしては次のように使い分けるのが基本です。

・have to ～
「こういう規則があるから、あなたは～しなければならない」というような「命令や勧告の源が話者ではなく外部にある場合」に使う。

・must ～
マリラのセリフのように「話者自身が命令や勧告の源である場合」に使う。

ただし、「命令や勧告の源が話者ではなく外部にある場合」であっても、そのルール等に話者が強く共感している場合には、have to ～の代わりに must ～が使われることもあります。また、特にアメリカ英語では「話者自身が命令や勧告の源である場合」であっても have to ～がよく使われます。

「～してくれなければいけないよ」

mustは「命令・勧告」だけでなく、「～してくれなければいけませんよ」といったニュアンスで「お願い」や「お誘い」の意味でも用いられます。この使い方のmustは特にイギリス英語でよく見られます。

Track 109　ジェイン・オースティン『高慢と偏見』

あらすじ　物語の中盤、エリザベスは、自分よりも身分が高く、自分に好意を持っているとも思えないダーシーが散歩の際などに再三自分の前に姿を現すことから、彼の真意を測りかねています。そんなある日、驚いたことにダーシーはエリザベスを直接訪ねてきます。最初に挨拶を述べた後、ダーシーは落ち着かない様子で数分黙っていましたが、ついに口を開き、次のようにエリザベスに伝えます。

In vain I have struggled. It will not do. My feelings will not be repressed. You **must** allow me to tell you how ardently I admire and love you.

私は（自分の気持ちを抑えようと）懸命に努力しましたが無理でした。努力してもダメなのです。この気持ちを抑えることはできません。私があなたをいかに熱烈に賛美し愛しているかをお伝えするのを、あなたは許してくださらなければなりません。

ヒント　in vainは「成功することなく」。struggleは「（何かを成し遂げようとして）懸命にもがく」、S + will not do.は「Sは役に立たない」、複数形のfeelingsは「気持ち」の意。be repressedはrepress O（Oを抑え込む）の受動態。allow O to do ～で「～することをOに許可する」、tell O how ～で「いかに～かをOに伝える」、ardentlyは「熱烈に」、admire Oで「Oを賛美する」、how ardently S + Vで「いかに熱烈にSがVするか」。

このmustは「～しなければならない」という意味を表面的に保っているものの、実質的には「お願い」として使われています。

Track 110　オスカー・ワイルド『ドリアン・グレイの肖像』

あらすじ　ある晩餐会の最後に、その会を主催した女性がゲストの１人であるヘンリー卿に言うセリフです。

You **must** come and dine with me soon again.

またすぐに食事に来てくださらなければいけませんわ。

ヒント　dine は「食事をする」。

こちらの must も「～しなければならない」という意味を保ってはいますが、事実上の「お誘い」として使われています。

「～に違いない」

「《主語》＋ must ＋《状態を表す動詞》」は、何らかの前提を受けて、「だとすれば《主語》は必然的に～でなければならない」という意味を表すことができます。ここから転じて、「must ＋《状態を表す動詞》」は「～に違いない」という意味で日常的によく使われます。

Track 111　オスカー・ワイルド『真面目が肝心』

あらすじ　自宅でアルジャノンが友人のジャックと話していると、そこへアルジャノンのおばがやってきます。以下は、ドアのベルが鳴るのを聞いたときのアルジャノンの言葉です。

Ah! That **must** be Aunt Augusta. Only relatives, or creditors, ever ring in that Wagnerian manner.

あれはオーガスタおばに違いない。あんなふうにワーグナー的な壮大なベルの鳴らし方をするのは古今東西、親戚か債権者だけだ。

ヒント relative は「親戚」、creditor は「債権者（＝お金を誰かに貸している人）」、ever は「いつの時点かを問わず」、Wagnerian は「ワーグナー的な」、manner は「やり方」。ワーグナーは壮大な歌劇で知られる 19 世紀のドイツの作曲家で、in that Wagnerian manner（あのワーグナー的なやり方で）は「ワーグナーの音楽のような壮大な音で」という意味を表しています。

S + must be ～は「S は～でなければならない」という「命令・勧告」の意味にもなり得ますが、ここでは「S は～であるに違いない」という意味で使われています。

「～だったに違いない／～したに違いない」

「have ＋過去分詞」には過去を振り返る働きがあり、これを must と組み合わせた「must have ＋過去分詞」は「～していたに違いない／～だったに違いない／～したに違いない」という意味を表します。have の後ろには、「状態を表す動詞」の過去分詞と「動作を表す動詞」の過去分詞の両方を使うことができ、前者の場合「～していたに違いない／～だったに違いない」、後者の場合「～したに違いない」となります。

Track 112　オスカー・ワイルド『ドリアン・グレイの肖像』

あらすじ あるパーティーで皆が談笑している最中に大きな物音がします。皆が一斉に振り向くと、ドリアンが気を失って床に倒れていたのでした。以下は、少し経って意識を取り戻し「僕はどうしてしまったんだ？」と言いながら体を震わせているドリアンに、友人のヘンリー卿が声をかける場面です。

‘My dear Dorian,’ answered Lord Henry, ‘you merely fainted. That was all. You **must have** overtired yourself. […]’

それに答えてヘンリー卿は「ドリアン、君はちょっと気を失っただけだ。疲れすぎたんだよ」と言った。

ヒント merely は「単に」、faint は「(一時的に) 気を失う」、overtire O で「O を疲れ果てさせる」。overtire oneself は「自分自身を疲れ果てさせる」つまり「疲れ果てる」という意味を表します。

「must have +《動作を表す動詞の過去分詞》」は「〜したに違いない」。You must have overtired yourself. は「君は疲れ果ててしまったに違いない」という意味を表します。

「予定」を表すフレーズ

日常会話では相手に自分の予定を伝えたり、相手に予定を尋ねたりすることが頻繁にあります。そのようなときに英語でよく使われるのが次の3つの形で、特に「be going to ～」と「be ～ing」は実際に使えるようにしておくと英語での意思疎通がスムーズに行えます。

・be going to ～
・be ～ing
・will be ～ing

これらの3つの形はすべて「予定」を表すことができ、どれを使っても問題ないこともよくありますが、これから見ていくようにそれぞれ少しずつ異なるニュアンスを持っています。

will の項で述べた通り、「will ＋《動作を表す動詞の原形》」は通常、「個人的な予定」をごく普通に伝えたり尋ねたりするのには使われません。たとえば週末の予定を尋ねる場合、What will you do this weekend? ではなく、What are you doing this weekend?（この週末は何をしているの？）という尋ね方が一般的です。

be going to ～

「be going to ＋動詞の原形」を現在時制で用いた「S ＋ am/is/are going to ＋動詞の原形」は、主に次の3つの意味を表します。

① 「S は～するつもりでいる」（「たった今決めたこと」ではなく「すでにやると決めていたこと」を表します）
② 「（『S が～する』ということが決定され、その結果として）S は～することになっている」（この場合の「決定」は公のものである必要はなく、友だちと気軽に決めたことなども含みます）

③「(この状況からすると) Sは〜することになる」

「S + am/is/are going to +動詞の原形」は「未来のこと」を表しますが、be動詞の現在形であるam/is/areが使われており、文自体は現在時制であることに注目してみてください。助動詞のwillを使った文と異なり、「S + am/is/are going to +動詞の原形」の場合、「意図」や「決定」や「兆候」という何らかの「芽」が現在の時点ですでに存在しており、「to +動詞の原形」で示される未来の行為はあくまでも現在とつながっています。現在形が用いられた「am/is/are going」の部分は、この「現在とのつながり」を示しています。

Track **113** L・M・モンゴメリ『赤毛のアン』

あらすじ アンは予定していた大学進学をある事情により取りやめることになります。近所に住むリンド夫人はそれを聞いて、「それでよかったと思う。女性が大学に行ってラテン語(Latin)やギリシャ語(Greek)を頭に詰め込むのがいいことだとは私は思わない」と言いますが、アンは次のように答えます。

'But I'm **going to** study Latin and Greek just the same, Mrs Lynde,' said Anne laughing.

「でも私、(大学には行かないけれど、行った場合と)同じようにラテン語とギリシャ語を学ぶつもりなんです」とアンは笑いながら言いました。

ヒント just the sameは「大学には行かないけれど、行った場合と同じように」の意。laughingは「〜しながら」を表す分詞構文です。

I'm going to study 〜は、文の主語である「私」がすでにやると決めていたことを表しています。

Track **114** シャーロット・ブロンテ『ジェイン・エア』

あらすじ ロチェスターの過去についてのある重大な秘密を知って彼の屋敷を飛び出し

たジェイン。馬車で知らない町へ行き手持ちのお金がなくなった彼女は数日あてもなく外をさまよい、ついに倒れますが、ある姉妹に助けられて彼女たちの家の一室で寝かされます。以下は、回復したある日、ジェインがその家の使用人であるハンナと言葉を交わす場面で、she はハンナを指しています。ハンナは最初はジェインのことを物乞いであるかのように見ていてジェインに冷たく接していましたが、徐々に態度をやわらげていきます。『ジェイン・エア』は自伝の形で１人称の視点で書かれているため、I（私）はジェイン本人です。

‘[…] What **are you going to** do with these gooseberries?’ I inquired, as she brought out a basket of the fruit. ‘Mak’ ’em into pies.’

私は彼女がかごにいっぱいのグースベリーを取り出すのを見て、「そのグースベリーをどうなさるの？」と尋ねました。「パイにするんですよ」

ヒント with ～で「～で／～を使って」、inquire は「尋ねる」、as S + V で「S が V する傍ら」、bring out O で「O を取り出す」、a basket of ～で「かごにいっぱいの～」。the fruit は「グースベリー」のことです。Mak’ ’em は Make them を短縮したもので、Mak’ ’em の前には I’m going to が省略されています。

What are you going to do? で「あなたは何をするつもりなのですか？／あなたはどうするつもりなのですか？」。What are you going to do? は、この例のように「ある特定の事柄について、相手がどのような行動を取るつもりなのか」を尋ねるのに特によく使われます。

「人」が主語の場合、①「S は～するつもりでいる」と②「（『S が～する』ということが決定され、その結果として）S は～することになっている」はたいてい結果的に同じことを表しますが、次の例のように、①と②を区別する必要が生じるケースもあります。

Track 115　L・M・モンゴメリ『赤毛のアン』

あらすじ 男の子を養子にもらうはずが手違いによりアンが来てしまった翌日、アンを送り返すためにマリラが養子の仲介役のスペンサー夫人のところにアンを連れていくと、そこでブルーウィット夫人を紹介されます。ブルーウィット夫人は家の手伝いをさせることのできる女の子がほしいと思っていたところだったため、スペンサー夫人はブルーウィット夫人がアンを引き取ればよいと考えています。しかしブルーウィット夫人は人使いが荒いということをマリラは前から聞いており、また、実際に夫人に会ってみて良い印象を受けなかったため、マリラはアンを自分たちのところで引き取ることを考え始めます。マリラは、その日はアンをまた連れて帰ることにした上で、次のようにブルーウィット夫人に伝えます。her はアンを指しています。

If we make up our mind not to keep her we'll bring or send her over to you tomorrow night. If we don't you may know that she **is going to** stay with us.

もし彼女を養子にしないことに決めたら、明日の夜、彼女をあなたのところに連れていくか送り届けるかします。もし彼女があなたのところに来なかったら、彼女は私たちと暮らすことになったと思っていただいて結構です。

ヒント make up one's mind not to do ～で「～しないことにする」、bring O over to ～で「O を～に連れていく」、send O over to ～で「O を～に送り届ける」。may は「許可」の用法で「～していただいて結構です」の意。

she is going to stay with us は「彼女は私たちと暮らしていくということが決定された」の意。「アンがマリラとマシューと一緒に暮らすのかどうか」についての決定権はマリラとマシューにあり、アンにはありません。「彼女は私たちと暮らすつもりでいる」では意味が合わなくなってしまいます。

Track 116　オスカー・ワイルド『ドリアン・グレイの肖像』

あらすじ 物語の終盤、ドリアンは外見上の美しさは保っていますが、精神が消耗し心が不安定になっています。そんなある日、パーティーでドリアンの隣にいたヘンリー卿がある重大な犯罪を話題にし、軽い気持ちで「実際にそれを犯した人と知り合ってみたいものだ」と言ったところ、ドリアンの様子が急におかしくなります。以下は、その場にいてドリアンの異変に気づいた公爵夫人の言葉です。Harry はヘンリー卿のこと。again とあるのは、ドリアンは数日前にも具合が悪くなっていたためです。

Harry, Mr Gray is ill again. He **is going to** faint.

ハリー、グレイさんがまた具合が悪いようよ。彼、倒れるわ。

ヒント faint は「気を失って倒れる」。

第2文における is going to は③「(この状況からすると) S は〜することになる」の使い方。話者は、ドリアン・グレイが今まさに倒れそうになっているのを見て He is going to faint. と言っています。このように「兆候がはっきりと見えている場合」には will ではなく「am/is/are going to」を使います。雨雲が垂れ込めていて It's going to rain. (雨になりますね) という場合なども、このケースに当てはまります。

be ~ing

「be 〜ing」という形の be の部分に be 動詞の現在形である am/is/are を用いた「am/is/are 〜ing」は、現在進行形 (今〜しているところです) としてだけでなく、「予定」を表すフレーズとしても一般的です。「予定」を表す場合の「am/is/are 〜ing」は「〜することになっています/〜します」という意味を持ち、次の2つのことによく使われます。

①やると決めただけでなく、すでに予約してあったり、相手と日時まで決めて約束していたりなど、完全に確定していること。
② I'm going to bed. (もう寝ます) のように、まさに今これから始めようとしていること (この場合、〜ing の部分には go などの「移動」を表す動詞がよ

く使われます)。

Track **117** | L・M・モンゴメリ『赤毛のアン』

あらすじ 物語の冒頭、マリラとマシューの家の近所に住む好奇心旺盛なリンド夫人は、あまり遠出をすることのないマシューがきちんとした装いで出かけていくのを目撃し、興味をかき立てられます。そしていても立ってもいられなくなった彼女はマリラのところに行き、「マシューが出かけるのを見て、あなたが具合でも悪くなったのかと心配になったのよ。医者を呼びにいったのかと思って」と言います。以下は、自分たちが養子をもらうことにしたということをリンド夫人に説明するマリラの言葉です。

We're **getting** a little boy from an orphan asylum in Nova Scotia and he's **coming** on the train tonight.

ノヴァ・スコシアの孤児の施設から男の子を引き取ることになっていて、その子は今夜汽車で来ることになっているんです。

ヒント orphanは「孤児」、asylumは「保護施設」。

We're getting a little boy from ～と he's coming on ～における「am/is/are ～ing」はともに①の使い方で、「すでに手配済みの完全に確定した予定」を表しています。①の使い方で用いられる「am/is/are ～ing」は、「予約」や「約束」の存在を感じさせます。「am/is/are ～ing」はこのように「確定している予定」を表せるため、What are you doing this weekend?（この週末は何をしているの？）のように、相手の予定を尋ねたいときにも非常によく使われます。

「am/is/are ～ing」では、現在の時点ですでに「予約」や「約束」が存在していたり、あるいは動作をまさにこれから始めようとしていたりなど、～ingで示される未来の行為はやはり現在とつながっています。be動詞の現在形が用いられた「am/is/are ～ing」という形自体が、この「現在とのつながり」を示していると言えます。「S am/is/are ～ing」の場合、「S am/is/are going to ＋動詞の原形」の場合と比べて、「現在」と「未来の行為」がより直接的につながっています。

will be ~ing

「S + will be ~ing」という形も、「Sは~します」という意味で予定を表すのに使われます。

Track 118　L・M・モンゴメリ『赤毛のアン』

あらすじ　ある日学校で先生から理不尽に怒られて屈辱を味わったアンは、もう学校には行かないと親友のダイアナに宣言します。以下は、何とかアンの気持ちを変えようと、ダイアナがアンに言葉をかける場面です。

'Just think of all the fun you will miss,' mourned Diana. '[...] **we'll be playing** ball next week and you've never played ball, Anne. It's tremendously exciting. [...]'

「(学校に来ないことによって) あなたが逃してしまう楽しいことを考えてみて」とダイアナは残念そうに言いました。「来週はボール遊びをするの。やったことがないでしょ？　ものすごく面白いのよ」

ヒント　all the fun と you の間には目的格の関係代名詞が省略されています。miss O で「O を逃す」、mourn は「残念そうに言う」、play ball は「ボール遊びをする」、tremendously は「ものすごく」。

「S + am/is/are ~ing」や「S + am/is/are going to +動詞の原形」と異なり、be動詞の現在形が使われていない「S + will be ~ing」には「現在とのつながり」のニュアンスはありません。「S + will be ~ing」(Sは~します) は、意図や決定プロセスとは切り離して、その産物である未来の行為を、「確定した日程表を単に見せるイメージ」で伝えるニュアンスを持っています。「S + will be ~ing」は、「Sが未来のある時点において~する」ということを「シンプルに事実として」アナウンスするとも言えます。

「S + will be ～ing」ではwillの後ろに「be ～ing」という進行形の形が使われていますが、～ingの部分には、この例のplay ballのような「時間的な長さを持つ動作」を表す語だけでなく、arrive（到着する）のような「瞬間的に完了する動作」を表す語も使うことができます。

なお、前述の通り「be going to ～」「be ～ing」「will be ～ing」のどれを使っても構わない場面も多く（→ p. 169）、ダイアナのセリフの場合、「will be ～ing」の代わりに他の２つを使っても問題ありません。

Chapter 4

現在完了と過去完了

Perfect Tenses

現在完了

現在完了は英語における時制の１つで、通常の現在形や過去形では表すことのできない「現在まで〜し続けてきた」や「〜したことがある」などの意味を表すことができます。なお、現在完了はアメリカ英語ではイギリス英語ほどには使われず、イギリス英語で現在完了が使われる場面でも、アメリカ英語では通常の過去形が使われることがよくあります。

＜現在完了を使った文の形＞
肯定文：《主語》＋ have ＋《過去分詞》
否定文：《主語》＋ have not ＋《過去分詞》
疑問文：Have ＋《主語》＋《過去分詞》?
＊主語が３人称単数のときは have が has に変わります。
＊短縮形は「have」→「've」、「have not」→「haven't」、「has not」→「hasn't」。

〜ここ１週間ずっと酔っぱらっていた〜「継続」を表す現在完了

現在完了は「現在まである動作や状態が続いてきた」または「ついさっきまである動作や状態が続いてきていた」ということを表すことができ、これを現在完了の「継続」の用法と呼びます。

Track 119 F・スコット・フィッツジェラルド『グレート・ギャツビー』

あらすじ この小説の語り手であるニックの家の隣に住むのはギャツビーという名の謎めいた若い大富豪。夏の間、ギャツビーはその広大な邸宅で毎日のようにたくさんの人を呼んでパーティーを開いています。ある晩、パーティーに招かれたニックは大勢のゲストがいる中、主人であるギャツビーを探して邸宅の中をあちこち歩きますがギャツビーは見当たりません。重厚そうなドアを見つけたニックがそのドアを開けてみると、中はゴシック様式の荘厳な書庫で、そこに少し酔った様子のゲストが１人座っています。以下はそのゲストが、自分がなぜそこにいるのかを説明する言葉です。

I've been drunk for about a week now, and I thought it might sober me up to sit in a library.

ここ1週間ほどずっと酔っぱらっていたから、書庫で座っていれば酔いがさめるかもしれないと思ってね。

ヒント drunkは「酔っぱらっている状態」を表す形容詞。nowは「現在の時点で」。nowがなくても文意は変わりません。I thought + S + might ～で「Sは～するかもしれないと私は思った」。itは形式主語で、to sit in a libraryがmightの実質的な主語です（→ p. 296）。sober O upで「Oの酔いをさます」。

be drunkで「酔っぱらっている」。これを現在完了形にしたhave been drunkとfor about a week（約1週間）が組み合わさると、「酔っぱらっている状態が現在まで約1週間続いてきている」という意味になります。現在完了の文に「期間」を表すfor ～が加えられる場合、その文は通常「現在までの継続」を表します。他に、現在完了にalways（いつも、常に）が加えられた文も、同様に「現在までの継続」を表します。for ～やalwaysがない場合には、他に使われている語の種類や文脈から現在完了の用法を判断することになります。

Track 120 チャールズ・ディケンズ『クリスマス・キャロル』

あらすじ スクルージは精霊に連れられて過去を旅し、若かった頃の自分が婚約者から別れを告げられる場面を見せられます。以下は、婚約者の女性が若きスクルージに「あなたはお金のことしか考えなくなってしまった」ということを伝える言葉です。

I have seen your nobler aspirations fall off one by one, [...]. Have I not?

私は崇高な夢があなたから1つずつ消えていくのを見てきたのよ。そうではなくて？

ヒント see O do ～で「O が～するのを見る」、nobler aspirations は「(金儲けとは別の)崇高な夢、こころざし」、fall off で「はがれ落ちる」、one by one で「1 つずつ」。

この文には「常に」や「～年間」といった「継続」を直接的に示す語句は含まれていませんが、one by one（1 つずつ）というフレーズの存在が、「夢が 1 つずつ消えていくのを（継続的に）これまで見てきた」という「現在までの継続」を読み手に感じさせます。have seen ～だけであれば「現在までの継続」以外の意味になる可能性も十分にあります。

have been ～ing（～し続けてきた）

have been ～ing という形は、進行形である be ～ing（～している／～している最中である）を現在完了にしたもので、「～している状態が現在まで続いてきた、または少し前まで続いてきていた」という意味を表します。

Track 121　L・M・モンゴメリ『赤毛のアン』

あらすじ 都会の高等学校で優秀な成績を収め、いったんマリラとマシューの家に戻ってきたアンは、ある夕方、年老いたマシューの農作業に付き添って、マシューと一緒に少し歩きます。以下は、すっかり背が高くなったアンが、頭をかがめてゆっくり歩くマシューに歩調を合わせながらマシューを気づかう場面です。

‘You’ve **been working** too hard today, Matthew,’ she said reproachfully. ‘Why won’t you take things easier?’

‘Well now, I can’t seem to,’ said Matthew, […]. ‘It’s only that I’m getting old, Anne, and keep forgetting it. Well, well, I’ve **always worked** pretty hard and I’d rather drop in harness.’

「マシュー、今日は働きづめじゃない」なじるように彼女が言いました。「どうしてもっとリラックスしようとしないの？」

「つい働いてしまうんだ」とマシューは答えました。「要はもう歳なのに僕は自分でそのことをいつも忘れてしまうんだね。まあ、根を詰めて働く生活をずっと続けてきたから。僕は（休むよりもこのまま働き続けて）仕事中にコロッと死ぬほうがいいな」

ヒント reproachfully は「なじるような口調で」、Why won't you ~? は「なぜ~しようとしないの？」、take things easier は「物事に対してもっと楽に構える」。I can't seem to は「そうしようと思ってもなぜかできない」の意。It's only that S + V で「ただ S + V というだけのことなんだ」。be getting C で「C の状態になりつつある」、keep ~ing で「~し続ける」、I'd rather ~で「~するほうを好む」。「'd」は would の短縮形で、この would は「もしどちらかを選ぶのであれば」という仮定を受けています（→ p. 87）。drop は「死ぬ」、in harness は「仕事中に」。

be working too hard は「過剰なほど身を粉にして働いている状態」を表し、これを現在完了にした You've been working too hard today は「今日あなたは過剰なほど身を粉にして働いている状態をこの時点までずっと続けてきた」という意味を表します。have been ~ing は、「今日はこの時間まで~していた」「最近は~していた」といったような「一時的なこと」に特によく使われます。

これに対し、「恒常的なこと」には通常の現在完了が用いられるのが一般的です。2つめの赤字部分 I've always worked pretty hard（私は今までずっと根を詰めて働いてきた）は、マシューにとって根を詰めて働く生活が日常だったことを表しています。ただし、長期間続いていることであっても「絶え間のない継続」や「絶え間のない変化」等を強調する場合には have been ~ing が使われます。これは、進行形 be ~ing を現在完了にした have been ~ing が「どこの時点を切り取っても進行中」ということを表しているためです。

～私の長所に気づいたことはある？～ 「経験」を表す現在完了

現在完了は、「～したことがある」という意味を表すこともでき、これを現在完了の「経験」の用法と呼びます。

Track 122 | アーネスト・ヘミングウェイ『老人と海』

あらすじ p. 131 の文のすぐ後に続く文です。沖合での漁の最中、食いつきそうな感触があったにもかかわらず食いつかない海中の魚について、その魚がなぜ警戒しているのかを老人が推し量っています。he はその魚を指しています。

Maybe he has been hooked before and he remembers something of it.

おそらく奴は前に釣り針で引っかけられたことがあって、そのときのことを何か覚えているんだ。

ヒント be hooked は hook O（O を引っかける）の受動態。has been hooked は be hooked を現在完了形にしたものです。before は「以前に」。

be hooked は「釣り針で引っかけられる」。これを現在完了形にした has been hooked に before（以前に）を組み合わせた has been hooked before は、「以前に釣り針で引っかけられたことがある」という「経験」を表します。「経験」を表す現在完了の文には、before や、回数を示す once（1 回）、twice（2 回）などの語がよく一緒に使われ、これらの語が、現在完了が「経験」の意味で使われていることを判断する決め手となります。before、once、twice 等の語がない場合には、現在完了がどの用法で使われているのかを文脈で判断します。ちなみに、これらの語がない場合、受動態の現在完了形はしばしば「結果」（→ p. 186）の意味を表します。

Track 123 | L・M・モンゴメリ『赤毛のアン』

あらすじ 自分がドジな失敗ばかりしていることを自覚しているアンがマリラに言う言葉です。このセリフの後、マリラは「でもあなたは常に新しい失敗を生み出しているのだから、同じ失敗を繰り返さないことにそれほど意味があるのかしら」と返します。

But have you ever noticed one encouraging thing about me,

Marilla? I never make the same mistake twice.

でも（これまで私がいろんな失敗をするのを見てきて）私の唯一希望を感じさせる長所に気づいた？　私、同じ失敗は二度と繰り返さないの。

ヒント　notice O で「O に気づく」、encouraging は「希望の光となるような」、thing は「こと、もの」、the same ～は「同じ～」、twice は「2 回」。

ever は「いつの時点かは問わず」という意味を持ち、Have you ever done ～? は「（いつの時点かを問わず）～したことはありますか？」、したがって「今までに～したことはありますか？」という意味を表します。「今までに」という意味は現在完了という時制そのものに含まれているものであり、ever に含まれているわけではありません。

否定文では I have never done ～ .（私は～したことがない）のように never がよく使われます。never は ever と not を合わせたもので、「いつの時点かを問わず～ない」という意味を持ちます。

never や ever は現在完了や過去完了の文でよく見られますが、他の時制の文で使われることも決して少なくありません。次の例ではなぜ現在完了ではなく通常の過去形が使われているのかを考えてみましょう。

Track 124　L・M・モンゴメリ『赤毛のアン』

あらすじ　アラン夫人という女性を尊敬しているアンは、自分が大人になったときに彼女のような素晴らしい女性になれる可能性があるかどうかを養母のマリラに尋ねます。以下は、それに対してやや否定的な見解を示すマリラの言葉です。

I'm sure Mrs Allan was never such a silly, forgetful little girl as you are.

アラン夫人はあなたみたいな馬鹿げたことばかりしている忘れっぽい女の子だったことはなかったはずよ。

ヒント I'm sure (that) S + V で「私は S + V ということを確信している」、such ~ as you are で「あなたのような~」、silly は「馬鹿げたことばかりしている」、forgetful は「忘れっぽい」。

この例では、過去形を現在完了形に変えて I'm sure Mrs Allan has never been such a silly, forgetful little girl as you are. とすることはできません。これは、little girl という語が使われている時点で、この文が対象としている期間がアラン夫人の少女時代に限定されてしまうためです。

現在完了が用いられた文では、常に「現在」に焦点が合っています。これはどの用法の現在完了にも言えることであり、たとえば「経験」の場合、「~したことがある/~だったことがある」と述べることができますが、たとえ昔のことであっても「(過去の行為の結果として)今どんな経験を持っているのか」に焦点が当てられています。

このため、現在完了では、「have +過去分詞」が表す行為を過去の特定の時点や時期に「紐付けする」語句は使うことができません。ten years ago(10 年前に)のような「いつ行われたのか」を特定する語には焦点を過去に移す働きがあり、焦点を現在に合わせようとする現在完了と相反してしまうのです。「いつ行われたのか」を示そうとする時点で、話者はたとえ無意識にであっても、現在ではなく過去に焦点を合わせています。そのような場合には通常の過去形が使われます。I'm sure Mrs Allan was never such a silly, forgetful little girl as you are. という文は、little girl という語を含むため、when she was a little girl(彼女が少女だったときに)というフレーズが加えられているのと実質的には同じです。

なお、since ~(~以来)は、since 2015(2015 年以来)のように「過去の特定の時点を表す語」を伴って現在完了の文でよく用いられます。since は「~以来」という日本語が示す通り、「過去のある時点から現在にいたるまで」を表すものであり、「have +過去分詞」が表す行為を過去の特定の時点や時期に「紐付けする」ものではありません。

「〜するのは今回が初めてです」

今初めて行っていることについて「〜するのは今回が初めてです」と言う場合、英語では This is the first time (that) I have done 〜.（これが、私が〜する最初の回です）という、現在完了を用いた文が使われます。that は関係副詞（→ p. 261）で、that I have done 〜の部分が関係副詞の節です。that はよく省略されます。関係副詞節の中で現在完了が使われるのは、This is the first time (that) I have done 〜という文において話者は「これまでの経験」を考えているためです。first を second に変えれば「〜するのは今回が2回目です」となり、3回目以降の場合も同様です。

Track 125　シャーロット・ブロンテ『ジェイン・エア』

あらすじ　ジェインが自分の子ども時代を振り返る章から。両親を亡くしたジェインは、自分に冷たくあたる親戚に預けられてきましたが、いよいよその家を離れて遠くの地方にある寄宿学校に入ることになります。明け方に出発したジェインはたった1人で長時間乗り合い馬車に揺られ、夜遅く寄宿学校に到着します。以下は、まだ小さいのによく1人で馬車で旅をしてきたと思った寄宿学校の先生がジェインにかける言葉です。

Is this the first time you have left your parents to come to school, my little girl?

親元を離れて学校に来るのは今回が初めて？

ヒント　the first time と you の間には関係副詞の that が省略されています。to come to school の部分は、「〜するために」を表す不定詞の副詞的用法。my little girl は親しみを込めた呼びかけの言葉です。

この文は、前述の This is the first time (that) I have done ～（→ p. 185）を疑問文にして、関係副詞節の中の主語を you にしたもので、直訳すると「これが、学校に来るためにあなたが親元を離れる最初の回ですか？」となります。

関係副詞節で現在完了が使われるのは、このように the first time (that) S + V の部分が補語 C になっている場合であり、the first time (that) S + V が補語以外の働きをする場合は、V に過去形などの、現在完了以外の時制の動詞も使われます。また、後述するように、「～するのは今回が初めてです」という意味を、不定詞を使って This is the first time for me to do ～や This is my first time to do ～といった形で表すことはできません（→ p. 309）。

～この2週間で3キロ痩せたわ～「結果」を表す現在完了

現在完了は「過去の動作の結果や効力が今現在においてもそのまま残っていること」を表すことができ、これを現在完了の「結果」の用法と呼びます。たとえば、She has gone to Japan. は「彼女は日本に行っている（＝日本に行くという行為の結果として、彼女は今日本にいる）」という意味を表します（「～に行ったことがある」の表し方については→ p. 198）。

go（行く）、come（来る）などの「移動を表す動詞」や、change（変わる）、forget（忘れる）などの「変化を表す動詞／変化をもたらす動詞」が現在完了で使われる場合、回数や繰り返しを示す語などが特にない限り、その現在完了は通常「結果」の用法です。

Track 126 | アーネスト・ヘミングウェイ『老人と海』

あらすじ 釣り針にかかった巨大な魚は姿を一度も見せないまま夜通し老人の小舟を引っ張って進み続けます。夜が明けても魚の力は衰えず、ずっと同じ状態が続きそうに思えたあるとき、魚は突然釣り糸をものすごい力で引き、老人はもう少しで船縁から海へ落ちそうになります。以下は、体勢を立て直して船の縁から片手を海の中に入れた老人が、手に当たって後ろに流れていく海水を眺めながら独り言をつぶやく場面です。He は魚、he は老人を指しています。

'He has slowed much,' he said.

「奴はだいぶ速度を落としたな」と彼は言った。

ヒント slow は「速度を落とす」。

He has slowed much は、「たくさん速度を落とした」という行為の結果として「今は前と比べてだいぶゆっくりと進んでいる」ことを表しています。たとえ一度スピードを落としてゆっくりになっていたとしても、再びスピードを上げて速くなっている場合には、現在完了を使って He has slowed. と言うことはできません。一方、過去形を用いた He slowed.（彼は速度を落とした）は、過去のある時点で「彼が速度を落とした」ということを示しているだけであり、「今どんな状態になっているか」とは無関係です。

He has slowed much における slow（速度を落とす）のような、「変化を表す動詞」や「変化をもたらす動詞」が現在完了形で用いられる場合、その文は通常「現在まで変化が起こり続けてきた」ということではなく「変化の結果が今も残っている」ということを表します*。He has slowed much という文は、あくまでも「前と比べて今はだいぶ速度が落ちた」ことを示しており、その間ずっと継続してスピードを落としてきたとは限りません。

＊ただし、always（いつも）や constantly（継続的に）のような「継続」を表す語が加えられている場合や、進行形の現在完了形（have been ～ing）が使われている場合は例外です。

Track 127 L・M・モンゴメリ『赤毛のアン』

あらすじ 都会の高等学校での生活もあとわずかになり、将来を左右する重要な試験が間近に迫っています。以下は、アンのクラスメイトで試験のことが心配でならないジェインが不安な気持ちを吐露する場面です。

'I've lost seven pounds in the last two weeks,' sighed Jane.

「この2週間で3キロ痩せたわ」とジェインはため息をついて言いました。

ヒント lost は lose O（O を失う）の過去分詞。pound は重さの単位で、1 pound は約 0.45 キログラムに相当します。in ～で「～の間に」、the last two weeks は「この2週間」、sigh は「ため息をついて言う」。

1つ前の例の slow と同様、lose（失う）も「変化」を表す動詞。I've lost seven pounds は、この2週間の間に起きた「7ポンド分の体重を失う」という出来事の結果として「今、2週間前と比べて7ポンド分体重が減っている」ことを表しています。この2週間の間ずっと継続的に体重が減り続けてきたとは限らない点も1つ前の例と同じです。

前置詞として in ～（～の間に）が使われていることにも注目してみましょう。in the last two weeks で「この2週間の間に」。「どれくらい長く続いてきたのか」を意識している場合には for ～が使われますが、I've lost seven pounds in the last two weeks のように、「どの期間の間にその出来事が起きたのか」を意識している場合には、in ～や over ～や during ～（すべて「～の間に」の意）が使われます。ただし、現在完了の文でこれらの前置詞を使う場合、「～」の部分には the last two weeks（この2週間）のような「現在につながる期間」しか入れられません。たとえば今が3月の場合、1月はすでに過去となっており現在につながっていないため、I've lost seven pounds in January. とは言えないことに注意が必要です。

Track 128　オスカー・ワイルド『ドリアン・グレイの肖像』

あらすじ 物語の冒頭、ドリアンは、彼の肖像画を描いた画家であり友人のバジルのアトリエでヘンリー卿に出会い、ヘンリー卿に誘われてその日の夜に劇場へ行くことになります。シニカルな世界観を持つヘンリー卿が、純粋で感じやすい心を持っているドリアンに悪い影響を及ぼしてしまうのではないかと心配するバジル。以下はバジルが、ヘンリー卿と一緒に劇場へ行くのをやめるようにドリアンを説得しようとする場面です。Hallward はバジル、Lord Henry Wotton はヘンリー卿のことです。

'Don't go to the theatre tonight, Dorian,' said Hallward. 'Stop and dine with me.' 'I can't, Basil.' 'Why?' 'Because I **have promised** Lord Henry Wotton to go with him.'

「ドリアン、今夜は劇場に行くのはよせ。ここで一緒に食事をしよう」とホールワードは言った。「それは無理だよ」「なぜ？」「一緒に行くとヘンリー卿に約束したんだ」

ヒント この stop は「とどまる」の意。dine は「食事をする」、promise O to do ～で「～するとOに約束する」。ただし、現在では通常 promise O to do ～ではなく promise to do ～（～すると約束する）や promise O that S + V（S + V ということを O に約束する）が使われます。

I have promised Lord Henry Wotton to go with him. は、「一緒に行くと約束した結果、今その約束を守らなければならない状態にある」という意味を表します。過去形を使って I promised ～とした場合、「過去のある時点で約束した」ということが示されるのみで、「今その約束を守らなければならない状態にあるかどうか」はわかりません。

現在完了の「結果」の用法は、目に見える物理的な状態だけでなく、このような「効力」や「頭や心の中の状態」にも使われます。「頭や心の中の状態」に関する動詞には代表的なものに forget（忘れる）や forgive（許す）などがあり、have forgotten は「忘れるという変化が頭の中で起きた結果、今では覚えていない」。have forgiven は「許すという変化が心の中で起きた結果、今では許している」という意味を表します。

～あなた合格しているわよ！～「新着ニュース」に使われる現在完了

英語のニュース記事では、何かが起きたとき、最初にその出来事の概要が現在完了で伝えられることがよくあります。これは、「新たにわかったこと」や「新たに起こったこと」について聞き手に「こういうことになったよ」「こういうことが起きたよ」と伝える場合に英語（特にイギリス英語）では現在完了が使われるためで、ニュース記事に限らず、日常会話でも「新着ニュースの性質を持つもの」を伝える際にはよく現在完了が用いられます。この用法も「結果」の用法の一種と捉えることができます。

Track **129** L・M・モンゴメリ『赤毛のアン』

あらすじ 都会の高等学校を受験したアンは、不安でいたたまれない気持ちで合格発表を待っています。合格者は毎日列車で運ばれてくる新聞に載ることになっていますが、受験から3週間が過ぎてもまだ掲載されません。もうこれ以上待つのは耐えられないとアンが思い始めたある夕方、父親が持ってきた新聞でアンの合格を知った親友のダイアナが、息を切らせてアンの家に駆け込んできます。

'Anne, **you've passed**,' she cried, '[...] Oh, I'm so proud!'

「アン、あなた合格しているわよ」と彼女は叫びました。「私も本当に誇らしい!」

ヒント pass は「合格する」、cry は「叫ぶ」。

you've passed は、合否の知らせを待ちわびているアンに、一足先にアンの合格を知ったダイアナが「合格しているよ!」と知らせる言葉であり、「新着ニュース」の性質を持っています。

Track **130** L・M・モンゴメリ『赤毛のアン』

あらすじ 夏も終わりに近づいたある日、高等学校への進学の準備を始める年頃になったアンがマリラに言う言葉です。

I've grown two inches this summer, Marilla. Mr Gillis measured me at Ruby's party.

私、この夏で5センチ背が伸びたの。ギリスさんがルビーのパーティーで身長を測ってくれたのよ。

ヒント grow は「背が伸びる」。inch は長さの単位で、1 inch は約 2.5 センチメートルです。measure O で「O を測る」。

I've grown two inches this summer は、「夏の間に 2 インチ背が伸びた結果、今、夏前に比べて 2 インチ背が伸びた状態になっている」という意味であり、この現在完了は典型的な「結果」の用法ですが、同時に「新着ニュース」の性質もあわせ持っています。この例のように、第 1 文でまず「新しくわかったこと」が現在完了で伝えられ、次に第 2 文で「詳細」が過去形で語られるのは、英語で非常によく見られる流れです。

なお、前述の通り、「have ＋過去分詞」が表す行為を過去の特定の時点に紐付けする語句は使えないため（→ p. 184）、I've grown two inches this summer と発言できるのは、「夏の間」または「夏が終わった直後」に限られます。また、Ruby's party は過去の特定の 1 つの時点に行われたイベントであるため、at Ruby's party（ルビーのパーティーで）と述べることは、「場所」だけでなく「時」も示すことに他なりません。at Ruby's party は「身長を測るという行為を過去の特定の時点に紐付けする語句」に相当するため、第 2 文で過去形の代わりに現在完了を使うことはできません。

～リンゴはもう収穫しまして？～「完了」を表す現在完了

現在完了は、「今」を基準として、ある行為が「すでに終わっている状態」にあることを表すことができ、これを現在完了の「完了」の用法と呼びます。「完了」を表す現在完了は「結果」を表す現在完了の一種であり、「完了」の用法と「結果」の用法との間に明確な境界があるわけではありませんが、この項では、「もう～し終わったのか、それともまだ～していないのか」が焦点となっている現在完了の文を扱います。

Track 131　シャーロット・ブロンテ『ジェイン・エア』

あらすじ 貴族ロチェスターが、彼の屋敷で住み込みの家庭教師として働いているジェインに求婚する場面から。ロチェスターは心からの言葉を語っていますが、彼が貴族の娘ミス・イングラムと婚約していると思い込んでいるジェインは彼の言葉を信じません。

'I ask you to pass through life at my side – to be my second self, and best earthly companion.' 'For that fate you have already made your choice, and must abide by it.'

「あなたに私の傍らで人生を過ごしてほしい。私の分身、そしてこの地上における私の最良の伴侶となってほしい」「その役割をする人をあなたはすでに正式にお決めになっています。その決定に従わなくてはいけませんわ」

ヒント ask O to do ~で「~してくれるようOにお願いする」、pass through ~で「~を過ごす」、earthly は「この地上の」、companion は「伴侶」、For that fate は「その運命をたどる人については」といった意味。already は「すでに」、make one's choice で「決断を下す」、abide by ~で「~に従う」。

have already done ~で「すでに~した」という意味を表します。you have made your choice だけでも、「決断を下した結果、今はもう完全に決定された状態になっている」という「結果」を表しますが、already（すでに）が加わることで、「もうすでに決断し終わっている。だから今は変更することなどは問題外」というニュアンスが現れています。

Track 132　L・M・モンゴメリ『赤毛のアン』

あらすじ ある日、アンは初めてマリラから親友のダイアナを tea（＝夕方に紅茶と一緒に出される軽食）に招いてもいいと言われ、喜んでダイアナを連れてきます。「tea に招く」というのは「賓客として迎えてもてなす」ということで特に子どもにとっては特別なことであるため、アンもダイアナも上等な服に着替えてワクワクしています。以下は、淑女を気取ったアンとダイアナのやり取りです。

'[...] Our potato crop is very good this year. I hope your father's crop is good too.' 'It is fairly good, thank you. **Have you picked** many of your apples **yet**?'

「うちでは今年はジャガイモがたくさん採れましたの。お宅もそうだといいのですけれど」「わりとたくさん採れましたわ。ありがとうございます。お宅ではリンゴはもうたくさん収穫しまして？」

ヒント crop は「収穫高」、fairly は「それなりに」、pick O で「O を収穫する」。

現在完了の疑問文の文末に yet を加えると「もう～しましたか？」という意味になります。疑問文における yet は日本語の「もう」に相当します。

Track 133 オスカー・ワイルド『ドリアン・グレイの肖像』

あらすじ ドリアンは婚約した若い女優の演技に魅了されていましたが、ドリアンに出会い本物の恋を知った彼女は「演じる」という行為を空虚に感じるようになり、舞台の上での輝きを失ってしまいます。その様子を見たドリアンは失望し、彼女に冷たく別れを告げます。しかし翌日、自分の行いを後悔したドリアンは、自宅にやってきたヘンリー卿に「やはり彼女を私の妻にする」と伝えます。以下は、それを聞いて驚くヘンリー卿とドリアンのやり取りです。ヘンリー卿は朝の新聞でその女優の死を知り、すぐにドリアンに手紙を書いて使用人に届けさせ、その後でドリアンに会いにきていたのでした。なお、ドリアンはシニカルなヘンリー卿に魅力を感じていますが、同時に彼のシニカルな言動に染まってしまうことを恐れています。また、ドリアンのセリフにある Harry はヘンリー卿のことです。

'Your wife! Dorian! ... Didn't you get my letter? I wrote to you this morning, and sent the note down by my own man.'

'Your letter? Oh, yes, I remember. I **have not read it yet**, Harry. I was afraid there might be something in it that I wouldn't like. [...]'

「君の妻だって!? ドリアン! 僕の手紙を受け取らなかったのか? 僕は今朝君に手紙を書いて、僕の使用人にそれを君のところに届けさせたんだ」
「君の手紙? ああ、思い出した。僕はまだそれを読んでいないんだよ。僕が読みたくないことが書いてあるような気がしてね」

ヒント send O down で「O を送り届ける」、the note は「手紙」のこと。my own man は「私自身の使用人」、be afraid (that) S + V で「S + V ということを恐れる」。there might be ~で「~があるかもしれない」。that I wouldn't like の that は、something を先行詞とする目的格の関係代名詞。

現在完了の否定文の文末に yet を加えると「まだ~していない」という意味になります。疑問文の場合と異なり、否定文における yet は日本語の「まだ」に相当します。yet と似たような意味を持つ語に still がありますが、still は「いまだに」という意味を持っており、現在完了の否定文と併用した still have not done ~は「(本来であればすでに終えているべきなのに) いまだに~していない」という意味を表します。have not done ~ yet には「本来であればすでに終えているべきなのに」というニュアンスはありません。have not done ~ yet は、「まだ~していない」ということをニュートラルに伝えるのに使われます。なお、フォーマルな文では have not yet done ~という語順が使われることがありますが、意味は変わりません。

ドリアンの言葉 I have not read it yet, Harry.(僕はまだそれを読んでいないんだ)の趣旨は「まだそれを読んでいない。だから僕はその内容を知らない」ということであり、「過去の行為(またはその不在)の結果、現在どのような状況が生じているか」に焦点が合っています。このことから、「完了」を表す現在完了は、「結果」の用法とは別のものではなく、あくまでも「結果」の用法の一種であると言えます。

Track 134 L・M・モンゴメリ『赤毛のアン』

あらすじ アンがマリラとマシューの家に来た翌朝、朝食の後でアンにやるべきことを指示するマリラの言葉です。

After you've finished the dishes go upstairs and make your bed.

皿洗いを終えたら２階に行ってベッドを整えなさい。

ヒント after S + V で「S が V してから」、finish the dishes は「皿洗いを終える」の意。upstairs は「上の階に」、make one's bed で「自分のベッドを整える」。

finish にはそれ自体に「終える」という意味があるため、After you finish ～だけでも「～を終えたら」を表しますが、「～をし終わってから」という完了の意味を強調するために、after と一緒に現在完了が使われることがよくあります。マリラのセリフの After you've finished はその一例。同様に、after 以外にも when や until などの「時」を表す接続詞の節の中でも現在完了がよく使われ、次のように意味合いが変化します。

after + S +動詞の現在形　　：S が V してから
after + S +動詞の現在完了形：S が V し終わってから
when + S +動詞の現在形　　：S が V したとき
when + S +動詞の現在完了形：S が V し終わったとき
until + S +動詞の現在形　　：S が V するまで
until + S +動詞の現在完了形：S が V し終わるまで

通常の現在完了では「今この時点」に焦点が合っていますが、「時」を表すこれらの接続詞の節の中で使われる現在完了ではこの限りではありません。After you've finished the dishes では、「皿洗いを終えた瞬間」が基準となっていて、「その時点を過ぎてから」という意味を表しています。

Track 135 | L・M・モンゴメリ『赤毛のアン』

あらすじ p. 127 の文と同じ場面です。以下は、午後になって起きてきたアンに、まずはちゃんと食事をするよう促すマリラの言葉で、dinner は昼食を指しています。この後でマリラはアンにバリー夫人が来たことを伝え、p. 127 で紹介したアンのセリフへとつながっていきます。

There now, never mind talking **till you've had** your dinner. I can tell by the look of you that you're just full up with speeches, but they'll keep.

昼食を食べ終えるまではおしゃべりはいいから。あなたの顔つきを見れば、話したいことで頭がとにかくいっぱいになっているのはわかるけれど、取っておいても悪くなるものじゃないでしょ。

ヒント There now は相手を落ち着かせようとするときに使われる言葉です。never mind ~ing で「~はしなくてもよい」、till は until と同じ。can tell that S + V で「S + V ということが見て取れる」、by the look of ~で「~の見た目から」、be full up with speeches で「話したいことで頭がいっぱいになっている」。just は「ただただ、とにかく」、keep は「鮮度を保つ」。

1つ前の例と同様、till you've had your dinner(昼食を食べ終えるまで)における現在完了も「~し終える」という「完了」の意味を表しています。第1文の趣旨は「昼食を食べ終えるまで黙っていなさい」ということですが、仮に till 節の中で現在完了ではなく現在形を用いて till you have your dinner とすると、till 節は「昼食を食べるまで」という意味になり、「食べ終えるまで」という意味が示されなくなってしまいます。

have just done ~(たった今~したばかりです)

「have just +過去分詞」で「たった今~したばかりです」という意味を表すことができます。この場合の just は「ほんの少し前」を表し、同じ意味を表す just nowなどをjustの代わりに使うこともできます。ただし、「ほんの少し前」を表すjustを現在完了の文で使う場合、justは必ずhaveと過去分詞の間に置かれ、文末に置くことはできません。また、just nowなどは文末にも置けますが、その場合は現在完了は使われず、通常は過去形の動詞が用いられます。

Track 136　エミリー・ブロンテ『嵐が丘』

あらすじ 『嵐が丘』は、主人公たちが住む地方に偶然滞在することになったロックウッドという人物が、自身が見聞きしたことを書きつける形で書かれています。以下は『嵐が丘』の最初の出だしの部分。冒頭の1801は西暦1801年のことで、ロックウッドが「今年」が何年なのかを記入しています。文中のlandlordは「家主」。my landlordはロックウッドが借りて住むことになった家の家主で、『嵐が丘』の主人公の1人であるヒースクリフのことです。ロックウッドは人間嫌いで、人家がほとんどない田舎に来たことを喜んでいます。

1801 – I **have just returned** from a visit to my landlord – [...]. This is certainly a beautiful country! In all England, I do not believe that I could have fixed on a situation so completely removed from the stir of society.

1801年。（今度借りることになった）この家の家主に会いに出かけて、たった今帰ってきたところだ。ここは間違いなく素晴らしい土地だ！　イングランド中探しても、これほど人間の営みから隔離された場所は見つけられなかっただろう。

ヒント a visit to ～で「～への訪問」、certainlyは「間違いなく」、countryは「土地」。In all England, I do not believe that I could have fixed on ～は「イングランド中探しても、～を見つけることができたとは思えない」。a situation so completely removed from ～は「～からこれほど完全に隔離された場所」。the stir of societyは「人々の活動」といった意味です。

「have just ＋過去分詞」で「たった今～したばかり」。現在完了は「現在」に焦点を合わせる時制であり、「have just ＋過去分詞」は、「ほんの少し前にしたこと」

が「今現在の時点」に物理的に、あるいは心理的に何らかの影響を残している場合によく使われます。第2文以降は今見たばかりの景色についての新鮮な感想であり、「have just ＋過去分詞」が使われた第1文と相まって、興奮冷めやらぬ感じが伝わってきます。また、「have just ＋過去分詞」は、冒頭に動的なニュアンスを与えており、読者を小説の世界に引き込む役割も果たしていると言えるでしょう。

recently（最近）も現在完了と一緒に使われて「最近〜した」という意味を表すことがよくあります。「最近」と「たった今」の違いはありますが、recentlyが使われた現在完了の文も「have just ＋過去分詞」の類型と捉えることができます。

been to と gone to

go（行く）の過去分詞goneとcome（来る）の過去分詞comeが現在完了で使われる場合、通常その現在完了は「結果」を表します（oftenのように「繰り返し」を示す語が使われている場合は除きます）。このため、たとえばShe has gone to Japan.は「彼女は日本に行ったことがある」ではなく「彼女は日本に行っている（＝日本に行くという行為の結果として、彼女は今日本にいる）」という意味を表します。

「〜に行ったことがある／〜に行ってきた」のように、「ある場所に行き、また戻ってくる」という一連の行為を現在完了で表す場合、goとcomeの過去分詞であるgoneとcomeの代わりに、beenが使われます。

Track **137** オスカー・ワイルド『ドリアン・グレイの肖像』

あらすじ ドリアンが友人のヘンリー卿を訪ねた際に、ヘンリー卿の妻のレディ・ヘンリーがドリアンをパーティーに誘う言葉です。

You have never been to any of my parties, have you, Mr Gray? You must come.

私のパーティーにお見えになったことはないでしょう？　来てくださらなければいけませんわ。

ヒント　have you? は、日本語の「よね？」という語尾に相当するニュアンスを加えています。

この文における have been to ～は「～に来たことがある」の意。同様に「～に行ったことがある／～に行ってきた」も have been to ～で表されます。

過去完了

過去完了には大きく分けて、「現在完了の過去バージョンとしての役割」と、「ある出来事が、過去のある時点よりもさらに前に起きたことを明確に示す役割」の２つがあります。どちらの使い方も、日常会話を含む様々な場面でよく出てきます。

＜過去完了を使った文の形＞
肯定文：《主語》 + had + 《過去分詞》
否定文：《主語》 + had not + 《過去分詞》
疑問文：Had + 《主語》 + 《過去分詞》?
＊短縮形は「had」→「'd」、「had not」→「hadn't」。

動作を表す動詞の過去形が、It began to rain.（雨が降り始めた）のように「〜した」という日本語に相当するのに対し、過去完了は、It had begun to rain.（そのときには雨が降り始めていた）のように、多くの場合、日本語に訳すと「〜していた」という語尾になります。

〜月が出てからすでに長い時間が経っていた〜 「継続」を表す過去完了

現在完了が「今現在の時点」まである動作や状況が続いてきたことを表せるのと同様に、過去完了は、「過去の特定の時点」まである動作や状態が続いてきたことを表すことができ、これを過去完了の「継続」の用法と呼びます。過去完了が「継続」の意味を表す場合、for a year（1 年間）、always（ずっと）などの語句がよく一緒に使われ、多くの場合、これらの語句があることで過去完了が「継続」を示すことが明確になります。このような語句がない場合には、使われている動詞の種類や文脈で意味を判断します。

Track 138 アーネスト・ヘミングウェイ『老人と海』

あらすじ 陸から遠く離れた海で独り小舟を操っている老人が陸に向けて船を進めていくときの様子を描く文章の一部です。

He **had sailed** for two hours, [...], when he saw the first of the two sharks.

その2匹のサメのうちの1匹めの姿を彼が目にしたのは、船を進めて2時間が経ったときだった。

ヒント sail は「船を進める」、when S + V で「S が V したとき」。

この文の直訳は「2匹のサメのうちの1匹めを見たとき、彼はそれまでに2時間船を進めている状態だった」。when の節が示す「老人が1匹めのサメを見た時点」に焦点が合わせられており、その時点までに老人が「船を進める」という動作を2時間続けてきたことが He had sailed for two hours によって表されています。過去完了と「for＋期間を表す語句」の組み合わせは、多くの場合「継続」を表します。

Track 139 アーネスト・ヘミングウェイ『老人と海』

あらすじ 漁師である老人にとって不漁がずっと続いていましたが、沖合に出たある日、ついに彼の釣り針にかつてないほどの大物がかかります。しかし、その魚のあまりの力に老人は釣り上げることができません。こうして、まったく姿を見せないまま彼の小舟を引っ張ってどこまでも海を進んでいく巨大な魚と老人との数日にわたる長い戦いが始まります。こう着状態のまま夜になり、魚に船を引かせたまま老人は眠ります。自分が暮らしている小屋のベッドで寒い思いをしている夢を見た後、老人はいつも決まって見るライオンの夢を見ます。文頭の After that は「小屋の夢を見た後で」の意。

After that he began to dream of the long yellow beach and he saw the first of the lions come down onto it in the early dark and [...] he waited to see if there would be more lions and he was happy.

The moon **had been** up for a long time but he slept on and the fish pulled on steadily and the boat moved into the tunnel of clouds.

その後、彼は、黄色の長い浜辺の夢を見始め、暗くなったばかりの浜辺にライオンの群れの最初の１頭がやってくるのを見た。そして彼は、もっとライオンがやってくるかどうか見てみようと眺めた。彼は幸福であった。
月が出てからすでに長い時間が経っていた。しかし彼はさらに眠り続け、魚は船を静かに着実に引いて進み続け、船は雲のトンネルの中へと入っていった。

ヒント began to dream of ～で「～の夢を見始めた」、saw O come down on ～で「O が～の上にやってくるのを見た」、waited to see if there would be ～で「～が出てくるかどうかを見るために待った」。up は「月が出ている状態」を表します。sleep on で「眠り続ける」、pull on で「船を引っぱって進む」、steadily は「安定した様子で着実に」。the tunnel of clouds（雲のトンネル）は、月明かりに照らされた雲が夜の海を覆うトンネルのように見えている様子を表しています。

過去完了では「過去の特定の時点 X」に必ず焦点が合っています。The moon had been up for a long time には、when S + V（S が V したときには）のような語句は加えられておらず、「X」が具体的にいつの時点なのかは読者に明示されていません。しかし、過去完了が使われている以上、「X」は存在しています。映画にたとえてみましょう。最初はカメラは老人が見ている夢の世界に入り込んでいて、スクリーン上では老人が海辺のライオンを幸せそうに眺めています。このシーンがしばらく続いたところで画面が切り替わり、スクリーンには現実の世界が映し出されます。今スクリーンに映っているのは月明かりに照らされた夜の海と、その真っただ中にある小舟と、その中で眠っている老人です。The moon had been up for a long time という過去完了の文において焦点が合っているのは、この画面が切り替わった瞬間に他なりません。画面が切り替わったときには、月はすでに出てから長い時間が経っている状態になっていて、ここから新しいシーンが進行していきます。The moon had been up for a long time という文は、これから始まる新しいシーンの背景となる情報を表していると言えるでしょう。過去完了の文の焦点となる「過去の特定の時点X」が具体的に明示されているかいないかにかかわらず、「X」がいつの時点なのかを把握することが、文章の流れを正しく捉える上で重要です。

～その時点では彼のことを聞いたこともなかった～「経験」を表す過去完了

現在完了が、今までの行為の結果として主語Sが今現在どのような経験を持っているのかを表せるのと同様に、過去完了は「過去の特定の時点X」に焦点を合わせ、それ以前に行われた行為の結果として、主語SがXの時点でどのような経験を持っていたかを表すことができます。これを過去完了の「経験」の用法と呼びます。

Track 140　オスカー・ワイルド『ドリアン・グレイの肖像』

あらすじ　ドリアンの肖像画を描いた画家であり彼の友人であるバジルは、退廃した人間はその退廃が見た目にも現れるものだと信じています。以下は、そのことをドリアンに伝えるバジルの言葉です。社交界でドリアンの悪い噂を聞いて心配するバジルは、このセリフの後でドリアンに、「君の美しい顔を見ていると君が堕落しているとは信じられない。でも自分は潔白だと僕に言ってほしい」と頼みます。

Somebody [...] came to me last year to have his portrait done. I **had never seen** him before, and **had never heard** anything about him at the time, [...]. He offered an extravagant price. I refused him. There was something in the shape of his fingers that I hated. I know now that I was quite right in what I fancied about him. His life is dreadful.

ある人が僕に肖像画を描いてもらおうとして去年やってきたんだ。僕はそれより前に彼を見たことはなかったし、その時点では彼のことを聞いたこともなかった。彼は驚くほどの報酬を提示したのだけど、僕は断った。彼の指の形に何か嫌なものを僕は感じたんだよ。今僕は、そのとき彼について思ったことがまさに的を射ていたことを知っている。彼の生活ぶりは本当にひどいものだ。

ヒント 「have + O +過去分詞」で「O を～してもらう」、an extravagant price は「非常に高い報酬」、refuse O で「O を断る」。something that I hated で「私が嫌だと思うある何か」。この that は関係代名詞です。I was quite right in ～で「～において私は完全に正しかった」。what I fancied about him は「私が彼について思ったこと」。dreadful は「ひどい」。

I had never seen him before では、never（いつの時点かを問わず～ない）と before（以前）により、「それまで一度も見たことがなかった」という「経験（の欠如）」が明確に表されています。never や before は、「経験」を表す現在完了や過去完了と一緒によく使われます。また、過去完了と一緒に at the time（その時点では）が使われているという事実が示す通り、たとえ「以前の経験」について述べていても、話者であるバジルの焦点はあくまでも「自分が客の訪問を受けた時点」に合っており、それより前に合わせられているわけではありません。

～ジョンとのことは私自身も忘れていた～ 「結果」を表す過去完了

現在完了が、過去の動作の結果や効力が今現在において消えずに残っていることを表せるのと同様に、過去完了は「過去の特定の時点X」に焦点を合わせて、それより前に行われた動作の結果や効力がXの時点において消えずに残っていることを表すことができます。これを過去完了の「結果」の用法と呼びます。たとえば、S + had come.（Sが来ていた）という文は、Xの時点より前にSによって「来る」という行為が行われた結果、Xの時点において「Sがそこに存在していた」という意味を表します。

come（来る）、go（行く）、leave（去る）などの「移動を表す動詞」や、change（変わる）、forget（忘れる）などの「変化を表す動詞／変化をもたらす動詞」が過去完了で使われる場合、回数や繰り返しを示す語などが特にない限り、その過去完了は通常「結果」を表します。

Track **141** *L・M・モンゴメリ『赤毛のアン』*

あらすじ アンの養母マリラは教会で偶然アンのクラスメイトであるギルバートを見かけ、はるか昔に自分と恋仲だったギルバートの父親ジョンとの遠い過去の出来事を思い出します。以下は、そのことをアンに話すマリラの言葉です。

Everybody has forgot about me and John. **I'd forgotten myself.** But it all came back to me when I saw Gilbert last Sunday.

みんな私とジョンとのことは忘れているし、私自身も忘れてしまっていたけれど、日曜日にギルバートを見かけて昔のことを一気に思い出したのよ。

ヒント forgot と forgotten はともに forget（忘れる）の過去分詞。myself は「私自身も」の意。it は「自分とジョンの間に起こったこと」を指しています。

第 1 文の Everybody has forgot about me and John. における現在完了は、「忘れた結果、今覚えていない」という「結果」を表す用法です。忘れていたけれどまた思い出している場合には現在完了を使うことはできません。この「忘れていたけれどまた思い出している場合」にまさに相当するのが第 2 文の I'd forgotten myself.（私自身も忘れてしまっていた）です。先週の日曜日にジョンの息子でジョンによく似ているギルバートを見かけたときに、マリラは昔自分とジョンの間に起きたことを一気に思い出しているため、今はもう「忘れている状態」ではありません。前述の通り、過去完了の文では必ず「過去の特定の時点 X」に焦点が合っており（→ p. 202）、「その時点における状況がどのようなものだったのか」が意識されています。I'd forgotten myself. という文における「X」は、「マリラがギルバートを見かけた瞬間」です。これより前のどこか（おそらくはずっと前）で「忘れる」という変化が起きた結果、マリラがギルバートを見かけたときにはマリラは「忘れている状態」にあったということを I'd forgotten myself. は表しています。

～美しさをまだ完全には損なっていなかった～「完了」を表す過去完了

現在完了が「今」を基準として、ある行為が「すでに終わっている状態」にあることを表せるのに対し、過去完了は、過去の特定の時点に焦点を合わせ、ある行為が「その時点ですでに終わっている状態」にあったことを表すことができます。これを過去完了の「完了」の用法と呼びます。「完了」と「結果」の間に明確な境界があるわけではありませんが、この項では、「もう～し終わったのか、それともまだ～していないのか」が焦点となっている過去完了の文を扱います。

Track 142　オスカー・ワイルド『ドリアン・グレイの肖像』

あらすじ　美青年ドリアンは退廃的な生活を送りながら若さと美しさを保っていますが、肖像画に描かれた彼の顔はどんどん醜く崩れていきます。ある日、ドリアンの悪い噂を社交界で聞き心配が募った友人バジル（ドリアンの肖像画を描いた画家）は、ドリアンに「自分は潔白だと僕に言ってくれ。君の魂を見てみないことには、もう僕には君が昔と同じドリアンなのかわからない」と迫ります。ドリアンは恐れますが、バジルが「もっとも魂を見ることができるのは神のみだけれど」と悲しそうに言うのを聞くと、皮肉と苦しさがこもった声で「では僕の魂を君に見せよう」と言います。隠していた肖像画をバジルに見せることをドリアンは決心したのです。以下は、絵を見て戦慄するバジルの様子を描く一節で、文中の he はバジルを指しています。

Good heavens! It was Dorian Gray's own face that he was looking at! The horror, whatever it was, **had not yet** entirely **spoiled** that marvellous beauty.

何ということだろう！　彼が目にしていたのはドリアン・グレイの顔に違いなかった！　その顔に巣食う恐ろしさは──それがどんな恐ろしさであれ──あの素晴らしい美しさをまだ完全には損なっていなかった。

ヒント　Good heavens! は「何ということだろう！」。It is ~ that S + V で「S が V するのは～だ」（強調構文）。whatever it was は「それがどんなものであれ」、entirely は「完全には」、marvellous は「素晴らしい」。

The horror, [...], had not yet entirely spoiled ～では、物語のこの時点、つまり画家がドリアンの肖像画を目にした瞬間に焦点が合わせられており、肖像画の中のドリアンの顔は醜く崩れていたけれども、この時点では元の美しさがまだ完全には損なわれていない状態だったことがこの文で表されています。yet は否定文で使われる場合、「まだ」という意味を持ちます。過去完了の否定文「had not + 過去分詞」は多くの場合それだけで「その時点では（まだ）～していなかった」という意味になりますが、「まだ」を明確に示すために yet が一緒によく使われます。

Track 143　L・M・モンゴメリ『赤毛のアン』

あらすじ　アンと養母マリラの身の上に、ある悲しい出来事が起きた日の様子を描写する文章です。文中の lunch はここでは「夕食」のこと。the east gable はアンが自室として使っている部屋の名前です。

When Marilla **had eaten** her lunch Anne persuaded her to go to bed. Then Anne went herself to the east gable and sat down by her window in the darkness alone with her tears and her heaviness of heart.

マリラが夕食を食べ終えると、アンはマリラを説得して休ませました。そして自分も自室に戻り、涙と深い悲しみとともに暗やみの中で独り、窓のそばに座りました。

ヒント　persuade O to do ～で「O を説得して～させる」、herself は「自分自身も」、by ～で「～のそばに」、heaviness of heart は「深い悲しみ」。

過去完了は、When Marilla had eaten her lunch（マリラが夕食を食べ終えたとき）のように、when や after などの「時」を表す副詞節の中でもよく使われ、「～し終わった」という「完了」の意味を表します。上の例では、アンは、マリラが夕食を食べ終えたのを見計らってマリラにもう寝て休むように促しています。そのため、when S + V（S が V したときに）を使うのであれば when の節の中で「食べ終えた」という「完了」の意味を明確に表さないと意味が通らなくなってしまいます。したがって上の文では、過去完了を使わずに When Marilla ate her lunch とすることはできません。

～空の風は強くなっていた～「さらに前」を明確に表す過去完了

過去完了には、前項までで紹介した「現在完了の過去バージョンとしての役割」以外に、「ある出来事が、過去のある時点よりもさらに前に起きたことを明確に示す役割」もあります。

Track 144　チャールズ・ディケンズ『クリスマス・キャロル』

あらすじ　貪欲な金貸しの老人である主人公スクルージのもとに、ある晩、閉めてあるドアを通り抜けて幽霊が現れます。幽霊は何年も前に死んだマーリーという男で、スクルージと一緒に金貸しを営んでいた人物。生前に貪欲だったために今苦しんでいるマーリーの幽霊は、「お前にはまだ救われるチャンスがある。これから3人の精霊がお前を訪れる」と言い、窓から消え去っていきます。以下は、幽霊が去った直後のスクルージの様子です。

Scrooge closed the window, and examined the door by which the Ghost **had entered**. It was double-locked, as he **had locked** it with his own hands, and the bolts were undisturbed.

スクルージは窓を閉め、幽霊が入ってきたドアを調べました。ドアはスクルージが自分の手で鍵をかけた状態のまま、二重に鍵がかけられていました。そしてかんぬきには触れられた形跡はありませんでした。

ヒント　examine O で「O を調べる」、the door by which S + V で「S が V するドア」、enter は「入ってくる」、as S + V で「S が V するように」、his own で「彼自身の」、bolt は「かんぬき」、undisturbed は「触られた形跡がない」。

第1文では、examined が過去形、had entered が過去完了形であることにより、「幽霊が入ってきた時点」が「スクルージがドアを調べている時点」よりも前であることが明確に示されています。

また、第2文の趣旨は「幽霊が通り抜けたはずなのにドアには鍵がかけられたままだった」ということであり、「(幽霊が現れる前に) スクルージがドアに鍵をかけた際の様子」と「幽霊が去った後のドアの状態」が比べられています。この対比においては、前者が後者より前であることを読者に示すことが必要不可欠であることから、時間の差を明確に表すために as he had locked ~で過去完了が使われています。

Track **145** アーネスト・ヘミングウェイ『老人と海』

あらすじ 主人公の老人が沖合で巨大な魚との数日にわたる長い戦いを終えた後の様子です。

It was getting late in the afternoon and he saw nothing but the sea and the sky. There was more wind in the sky than there had been [...].

もう夕方になりかけていた。彼に見えるのは海と空以外に何もなかった。空の風はそれまでよりも強くなっていた。

ヒント 文頭の It は時刻を表します。be getting C で「C の状態になりつつある」、but ~で「~を除いて」、than S + V で「S が V するよりも」。

There was more wind in the sky than there had been は直訳すると「それまでにあったよりも多くの風が空にあった」。この文では「物語のこの時点で吹いている風」と「それよりも前に吹いていた風」が比較されており、「それよりも前」を明確に表すために than の後ろで過去完了が使われています。than の後ろに「それよりも前」を示す an hour before (その1時間前) などの語句がまったく存在しないこの文では、過去完了を使うことが特に重要です。過去完了を使わずに There was more wind in the sky than there was. としてしまうと、than の前後が同じ時点を表しているように読めてしまい、文が意味をなしません。

Track **146** | L・M・モンゴメリ『赤毛のアン』

あらすじ p. 207で紹介した場面の続きです。アンは養父母の家を離れて通っていた都会の高等学校で優秀な成績を収めたことで将来の展望が大きく開け、希望に満ちあふれた状態で帰省します。しかし、その直後にある悲しい出来事が起きてしまい、アンは夜の暗やみの中で独り、自室の窓辺で悲痛な悲しみに暮れています。「実家に帰った日の夜に彼女がそこに座っていたときとは、なんと悲しく状況が変わってしまったことでしょう」という文の後に以下の文が続きます。

Then she **had been** full of hope and joy and the future **had looked** rosy with promise.

あのとき彼女は希望と喜びにあふれ、未来は明るい展望でバラ色に見えていたのでした。

ヒント then はここでは「そして」ではなく「あのとき」。be full of ～で「～でいっぱいである」、look rosy で「バラ色に見える」、promise は「明るい展望、見通し」。

「had been ＋形容詞」は「過去の特定の時点までの継続」を表すことがよくありますが、この文における過去完了は「継続」の用法ではありません。物語における今の時点（悲しみに暮れてアンが独り泣いている時点）との対比として、希望に満ちていた数日前の様子が描かれており、この対比を明確に示すためにthen（あのとき）という語とともに過去完了が使われています。現在完了と異なり、過去完了は「その行為がいつ行われたのか」を特定する語句と一緒に使うことができます。

特に重要：「理由・背景」を表す過去完了

ある一連の出来事を誰かに語る場合、通常は動詞の過去形を使って「帰る途中で雨が降り出しました。そして私はずぶ濡れになりました」といったように時系列に沿って順に話を進めていきます。しかし、話の途中で、ある出来事が起きた理由や背景を説明するために、さらに過去をさかのぼる必要が出てくることがよくあります。

例として、「帰る途中で雨が降り出しました。そして私はずぶ濡れになりました。朝出るときに傘を忘れていたのです」という3つの文を考えてみましょう。第1文と第2文は時系列に沿っていますが、第3文は「ずぶ濡れになった」理由・背景を述べるために、過去をさらに前にさかのぼっています。過去完了は、この「理由や背景を述べるために過去をさらに前にさかのぼる」ための手段として非常によく使われます。この使い方は前項までで紹介した用法とは別に存在するわけではなく、色々な用法の過去完了が理由や背景を表すのに用いられます。過去完了は会話と文章の両方でよく使われますが、かなりの割合で「理由・背景」のニュアンスを伴っていると言っても過言ではありません。

Track **147** L・M・モンゴメリ『赤毛のアン』

あらすじ　ある日、アンはキッチンに置いてあるプディングのソースにネズミが入っているのを発見し、そのネズミを取り出して捨てますが、そのことを養母マリラに伝えておくのを忘れます。そしてマリラが大事なお客にプディングを出す直前にそれを思い出したアンは、「それにはネズミが入っていたんです！」と叫んでお客を唖然とさせてしまいます。以下は後日、遊びにきた親友のダイアナと一緒に座りながら、アンがこの出来事についてダイアナに話して聞かせている場面です。最初のセリフはアンのもの。アンはジュースと間違えてお酒をダイアナに飲ませてしまっているのですが、そのことにまだ気づいていません。文中の Mrs Chester Ross は前述のお客です。

‘[…] After Mrs Chester Ross went away, Marilla gave me a dreadful scolding. Why, Diana, what is the matter?’ Diana **had stood** up very unsteadily; […].

「で、チェスター・ロス夫人が帰った後、マリラにこっぴどく叱られたのよ。ん？どうしたの、ダイアナ？」ダイアナはふらふらと立ち上がっていたのでした。

ヒント　dreadful は「厳しい」、scolding は「叱責」。Why はここでは驚きを表すだけで、あまり意味はありません。what is the matter? は直訳すると「何が問題なの？」で「どうしたの？」の意。unsteadily は「ふらふらと」。

Diana had stood up very unsteadily. という語り手の文が置かれているのは「どうしたの、ダイアナ？」というアンのセリフの後ですが、アンが「どうしたの？」と尋ねるより前にダイアナが立ち上がっていたことをhad stood upという過去完了が示しています。Diana had stood up ~. という文は、アンが「どうしたの？」と尋ねることになった背景を説明しています。用法としては、「立ち上がるという動作の結果、立った状態になっていた」という「結果」を表す過去完了に相当します。

Track **148** アーネスト・ヘミングウェイ『老人と海』

あらすじ 老人の小屋の近所に住む少年は老人と毎日漁に出ていましたが、その船ではまったく魚が獲れないため、少年の親は老人の漁の手伝いをするのをやめさせ、自分の家の漁を手伝わせます（少年の家の漁は成果を挙げています）。しかし、老人を慕っている少年は、毎日夕方になると彼を浜辺に迎えにいって道具の片付けを手伝います。冒頭の Santiago は老人の名前です。

'Santiago,' the boy said to him as they climbed the bank from where the skiff was hauled up. 'I could go with you again. We've made some money.' The old man **had taught** the boy to fish and the boy loved him.

「ね、サンチャゴ」小舟が泊められているところから浜辺を登りながら少年が言った。「また僕が漁についていくこともできるんだよ。うちはお金がいくらか入ったんだ（だから家の手伝いはしなくていいんだ）」。少年に漁を教えたのは老人で、（そのために）少年はその老人を慕っていた。

ヒント as S V で「S が V する傍ら」（「S が V するのと同時進行で」の意）、climb O で「O を登る」、bank は「浜辺」、where S + V で「S が V する場所」、skiff は「小舟」、be hauled up で「岸に引っぱり上げてある」。make money で「お金を稼ぐ」。

We've made some money. における現在完了は「お金を稼いだ結果、今余裕がある」ということを表す「結果」の用法。teach O to do ~で「教えることでOが~できるようにする」。

過去完了が使われたThe old man had taught the boy to fish（老人がその少年に漁を教えたのだった）という文は、「老人が漁を教えた」のが物語のこの時点よりもさらに前であることを示すだけでなく、前後の文の背景、つまり少年がこれほど老人に好意的である背景として機能しています。The old man had taught ~における過去完了は「結果」「経験」などの用法に解釈できないことはありませんが、無理に分類する必要はありません。

＜参考＞I could go with you again.（また僕が漁についていくこともできるんだよ）では、「もしあなたが望むなら／行こうと思えば」という仮定を受けて過去形のcouldが使われており、このためにI can ~を使った場合よりも奥ゆかしい申し出になっています（→ p. 91）。

Track 149 エミリー・ブロンテ『嵐が丘』

あらすじ ヒースクリフは、血はつながっていないが一緒に育てられた、自分の最愛の女性であるキャサリンが、自分が敵対視している男性と結婚するつもりであることを聞いて家を飛び出します。以下は、ヒースクリフが3年後に別人のような姿で突然戻ってきたときのことを、使用人であり乳母のような存在であったネリーが語る文です。ヒースクリフが家を出たとき、彼はまだ子どものようでした。

I was amazed, more than ever, to behold the transformation of Heathcliff. He **had grown** a tall, athletic, well-formed man; [...].

私はヒースクリフの劇的な変化を見てかつてないほどに驚きました。彼は背が高くてたくましい、がっしりとした体つきの男性に成長していたのでした。

ヒント be amazed to behold ～で「～を見て驚く」、more than ever で「かつてないほどに」、the transformation of ～で「～の劇的な変化」、grow C で「成長してCになる」、athletic で「たくましい」、well-formed で「がっしりとした」。

He had grown ～は「成長した結果、その時点で立派な姿になっていた」ことを表す過去完了の「結果」の用法ですが、この文は単に結果を示すだけでなく、話者であるネリーが驚いた理由を表しています。

過去完了は主節の動詞としても従属節の中の動詞としても頻繁に使われますが、この項の例のように、主節の動詞に過去完了が用いられる場合には、たいていその文が前後の文などの背景となっています。

現在形の後に突然出てくる過去完了

過去完了の色々な使い方を紹介してきましたが、これまでの例文にはある共通点があります。それは、過去形の動詞が周りにある中に過去完了が混じっているということです。このことは、過去完了が「過去の特定の時点」に焦点を合わせる時制であることを考えると自然なことですが、過去完了は常に過去形の文に囲まれて使われるわけではなく、現在形の文の後に一見唐突に出てくることもあります。次の例でなぜ過去完了が使われているのかを考えてみましょう。

Track 150　L・M・モンゴメリ『赤毛のアン』

あらすじ 空想することが大好きで創作が得意なアンは、物語を作って発表し合う、女の子だけの「物語クラブ」を学校で立ち上げます。多くのメンバーを得て盛り上がる「物語クラブ」ですが､いつしか活動は下火に。以下の最初の話者は養母のマリラ、次がアンです。アンは下のセリフの後、「愛や殺人、駆け落ちや謎の事件についてばかり書いているのが愚かしく思えてきたの」と続けます。

'What has become of your story club? I haven't heard you

speak of it for a long time.' 'The story club isn't in existence any longer. We hadn't time for it – and anyhow I think we **had got** tired of it. [...].'

「物語クラブはどうなったの？　あなたがその話をするのをずっと聞いていないわね」「物語クラブはもう存在しないの。時間もなくなったし、そもそも私もみんなも飽きてしまったんだと思う」

ヒント What has become of ~?で「~はその後どうなったの？」、hear O do ~で「Oが~するのを聞く」、be in existence で「存在している」、「not + any longer」で「もはや~ない」、We hadn't time は We didn't have time と同じ。get tired of ~で「~に飽きる、~にうんざりする」。

アンのセリフは、第1文が現在形、第2文が過去形、そして第3文では主節の think が現在形、後ろの we had got tired of it が過去完了になっています。第2文は第3文と直接関連しないため、第1文と第3文だけを考えると、isn't と think という2つの現在形の後に過去完了が使われていることになります。これは、話者であるアンが時系列を「今」と「物語クラブが消滅した時点」と「それよりもさらに前」の3つに分けて捉えていて、「それよりもさらに前」に属する「飽きてしまった」という事実が、物語クラブの消滅の背景となっているためです。

ただし、話者が時系列を「今」と「過去のある出来事が起きた時点」と「それよりもさらに前」の3つに分けて捉えていても、「過去のある出来事が起きた時点」が常に文中で明確に示されるとは限りません。その場合、一見、現在形の文の後に急に過去完了が出てきたような印象を受けることがありますが、過去完了が使われている以上、話者は必ず「過去の特定の時点X」を意識しています。過去完了では、文中で示されているかどうかにかかわらず、「X」がいつなのかを考えることが非常に大切です。

Chapter 5

受動態

The Passive Voice

受動態とは…

be 動詞の後ろに他動詞の過去分詞を置いた「be ＋過去分詞」という組み合わせは、「〜される／〜されている」という意味を表します。この「be ＋過去分詞」という形を「受動態」と呼びます。これに対し、通常のV ＋ O（第3文型）、V ＋ O ＋ O（第4文型）、V ＋ O ＋ C（第5文型）の形を「能動態」と呼びます。受動態では次の3つの点が特に重要です。

1.

受動態（be ＋過去分詞）を実際に文で使う際の使い方は、be busy（忙しい）のような通常の be 動詞のフレーズの場合と同じです。build O（O を建てる）という他動詞を例に取ってみましょう。build の過去分詞は built。これを be 動詞の後ろに置くと be built という受動態の形になり、「建てられる」という意味を表します。be built を実際に文で使うときの手順は次の通りです。

例1　be built を a house を主語として過去時制の肯定文で使う場合

be 動詞の肯定文は過去時制の場合、「《主語》＋《be 動詞の過去形》＋〜」という形。これに a house と be built を当てはめると…

▶ A house was built.（家が建てられた）

＊ be built の be が過去形の was に変わっています。

例2　be built を a house を主語として助動詞 will の肯定文で使う場合

will の肯定文は「《主語》＋ will ＋《動詞の原形》（＋〜）」という形。これに a house と be built を当てはめると…

▶ A house will be built.（家が建てられる）

＊ will の後ろは動詞の原形であるため、be built の be がそのまま使われています。

2.

受動態は前述の通り「〜される／〜されている」という意味ですが、その動作が「誰によってなされるのか」あるいは「何によってなされるのか」を示したいときにはby～（～によって）を加えることができます。ただし、ここで大事なのは、あえて加えたいときにのみby～を加えるということです。というのは、「誰によって／何によって」という情報を示さなくても済むことが受動態の大きなメリットだからです。

日本語では主語が省略されることがよくありますが、英語では命令文を除き、原則として主語を使わないと正しい文になりません。このため、仮に受動態がなかったとすると、「来週から休憩時間を減らす」などの嫌な決定であっても、「誰が決めたのか」を言わなくてはいけなくなってしまいます。しかし、受動態を使うことで「誰が決めたのか」を示さずに単に「～ということが決定されました」と言うことが可能になります。実際に英語では、反発を招きそうな公の決定などは受動態で伝えられることがよくあります。

3.

一般的に私たち日本人は英語にある程度慣れてくると、どちらかと言うと受動態を使いすぎてしまう傾向があります。このため、特にライティングなどでは本当に必要と思うときにのみ受動態を使うのがおすすめです。能動態を使ったほうが自然な文になることが少なくありません。

第3文型の受動態

第3文型（V + O）の受動態が、最も シンプルな形の受動態です。前述の通り、「be +過去分詞」で「～される／～されている」という意味を表します。

Track 151　オスカー・ワイルド『真面目が肝心』

あらすじ　ジャックはロンドンに来るときはいつも自分の名前はアーネストだということにしており、ロンドンで知り合った人たちは友人のアルジャノンも含めて皆ジャックのことをアーネストだと思っています。あるときジャックは、以前置き忘れていたシガレットケースをアルジャノンから返してもらおうとしますが、そのシガレットケースに「親愛なるジャックおじさまへ　セシリーより」と彫り込まれているのを見ていたアルジャノンから、「このシガレットケースは君のではないね。君の名前はジャックではなくてアーネストじゃないか」と言われてしまいます。以下は、それに対するジャックの答えです。

Well, my name is Ernest in town and Jack in the country, and the cigarette case **was given** to me in the country.

僕はロンドンではアーネスト、地元ではジャックという名前なんだ。そしてそのシガレットケースは地元でもらったものなんだ。

ヒント town は「都会」の意味で、ここではロンドンのことです。given は give の過去分詞、the country は「地方にある自分の土地」の意。

give O（O を与える）の受動態は be given（与えられる）。これを、the cigarette case を主語として過去時制で使ったものが the cigarette case was given（そのシガレットケースは与えられた）です。to ～で「～に」。したがって、the cigarette case was given to me in the country は、文法的には the cigarette case was given（そのシガレットケースは与えられた）と to me（私に）と in the country（地元で）の 3 つの部分に分けられます。

Track 152 ジェイン・オースティン『高慢と偏見』

あらすじ ベネット家に大変な問題を引き起こしたある男性について、ベネット家の長女でありエリザベスの姉であるジェインがエリザベスに語る言葉の一部です。Meryton はベネット家の近隣の町です。

[...], **it is said** that he left Meryton greatly in debt; but I hope this may be false.

彼はかなりの借金を負ってメリトンを去ったと言われているけれど、私はそれが事実でなければいいと思っているの。

ヒント (greatly) in debt で「(かなりの) 借金を負って」。may は「希望」などを表す特殊な使い方で、それ自体に意味はありません。false は「事実ではない」。

say O（O と言う）の受動態は be said（言われる、言われている）。これを that S + V（S + V ということ）（→ p. 280）を主語として現在時制で使うと、That S + V is said.（S + V ということが言われている）となります。ただし、That S + V is said. という形は実際にはほとんど使われず、通常は形式主語 it で that S + V を置き換えた上で that S + V を後ろに置いた It is said that S + V. という形が用いられます。形式主語を使っても意味は That S + V is said. と変わりません。It is said that S + V. は、「S + V ということが言われている」「人々は S + V と言っている」という意味を表します。

第 4 文型の受動態

第 4 文型（V + O + O）の場合、2 つある目的語のどちらを主語としても受動態の文を作ることができます。このため、第 4 文型の受動態は 2 通り存在します。They gave me permission.（彼らは私に許可を与えた）という文を例として、どのような受動態の文ができるかを見てみましょう。

能動態の文がすでに存在していて、それをもとにして受動態の文を作る場合の手順は次の通りです。

主語となる語を前に置き、be 動詞をつけ、能動態の文の動詞を過去分詞にしたものを be 動詞の後ろに置く。

↓

能動態の文の中で、主語以外でまだ使っていないものを過去分詞の後ろにそのまま付け足す。

① me を主語として They gave me permission. を受動態にする場合

受動態の文は過去時制の場合「S + was/were + 過去分詞」という形。したがって最初の 3 語は I was given となります。元の文のうち、gave は過去分詞、me は主語として使われているため、They 以外で残るのは permission のみ。これを I was given の後ろに置くと次の文が完成します。

▶ I was given permission.（私は許可を与えられた）

②permission を主語として They gave me permission. を受動態にする場合

受動態の文は過去時制の場合「S ＋ was/were ＋過去分詞」という形であるため、最初の 3 語は Permission was given。元の文のうち、gave は過去分詞、permission は主語として使われているため、They 以外で残るのは me のみ。これを Permission was given の後ろに置くと次の文が完成します。

▶ Permission was given me.（許可が私に与えられた）

以上を一般化すると、give B ＋ A（B に A を与える）の受動態は、

be given A（A を与えられる）…パターン①
be given B（B に与えられる）…パターン②

の 2 通りとなります。過去分詞の部分を入れ替えれば、この 2 つのパターンは第 4 文型の動詞すべてに当てはまります。ただし、詩などの特殊な文以外でパターン②の形が使われることは現在ではかなり少なく、代わりに be given to B（B に与えられる）や be made for B（B のために作られる）のような、to や for を使った形（＝第 3 文型を受動態にした形）がよく用いられます。

Track 153 ｜ ジェイン・オースティン『高慢と偏見』

あらすじ　物語の終盤、これまでの自分がいかに傲慢だったかを自覚したダーシーが、過去を振り返りながらエリザベスに自分の子ども時代のことを語る言葉です。

As a child I was taught what was *right*, but I was not taught to correct my temper. I was given good principles, but left to follow them in pride and conceit.

私は子どもの頃、何が正しいのかは教わりましたが、自分の気質を直すようには教えられなかったのです。私は優れた行動原理は与えられましたが、それを傲慢で自惚れた心で追い求めるままに放っておかれたのです。

ヒント as a child で「子どものとき」、taught は teach の過去分詞、what was *right* で「何が正しいのか」、correct O で「O を正しく直す」、temper は「気質」、principles は「行動原理」、left は leave の過去分詞、follow O で「O を追い求める」、in pride and conceit で「傲慢で自惚れた心で」。I was not taught to ～と left to ～の部分については→ p. 226。

I was taught what was *right*（私は何が正しいのかを教えられた）で使われているのは、teach B + A（B に A を教える）をパターン①の形で受動態にした be taught A（A を教えられる）。what was *right* が A に相当します。

I was given good principles（私は優れた行動原理を与えられた）では、give B + A（B に A を与える）をパターン①の形で受動態にした be given A（A を与えられる）が使われています。

第 5 文型の受動態

第 5 文型（V + O + C）の場合、目的語が 1 つしかないため受動態は 1 通りしかありません。V + O + C の受動態は、原則として「be +過去分詞」の後ろに、V + O + C の C に相当していた語や語句をそのまま加えるだけで完成します。

Track **154** オスカー・ワイルド『真面目が肝心』

あらすじ アーネストという名の男性に扮しているジャックとグウェンドリンの間で交わされたのと同じやり取りが、アルジャノンとセシリーの間でも交わされます。アーネストという名の男性に扮しているアルジャノンの求婚を受け入れたセシリーは「笑わないでほしいのですけれど、アーネストという名の男性を愛するのが私の夢だったのです」とアルジャノンに伝えます。それを聞いたアルジャノンは、「でももし僕が別の名前だったら僕を愛せないということではないですよね？　たとえばアルジャノンという名前だったら」とセシリーに尋ねますが、セシリーから「アルジャノンという名前は好きではありません」と言われてしまいます。以下はその後のアルジャノンの言葉で、It は「アルジャノン」という名前を指しています。なお、the Bankruptcy Court は破産手続きのための裁判所のことで、この文は、出費を減らせずに破産する貴族が多かったことに対する風刺となっています。

It is not at all a bad name. In fact, it is rather an aristocratic name. Half of the chaps who get into the Bankruptcy Court **are called Algernon.**

「アルジャノン」は悪い名前では全然ありません。それどころかなかなか貴族的な名前なのです。破産手続きのために裁判所に入っていく人間の半分はアルジャノンという名前ですから。

ヒント　not at all で「全然～ない」、in fact は「実際、それどころか」、rather は「なかなか」、aristocratic は「貴族的な」。the chaps who get into the Bankruptcy Court は「破産手続きのための裁判所に入っていく人間」。chap は「人」、who は主格の関係代名詞、get into ～で「～に入っていく」。

call O + C で「O を C と呼ぶ」。call O Algernon（O をアルジャノンと呼ぶ）の受動態は be called Algernon。be called Algernon は直訳すると「アルジャノンと呼ばれている」ですが、「アルジャノンという名前である」という意味を表します。

Track 155　アーネスト・ヘミングウェイ『老人と海』

あらすじ　老人には彼を慕っている少年がおり、以前は一緒に漁をしていました。2人は仲が良いにもかかわらず、漁の間は本当に必要なとき以外には話をしません。以下はその理由を説明する文です。

It was **considered a virtue** not to talk unnecessarily at sea and the old man had always considered it so and respected it.

海では不必要にしゃべらないことが美徳とされていた。そして老人も常にそれを美徳と考え、尊重してきたのだった。

ヒント unnecessarily は「不必要に」、at sea は「海で」。「had ＋過去分詞」は過去完了。had always done ～で「いつも～してきた」という意味を表します。consider O so で「O のことをそのように考えている」、respect O で「O を尊重する」。

consider O ＋ C で「O は C であると考えている」。consider O a virtue（O は美徳であると考えている）の受動態は be considered a virtue（美徳であると考えられている）。S ＋ was considered a virtue. で「S は美徳であると考えられていた」という意味を表します。文頭の It は形式主語（→ p. 296）。名詞的用法の不定詞である not to talk unnecessarily at sea（海で不必要にしゃべらないこと）が実質的な主語となっています（否定の不定詞は「not to ＋動詞の原形」で表されます）。

Track 156　シャーロット・ブロンテ『ジェイン・エア』

あらすじ ジェインが自分の子ども時代を振り返る章から。両親を亡くしたジェインは自分に冷たくあたる親戚に預けられていますが、ただ１人、使用人のベスィだけが優しく接してくれます。以下は、前日に理不尽な罰を与えられて具合が悪くなったジェインのために、ベスィが特別な器におやつを載せて持ってきてくれる場面です。This precious vessel（その貴重な器）は、ジェインが憧れていたにもかかわらずそれまで触れることを許されていなかった、美しい絵の描かれた器のことを指しています。

This precious vessel was now placed on my knee, and I **was** cordially **invited to eat** the circlet of delicate pastry upon it.

その貴重な器は今、私の膝の上に置かれていました。そして、その皿に載っている繊細に作られた輪っかの形のパイを食べるように、私は親愛の情のこもった恭しさとともに勧められたのでした。

ヒント precious は「貴重な」、vessel は「器」、be placed で「置かれている」、knee は「膝」、cordially は「親愛の情のこもった恭しさとともに」、circlet は「輪っか」、upon ～は「～の上の」。

invite は、invite O という形で「O を招待する」という意味を表すほか、invite O to do ～という第 5 文型の形でも使うことができ、その場合「O に～するように勧める」という意味を持ちます。V ＋ O ＋ to do ～の受動態は「be ＋過去分詞＋ to do ～」。したがって、invite O to do ～の受動態は be invited to do ～（～するように勧められる）となります。この to do ～の部分に相当するのが、文中の to eat the circlet of delicate pastry upon it。コンマ以降は「食べるために私は招待された」ではなく「食べるように私は勧められた」という意味を表します。「be ＋過去分詞」の後ろに不定詞が出てくる場合には、V ＋ O ＋ to do ～というフレーズの受動態ではないかと考えてみることが非常に重要です。

Track 157 ジェイン・オースティン『高慢と偏見』

あらすじ p. 222 の例と同じパッセージです。

As a child I was taught what was *right*, but I was not taught to correct my temper. I was given good principles, but left to follow them in pride and conceit.

私は子どもの頃、何が正しいのかは教わりましたが、自分の気質を直すようには教えられなかったのです。私は優れた行動原理は与えられましたが、それを傲慢で自惚れた心で追い求めるままに放っておかれたのです。

ヒント →p. 223

1つめの赤字部分では teach O to do ～（教えることでOが～できるようにする）の受動態である be taught to do ～（教えられて～できるようになる）が使われています。同様に、2つめの赤字部分では leave O to do ～（放置することでOに～させてしまう）の受動態である be left to do ～（放置されて～する羽目になる）が使われています。

Track 158 | F・スコット・フィッツジェラルド『グレート・ギャツビー』

あらすじ ある日の午後、この物語の語り手であるニックは親戚のデイズィの夫であり裕福な家の出のトムとニューヨークに出かけますが、行く途中で強引にトムから彼の愛人のマートルに引き合わせられます。そしてニック、トム、マートルの3人はニューヨークの駅からタクシーに乗り込みます。トムとマートルは自分たちのアパートに向かおうとしており、ニックは五番街まで来たところで2人と別れようとしますが、トムとマートルは聞き入れません。以下は、マートルがニックを引き留めようとする場面です。

'Come on,' she urged. 'I'll telephone my sister Catherine. She's **said to be very beautiful** by people who ought to know.'

「あなたもいらして」と彼女は促した。「妹のキャサリンにも電話してみるわ。彼女は目が肥えている人たちからも、すごい美人だって言われているのよ」

ヒント urge は「促す」、who は主格の関係代名詞。ought to は should と同じで、ought to know はここでは「目が肥えている」という意味を表します。

be said to be ～は「～であると言われている」という意味を表します。これに意味が似ているものに、be believed to be ～（～であると信じられている）、be considered to be ～（～であると考えられている）などがありますが、ある相違点があります。それは、be believed to be ～や be considered to be ～には believe O to be ～（Oは～であると信じている）や consider O to be ～（Oは～であると考えている）という能動態の形があるのに対し、be said to be ～には対応する能動態の形がないということです。say O to be ～というフレーズはありません。

受動態には原則として、その元となる能動態の形が存在しますが、「認知」や「発言」を表す動詞の中には、このように「be ＋過去分詞＋ to be ～」の形で使うことができても、それに対応する能動態の形が存在しなかったり一般的ではなかったりするものがあるため、注意が必要です。be thought to be ～（～であると考えられている）もその一例で、能動態の think O to be ～はほとんど使われません。

～女性たちが青ざめる様子が見られた～　使役・知覚動詞の受動態

make O do ～（O に～させる）のような使役動詞のフレーズ（→ p. 61）や see O do ～（O が～するのを見る）のような知覚動詞のフレーズ（→ p. 69）も受動態にすることができます。ただし、これらのフレーズの受動態には「be ＋過去分詞＋ to ＋動詞の原形」という形が使われます。受動態では「動詞の原形」の前に to がつく点に注意しましょう。

Track **159** | オスカー・ワイルド『ドリアン・グレイの肖像』

あらすじ　ドリアンは退廃的な生活を送りながらも若さと美しさを保っていますが、「ドリアンは犯罪者が集まるような場所に出入りしている」等の噂が貴族の社交界で流れ始め、また、ドリアンと親しくしていた人がなぜか急にドリアンを避けるようになるといったことが起こるようになります。以下は、その頃の社交界の様子を描く文章の一部で、him はドリアンを指しています。

Women who had wildly adored him, and for his sake had [...] set convention at defiance, **were seen to grow pallid** with shame or horror if Dorian Gray entered the room.

それまでドリアン・グレイのことを熱狂的に崇拝し、彼のためであれば世間のしきたりなど平気で無視していた女性たちが、彼が部屋に入った途端に、恥の意識や恐怖の念にとらわれて青ざめる様子が見られた。

ヒント　who は主格の関係代名詞。who から at defiance までが関係代名詞の節です。「had +過去分詞」は過去完了で「それまで〜していた」という意味を表します。wildly adore O で「O を熱狂的に崇拝する」、for his sake で「彼のために」、set convention at defiance は「世間のしきたりを無視する」、grow C で「C の状態になる」、pallid は「青ざめた様子」を表す形容詞。with shame or horror で「恥または恐怖で」。entered は仮定法過去形ではなく通常の過去形で、過去のことを表しています。

知覚動詞を用いた「V + O +動詞の原形」というフレーズの受動態は「be +過去分詞+ to +動詞の原形」。したがって、see O do 〜（O が〜するのを見る）の受動態は be seen to do 〜（〜するところを見られる）となります。

Track **160** エミリー・ブロンテ『嵐が丘』

あらすじ キャサリンとエドガー・リントンの娘キャサリン（母と同じ名前です）はある日ヒースクリフの家に行き、そこで自分より少し年上のヘアトンに出会います。キャサリンとヘアトンは本当はいとこ同士ですが、それを知らないキャサリンはヘアトンを使用人と勘違いし、用事を言いつけます。しかし、それに怒ったヘアトンはキャサリンに悪態をつきます。以下は、キャサリンがヘアトンの態度に憤慨する場面で、Ellen（別名ネリー）はその場に一緒にいたキャサリンの使用人、she はキャサリン、he はヘアトンを指しています。

‘But, Ellen,’ cried she, [...], ‘how dare he speak so to me? Mustn’t he **be made to do** as I ask him? [...]’

「でもエレン」彼女は訴えるように言いました。「私にあんな口をきくなんて彼は何様のつもりなの？　私の言う通りにするように彼は指導されるべきではないの？」

ヒント how dare S 〜? は「〜するなんて S は何様のつもりなの？」の意。so は「あのように」。mustn’t は must not を短縮したもの。Mustn’t he 〜? は「彼は〜しなければいけないわけではないの？」、つまり「彼が〜しないのはおかしい」という意味を表します。as S + V は「S が V するように」。do as I ask him で「私が頼んだように行動する」。

使役動詞を用いた「V + O +動詞の原形」というフレーズの受動態も「be +過去分詞+ to +動詞の原形」。したがって、make O do ～（O に～させる）を受動態にすると、be made to do ～（～させられる）となります。

～私、見られるのが大好きですの～ V + O と見なして作られる受動態

受動態にすることができるのは、原則として V + O、V + O + O、V + O + C の 3 つの形、つまり「動詞の後ろに動詞の目的語 O が置かれているフレーズ」です。たとえば、go（行く）と to ～（～に）を組み合わせた go to ～（～に行く）というフレーズは「自動詞+前置詞+前置詞の目的語」という組み合わせであり、動詞の目的語が存在しないため、これを受動態にすることはできません。しかし一部のフレーズは、「自動詞+前置詞+前置詞の目的語」などの組み合わせであっても、そのフレーズ全体を「V + O と見なす」ことによって受動態にすることができます。

Track **161** オスカー・ワイルド『真面目が肝心』

あらすじ 初めて出会ったグウェンドリンとセシリーがお互いに自己紹介をしたり相手のことを尋ねたりする場面から。グウェンドリンは「母の教育方針の一環として私は近眼になったのです」と述べ、次のやり取りが続きます。

GWENDOLEN [...]; so do you mind my looking at you through my glasses?

CECILY Oh! Not at all, Gwendolen. I am very fond of **being looked at.**

GWENDOLEN： なので、あなたのことを眼鏡を通して見ても構いません？
CECILY： ちっとも構いませんわ。私、見られるのが大好きですの。

ヒント mind O で「O を嫌がる」。looking は動名詞、my は動名詞の意味上の主語を表します（→ p. 315）。do you mind my ~ing? は許可を求めるのに使われる

フォーマルなフレーズで、直訳すると「私が～するのを嫌がりますか？」となります（my を me に変えるとカジュアルになります）。through ～で「～を通して」。glasses は「眼鏡」ですが、ここでは柄がついていて、その柄を手で持って使うタイプの眼鏡を指しています。not at all（全然～ない）はここでは「全然嫌ではない」の意。be fond of ～は「～を気に入っている」。

look at ～（～を見る）は look（視線を向ける）と at ～（～をめがけて）を組み合わせたもので、文法的には次のように区切られます。at は前置詞（前）で、「～」は前置詞の目的語（前目）です。

look / at ～
V　前＋前目
（視線を向ける）（～をめがけて）

文法的にはこのように look と at ～に分かれる look at ～ですが、実質的には「～を見る」というまとまった意味を持っているため、look at を 1 つの他動詞と見なして、次のように at と「～」の間で区切ることもできます。

look at / ～
V　O

この場合の look at ～は、言わば look at を V、「～」を O とする第 3 文型で、通常の V + O の形と同様に受動態にすることができます。look at O の受動態は be looked at。この looked at は「look at」という他動詞の過去分詞です。be looked at における at は「looked at」という過去分詞の一部であり、前置詞というよりは「元」前置詞と言えるでしょう。

I am very fond of being looked at. における being looked at は、look at O の受動態である be looked at を動名詞にしたもので、「見られること」という意味を表します。

よく使われる be taken care of（世話をされる）というフレーズも be looked at と同じタイプで、take care of ～（～を世話する）の take care of を 1 つの他動詞と見なして受動態にしたものです。

get を使った受動態：be broken と get broken の違い

「be ＋過去分詞」だけでなく、「get ＋過去分詞」も「〜される」という受け身の意味を表すことができます。「get ＋過去分詞」はカジュアルな響きを持っておりフォーマルな場では用いられませんが、日常会話では非常によく使われます。

Track 162　ジェイムズ・ジョイス『若い芸術家の肖像』

あらすじ 主人公スティーヴン・ディーダラスの子ども時代を描く章から。転んで眼鏡を割ってしまったスティーヴンは新しい眼鏡が届くまで学校で課題を免除されますが、課題を怠けるためにスティーヴンが嘘をついていると誤解したある神父から罰として鞭で打たれます。以下は、不当に罰を受けたことをスティーヴンが校長先生に話したときの校長先生とスティーヴンのやり取りです。この後、事情を理解した校長先生は「誤解だと私から神父に伝えよう」とスティーヴンに話します。

—And where did you break your glasses?

—On the cinderpath, sir. [...] I fell and they **got broken.**

「それで、どこで眼鏡を割ってしまったんだい？」
「シンダーの小道です。僕はそこで転び、それで眼鏡が割れてしまったんです」

ヒント break O で「O を割る」、glasses は「眼鏡」。眼鏡は 1 つでも複数扱いです。cinder は「石炭などの燃え殻」で cinderpath は「石炭などの燃え殻を敷き詰めた小道」のことです。

broken は break O（O を割る）の過去分詞。「get ＋過去分詞」で「〜される」。したがって、they got broken は「（転んだ衝撃によって）それは割られた」つまり「それは割れてしまった」となります。they were broken が「それは割られた」という「動作」と、「それは割られていた」という「状態」の両方の意味を持ち得るのに対し、they got broken が表すのは「それは割られた」という「動作」のみです。「get ＋過去分詞」で「〜されている」という「状態」を表すことはできません。また、「get ＋過去分詞」はこの例のように「偶発的な出来事」について特によく使われます。

「～された状態にある」の表し方：is found と has been found

次のオスカー・ワイルドの文は一見普通に見えますが、実は少し古風に感じられる文です。どのあたりが古風なのかを考えてみてください。

Track 163　*オスカー・ワイルド『真面目が肝心』*

あらすじ　失くしたと思っていたシガレットケースをアルジャノンが持っていたことを知ったジャックは、「なぜもっと早く言ってくれないんだ。もう少しで懸賞広告を出すところだった」と言ってアルジャノンをなじります。それに対してアルジャノンは「今からでも懸賞広告を出してくれればいいのに」と言いますが、ジャックは次のように答えます。the thing はシガレットケースを指しています。

There is no good offering a large reward now that the thing is found.

もうそれは見つかったのだから、高い懸賞金を提示しても仕方がない。

ヒント　There is no good ~ing で「～しても仕方がない」、reward は「懸賞金」、now that S ＋ V で「S が V する今となっては」。

この文において the thing is found は「それは見つけられる」ではなく、「それは見つけられた状態にある」つまり「それはもう見つかっている」という意味を表しています。しかし、「見つけられた状態にある」を is found で表すのはやや古い英語で、現在では多くの場合、「～された状態にある」は、次のように現在完了を使って表されます。

▶ There is no good offering a large reward now that the thing has been found.

この現在完了は「結果」を表す用法（→ p. 186）で、the thing has been found は「見つけられた結果、今ではそれがどこにあるかがわかっている状態になっている」という意味を表しています。ただし、ややこしいところですが、break O（O を割る）の過去分詞 broken や、hurt O（O を傷つける）の過去分詞 hurt など一部の過去分詞は形容詞としても使われ、「be ＋過去分詞」で「～された状態にある」という意味を表すことができます。

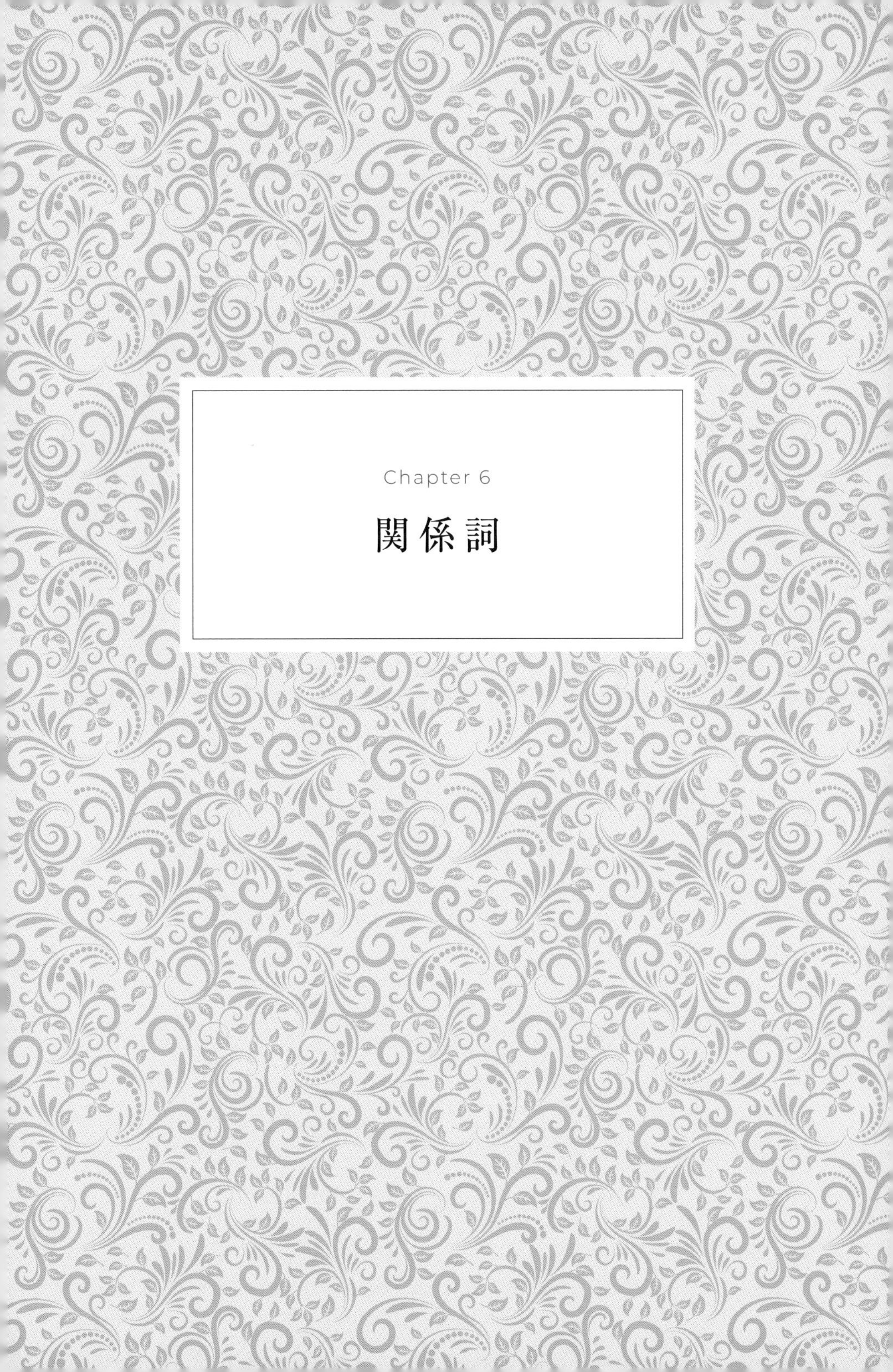

Chapter 6

関係詞

制限用法の関係詞

関係詞には関係代名詞や関係副詞などがあり、ほとんどの関係詞には「制限用法」と「非制限用法」の２つの用法があります。

制限用法の関係詞とは名詞を修飾するための道具の一種で、たとえば関係詞の１つである who は次のように働きます（この who は「誰」という意味で使われる疑問詞の who とは異なります）。

「《名詞》＋ who + V 」で「Vする《名詞》」の意。

例　people who live in Japan （日本に住む人々）

people who live in Japan では、who live in Japan の部分が「日本に住む」という意味で people（人々）を後ろから修飾しています。who が関係詞（具体的には p. 237 ～でご説明する関係代名詞）で、この who は「□の部分が、people を修飾する１つのまとまりである」ということを示す働きを持っています（関係詞自体は単独では意味を持ちません）。この□の部分を「関係詞の節」と呼び、□の部分によって修飾される名詞（上の例では people）を「先行詞」と呼びます。関係詞には関係代名詞や関係副詞などがあり、働き方がそれぞれ少しずつ異なりますが、制限用法の場合、どの関係詞も「関係詞の節を形成して先行詞である名詞を修飾する」という点では同じです。

Relatives

関係代名詞

1. 主格の関係代名詞

節の中での働き　　：主語
使われる関係代名詞：先行詞が「人」→主に who。that も可
　　　　　　　　　　先行詞が「もの」→that または which
意味：「《先行詞》＋[関係代名詞＋V]」で「Vする《先行詞》」の意。
例　　people [who live in Japan]（日本に住む人々）
省略：原則として不可

□の部分の中で主語として働く関係代名詞を「主格の関係代名詞」と呼びます（「節の中で主語として働く」ということが何を意味するのかは、今はわからなくても大丈夫です）。次項で紹介する目的格の関係代名詞（→ p. 242）がよく省略されるのに対し、主格の関係代名詞は原則として省略できません。また、節の中の動詞が現在形で使われる場合、その形は先行詞の人称と単複に合わせます。

そして、関係代名詞においては次の点が非常に重要です。

□の中は、関係代名詞まで含めると、文として成り立つために必要な要素が必ず１つも欠けずにすべて揃っている。

この点を以下の様々な例を通して押さえていきましょう。

Track 164 | アーネスト・ヘミングウェイ『老人と海』

あらすじ 『老人と海』の冒頭です。この文で『老人と海』は始まります。

He was <u>an old man</u> who fished alone in a skiff in the Gulf Stream [...].

彼はメキシコ湾流で小舟で独り漁をする年取った男だった。

ヒント fish は「漁をする」。fish の過去形が使われているのは時制の一致によるもの。skiff は「小舟」、the Gulf Stream は「メキシコ湾流」。

先行詞　　S　V
<u>an old man</u> ←[who fished alone in a skiff in the Gulf Stream]
（メキシコ湾流で小舟で独り漁をする年取った男）

▶ who は関係代名詞で、□の部分を節としてまとめると同時に、□の中で主語として働いています。なお、関係代名詞とは、□の中で名詞として働く関係詞のことです。

［□の中には文の構成に必要な要素が揃っていることを確認しよう］
S fished alone in a skiff in the Gulf Stream. → 完全な文
（S はメキシコ湾流で小舟で独りで漁をした）

この例のように先行詞が「人」の場合、主格の関係代名詞には通常 who が使われます。「《先行詞》 + who V」で「V する《先行詞》」の意。したがって、an old man who fished alone in ~は「~で独りで漁をする年取った男」を表します。<u>an old man</u> [who fished alone in ~]が意味するのは、「□部分の条件を満たす old man」であると考えることもできます。

old man に the ではなく an がつけられているのは、□部分はあくまでも「どのような old man なのか」を描写しているだけであり、「どの old man なのか」を特定しているわけではないためです。theは原則として、「どの人のことなのか」あるいは「どれのことなのか」が読み手や聞き手にもわかる形で特定されているときにつきます。したがって、関係詞の節によって「どの人のことなのか／どれのことなのか」が特定される場合には先行詞にtheがつきますが、この例のように、「どのような人なのか／どのようなものなのか」が描写されているだけの場合には先行詞にtheはつきません。ただし、「どのような人なのか／どのようなものなのか」を描写する関係詞節と、「どの人のことなのか／どれのことなのか」を特定する関係詞節の間には常に明確な違いがあるわけではなく、話者が込める意味合いによって、先行詞にtheがついたりつかなかったりする場合もあります。

Track **165** オスカー・ワイルド『真面目が肝心』

あらすじ 天真爛漫な若い女性セシリーと、彼女の家庭教師であるミス・プリズムとのやり取りから。最初のセシリーのセリフは、「自分は小説を書いたことがある」と言うミス・プリズムに応じたものです。

CECILY　I hope it did not end happily? I don't like novels **that end happily**. They depress me so much.

MISS PRISM　The good ended happily, and the bad unhappily. That is what Fiction means.

CECILY：　それがハッピーエンドで終わる小説ではなかったことを願いますわ。ハッピーエンドの小説は好きになれませんの。本当に暗い気持ちになってしまいますから。

MISS PRISM：　善人は幸福な結末を、悪人は不幸な結末を迎えたのですよ。でなければフィクションとは言えません。

ヒント hope (that) S + Vで「S + Vということを願う」、end happilyで「ハッピーエンドで終わる」、depress Oで「Oを暗い気持ちにさせる」、the goodとthe badはそれぞれ「善人」と「悪人」。the badとunhappilyの間にはendedが省略されています。what S + V で「S が V するもの」、mean O で「O を意味する」。what Fiction means は「『フィクション』という言葉が意味するもの」の意。

先行詞　S　V
novels ← [that end happily]
（ハッピーエンドで終わる小説）
▶関係代名詞 that は□の中で主語として働いています。

［□の中には文の構成に必要な要素が揃っていることを確認しよう］
S end happily. → 完全な文
（S はハッピーエンドで終わる）

この例のように先行詞が「もの」の場合、主格の関係代名詞には多くの場合 that が使われます（which も使われますが、頻度は下がります）。「《先行詞》 + that V」で「V する《先行詞》」の意。したがって、novels that end happily は「ハッピーエンドで終わる小説」を表します。

一般動詞の現在形は、主語が 3 人称単数の場合、ends のように語尾に s がつきますが、主語が 3 人称単数以外の場合には s はつかず、原形と同じ形です。主格の関係代名詞の後ろの動詞が現在形で使われる場合、その形は先行詞の人称と単複に合わせます。novels that end happily において end に s がついていないのは、先行詞である novels が複数形であり、3 人称単数ではないためです。

Track 166　L・M・モンゴメリ『赤毛のアン』

あらすじ　男の子を養子に迎える手配をしたマシューとマリラですが、当日マシューが駅に迎えにいくと、そこで待っていたのは女の子（アン）。マシューは手違いだと言えないままとりあえず彼女を家に連れて帰りますが、驚いたマリラに「それは誰？男の子が来るはずだったでしょう」と言われます。そして、それを聞いて事情を悟ったアンは泣き出します。以下は、なだめようとするマリラに対するアンの言葉です。

You would cry, too, if you were an orphan and had come to <u>a place</u> **you thought was going to be home** and found that they didn't want you because you weren't a boy.

あなただって泣くはずよ。もしあなたが孤児で、これから自分の家になると思っていた場所に来て、そして男の子ではないという理由で自分がほしがられていないことを知ったとしたら。

ヒント were は仮定法過去形、had come は仮定法過去完了形。全体は「もし仮にあなたが孤児で～に来て、～ということを知ったとしたら、あなたも泣くでしょう」。be going to be ～で「～になる予定である」。find that S + V で「S + V ということを知る」。they はここでは「その家の人」を指しています。didn't と weren't で過去形が使われているのは時制の一致によるもので、過去のことを述べているわけではありません。

先行詞　S'　S　V　V'
<u>a place</u> ←［(that)　you thought　was going to be home］
（これから自分の家になると思っていた場所）
▶原文では例外的に主格の関係代名詞が省略されています。(that) は省略された関係代名詞を補ったもの。(that) は□の中で was の主語として働いています。

［□の中には文の構成に必要な要素が揃っていることを確認しよう］
S' を thought と was の間に移動すると…
You thought S' was going to be home. → 完全な文
（あなたは S' が自分の家になると思っていた）

これまでの例では、関係代名詞は□の中のメインの主語として働いていました。それに対してこの例では、□の中には you というメインの主語が存在しており、関係代名詞は was going to be home の主語として働いています。このように、関係代名詞は□の中で、think (that) S + V（S + V と思う）や believe (that) S + V（S + V と信じている）などの S として働くこともできます。この場合、that 節の that は通常省略され、また、関係代名詞は主格であるにもかかわらず省略することができます。

a place (that) you thought was going to be home が意味するのは「You thought《X》was going to be home. の《X》に相当する place（場所）」、これはつまり「これから自分の家になるとあなたが思っていた場所」を表します。

□の中で think (that) S + V などの S として働く関係代名詞は難易度がやや高めですが、「thought was」という通常では起こり得ない形が文の中に存在していることが、「関係代名詞は was の主語として働いているのではないか」と考えるためのヒントとなっています。

2. 目的格の関係代名詞

節の中での働き　　：動詞の目的語または前置詞の目的語
使われる関係代名詞：先行詞が「人」→ 通常 that
　　＊ that の代わりに who（カジュアル）や whom（フォーマル）が使われることもあります。
　　先行詞が「もの」→ that または which
意味：「《先行詞》＋ 関係代名詞 + S + V 」で「S が V する《先行詞》」の意。
例　the book that I bought （私が買った本）
省略：可

□の部分の中で、動詞の目的語または前置詞の目的語として働く関係代名詞を「目的格の関係代名詞」と呼びます。目的格の関係代名詞はよく省略されます。主格の関係代名詞の場合と同様、□の中は、関係代名詞まで含めると、文として成り立つために必要な要素が必ず１つも欠けずにすべて揃っている状態になっています。

第3文型（V＋O）のOとして働く関係代名詞

Track 167 エミリー・ブロンテ『嵐が丘』

あらすじ 上流階級の家庭の長男で容姿にも優れるエドガー・リントンに求婚され、それを受け入れたキャサリンは、使用人であり乳母のような存在であるネリーに婚約を伝え、自分の決断が正しかったかどうかを尋ねます。しかし、キャサリンのエドガーに対する気持ちが一時的なものであることを知っているネリーは質問には答えず、逆にキャサリンにエドガーを愛しているのかと尋ねます。以下はそれに対するキャサリンの答えの一部です。

I love the ground under his feet, and the air over his head, and everything he touches, and every word he says. [...] There now!

私は彼の足元の地面を愛しているわ。それから彼の頭上の空気も。そして彼が触れるすべてのもの、彼が口にするすべての言葉も。さあ、これでどう？

ヒント over ～で「～の上の」、everything は「すべてのもの」、every は「すべての」。There now! は「さあ、これでどう？」。

先行詞　O　S　V　先行詞　O　S　V
everything ←［(that) he touches］, and every word ←［(that) he says］
（彼が触れるすべてのものと彼が口にするすべての言葉）

▶ everything と he の間には関係代名詞が省略されています。また、関係代名詞は□の中でそれぞれ touches と says の目的語として働いています。

[□の中には文の構成に必要な要素が揃っていることを確認しよう]
O を V の後ろに移動すると…
He touches O. / He says O. → 完全な文
（彼は O に触れる／彼は O を言う）

「《先行詞》＋(that) S＋V」で「SがVする《先行詞》」の意。したがって、everything (that) he touches と every word (that) he says は、それぞれ「彼が触れるすべてのもの」「彼が口にするすべての言葉」を意味します。everything (that) he touches は「□部分の条件を満たすすべてのもの」、every word (that) he says は「□部分の条件を満たすすべての言葉」を表す、というふうに考えることもできます。

関係代名詞が省略されると文の構造が捉えにくくなりますが、その際に大きなヒントとなるのが、「everything he」のように名詞が２つ連続している点です。コンマなしで名詞が２つ連続している場合には関係代名詞の省略を疑ってみましょう。

Track 168　オスカー・ワイルド『真面目が肝心』

あらすじ　再びセシリーと家庭教師ミス・プリズムのやり取りから。何かあるとすぐにその場で日記に書き込むセシリーに対し、ミス・プリズムは「日記をしまいなさい。日記をつける必要なんてないでしょう」と言いますが、セシリーは「もし日記に出来事を書き留めておかなかったら、何が起きたか私はきっとすべて忘れてしまいますわ」と答えます。そしてその後に次のやり取りが続きます。

MISS PRISM	Memory, my dear Cecily, is the diary that we all carry about with us.
CECILY	Yes, but it usually chronicles the things that have never happened, and couldn't possibly have happened.

MISS PRISM：　セシリー、「記憶」というものが、私たちの誰もがどこへ行くときにも携えている日記なのよ。

CECILY：　ええ、でも記憶ってたいてい、実際には起こっていなくて、そもそも起こり得たはずのない出来事を記録するものですわ。

ヒント　about はここでは around（あちこちに）と同じ意味の副詞。with us で「携帯して」。chronicle O で「O を記録する」、the things that の that は主格の関係代名詞。have never happened で「起こっていない」、couldn't possibly have happened で「起こり得たはずのない」。

先行詞　　O　S　　V　副詞
the diary ←[that we all carry about with us]
（私たち皆が携帯してあちこちに持ち運んでいる日記）
▶関係代名詞 that は□の中で carry の目的語として働いています。

［□の中には文の構成に必要な要素が揃っていることを確認しよう］
O を carry の後ろに移動すると…
We all carry O about with us. → 完全な文
（私たちは皆 O を携帯してあちこちに持ち運ぶ）

diary に the がついているのは、the diary that we all carry about with us が、誰もが1人につき1つずつ所有している「記憶という名の日記」を指しているためです。このように、関係詞の節によって「どれのことなのか」が特定される場合には先行詞に the がつきます。仮に各自が複数の「日記」を携帯しているとしたら、[that we all carry about with us]という関係代名詞節だけでは1つの日記に特定されないため、diary に the をつけることはできません。

また、この例のように、「もの」を表す先行詞に the がつけられる「the《名詞》＋関係代名詞節」のパターンでは、関係代名詞には which ではなく that がよく使われます。

第4文型（V＋O＋O）のOとして働く関係代名詞

Track 169　L・M・モンゴメリ『赤毛のアン』

あらすじ　大切な人を失ったアンは深い悲しみに暮れて日を過ごしますが、自然の美しさに心を押されるのを感じます。以下は、アンに先生が伝える言葉です。

I am sure we should not shut our hearts against <u>the healing influences</u> that nature offers us.

自然が私たちに差し出してくれる癒す力に対して、私たちは心を閉ざすべきではないと私は思います。

ヒント be sure (that) S + V で「S + V ということを確信している」、should not ～で「～すべきではない」、shut O against ～で「～に対して O を閉ざす」、healing influences で「心を癒す力」、offer B + A で「B に A を差し出す」。

先行詞　　A　S　V　B

the healing influences ← [that nature offers us]

（自然が私たちに差し出してくれる癒す力）

▶関係代名詞 that は□の中で、offer の 2 つの目的語 A と B のうちの A として働いています。

[□の中には文の構成に必要な要素が揃っていることを確認しよう]

A を us の後ろに移動すると…

Nature offers us A. → 完全な文

（自然は私たちに A を差し出す）

offer にはすでに us という目的語があるため、一見関係代名詞が働く場所がないように見えますが、offer という動詞は目的語が 2 つある第 4 文型（V + O + O）の形を取ることができ、that nature offers us における関係代名詞は、その 2 つの目的語の 1 つとして働いています。

第5文型（V＋O＋C）のOとして働く関係代名詞

Track 170　シャーロット・ブロンテ『ジェイン・エア』

あらすじ　ジェインが自分の子ども時代を振り返る章から。両親を亡くしたジェインは親戚であるリード夫人に預けられてきましたが、寄宿学校に入れられることになります。リード夫人から「ジェインは嘘つきだ」と伝えられていた寄宿学校の校長は、些細なミスでジェインを叱責した際に、生徒全員の前で「この生徒は嘘つきであり矯正されなければならない」と述べます。以下は、その日の夜ジェインに寄り添った同級生ヘレンに対するジェインの言葉です。

Helen, why do you stay with a girl whom everybody believes to be a liar?

ヘレン、あなたはどうしてみんなが嘘つきだと信じている（私のような）人と一緒にいるの？

ヒント　stay with ～で「離れずに～と一緒にいる」、believe O to be ～で「Oが～であると信じている」。

先行詞　O　S　V　C
a girl ← [whom everybody believes to be a liar]
（皆が嘘つきだと信じている女の子）
▶関係代名詞whomは□の中でbelieveの目的語として働いています。

［□の中には文の構成に必要な要素が揃っていることを確認しよう］
Oをbelieveの後ろに移動すると…
Everybody believes O to be a liar. → 完全な文
（Oは嘘つきであると皆が信じている）

関係代名詞は自身の節の中で、第5文型であるV＋O＋Cという形のOとして働くこともできます。believeには、believe O to be ～（Oが～であると信じている）という使い方はありますが、believe to be ～という使い方はありません。このことが、関係代名詞がbelievesとto beの間で働いていると考える上での大きなヒントになっています。前述の通り、□の中は、関係代名詞まで含めると、文として成り立つために必要な要素が必ず１つも欠けずにすべて揃っている状態になっていますが（→ p. 242）、これは裏返すと、関係代名詞を除くと、□の中には欠けている名詞要素が必ず１つあるということに他なりません。

a girl [whom everybody believes to be a liar]が意味するのは「Everybody believes《X》to be a liar. の《X》に相当するgirl（少女）」、これはつまり「皆が嘘つきだと信じている女の子」を表します。

『ジェイン・エア』や『高慢と偏見』のような19世紀の小説では、語り手の文だけでなく会話も、今日の基準ではフォーマルに聞こえる英語で書かれていることが少なくありません。whomは現在では主に書き言葉で使われる関係代名詞で、このwhomがあるために、a girl whom everybody believes to be a liarはかなりフォーマルに聞こえます。現代のカジュアルな会話では目的格の関係代名詞は省略されることが多く、省略されない場合でもwhomではなくthatがよく用いられます。

前置詞の目的語として働く関係代名詞

関係代名詞は動詞の目的語としてだけでなく、前置詞の目的語としても働くことができます。

Track 171 L・M・モンゴメリ『赤毛のアン』

あらすじ アンを養子に迎えて以来騒動が絶えないことから、養母マリラは次のようにつぶやきます。sheはアンを指しています。

And there's one thing certain, no house will ever be dull that she's in.

確実に言えることが１つあるわ。彼女がいる家では退屈するなどということは一瞬たりともないでしょう。

ヒント there's one thing certain で「確実に言えることが１つある」。certain の後ろにはピリオドではなくコンマが置かれていますが、第１文はここで終わっています。no house will ever be dull that she's in. は no house that she's in will ever be dull. と同じ意味。関係代名詞節のように形容詞として働く部分が動詞の後ろから主語を修飾するのは文法的には例外ですが、主語を簡潔にするなどの理由で修飾語句を動詞の後ろに置く事例は実際にはわりと頻繁に見られます。ever は「いつの時点かを問わず」という意味。dull は「つまらない」。

先行詞　前目 S V 前
house ← [that she's in]
（彼女がいる家）
＊前：前置詞　前目：前置詞の目的語
▶関係代名詞 that は□の中で前置詞 in の目的語として働いています。

[□の中には文の構成に必要な要素が揃っていることを確認しよう]
《前目》を in の後ろに移動すると…
She's in《前目》. → 完全な文
（彼女は《前目》の中にいる）

house [that she's in] が意味するのは、「She's in《X》. の《X》に相当する house（家）」、つまり「彼女がいる家」。コンマ以下の文は直訳すると「彼女がいる家はそれがどの家であれ、将来いつの時点かを問わず、つまらなくなることはない」となります。

関係代名詞の節が関係代名詞よりも前から始まる場合

これまでの例では関係代名詞の節が関係代名詞から始まっていました。しかし、関係代名詞が前置詞の目的語として働くケースでは、その前置詞が関係代名詞の直前に置かれることもよくあり、その場合、関係代名詞の節はその前置詞から始まることになります。

Track 172 ｜ オスカー・ワイルド『真面目が肝心』

あらすじ 「アーネスト」という名が大好きで、その名前の男性を愛するのが夢だったというセシリーと、アーネストという名の人物に扮しているアルジャノンとのやり取りから。

CECILY　And this is the box in which I keep all your dear letters.

ALGERNON　My letters! But, my own sweet Cecily, I have never written you any letters.

CECILY：　そしてこれが、私が大切なあなたの手紙をすべて入れている箱よ。
ALGERNON：　僕の手紙!?　かわいいセシリー、でも僕は君に手紙を書いたことは一度もないよ。

ヒント dear は「私にとって大切な」の意。「have never +過去分詞」で「～したことは一度もない」。

先行詞　　前　前目
the box ← in which I keep all your dear letters
（私が大切なあなたの手紙をすべて保管している箱）
＊前：前置詞　　前目：前置詞の目的語
▶関係代名詞 which は□の中で前置詞 in の目的語として働いています。

［□の中には文の構成に必要な要素が揃っていることを確認しよう］
1つのまとまりである「in +《前目》」を文末に移動すると…
I keep all your dear letters in《前目》. → 完全な文
（私は大切なあなたの手紙をすべて《前目》の中に保管している）

the box in which I keep all your dear lettersが意味するのは、「I keep all your dear letters in《X》. の《X》に相当する box（箱）」。これはつまり「私が大切なあなたの手紙をすべて保管している箱」を表します。この例のように関係代名詞節（□の部分）が「前置詞」+「その目的語として働く関係代名詞」で始まるケースでは、「前置詞＋関係代名詞」の組み合わせ（この例では in which）を1つのまとまりとして認識することが非常に重要です。なお、関係代名詞が直前の前置詞の目的語となる場合、関係代名詞として使えるのは which（先行詞が「もの」の場合）と whom（先行詞が「人」の場合）のみで、that は使えません。また、関係代名詞を省略することもできません。

「前置詞＋関係代名詞」における前置詞は、節の最後尾に移動させることもできます。たとえば、the box in which I keep all your dear lettersは、前置詞 in を□部分の最後に置いて the box which I keep all your dear letters inと書き換えても意味は変わりません（書き換え後のパターンは、前項「前置詞の目的語として働く関係代名詞」で紹介した house that she's in の形［→ p. 249］に相当します）。ただし、書き換え前のように前置詞が前にあるパターンはフォーマルな響きを持ち、一方、書き換え後のように前置詞が後ろにあるパターンは比較的カジュアルな響きを持ちます。

Track 173 シャーロット・ブロンテ『ジェイン・エア』

あらすじ ジェインは住み込みの家庭教師として働いていた屋敷の主人である貴族ロチェスターから求婚され、それを受け入れかけますが、ロチェスターの過去についてのある重大な秘密を知り、屋敷を飛び出します。馬車で知らない町へ行き手持ちのお金がなくなったジェインは、数日あてもなく外をさまよってついに倒れたところを助けられ、それまでどこに住んでいたのかなどを尋ねられます。以下は質問に対するジェインの返事です。

'The name [...] of the person **with whom I lived**, is my secret,' I replied concisely.

「一緒に住んでいた人の名前は申し上げられないのです」とだけ私は答えました。

ヒント concisely は「簡潔に」。

先行詞　　前　前目
the person ←with whom I lived
（私が一緒に住んでいた人）
＊前：前置詞　　前目：前置詞の目的語

▶関係代名詞 whom は□の中で前置詞 with の目的語として働いています。

［□の中には文の構成に必要な要素が揃っていることを確認しよう］
1つのまとまりである「with +《前目》」を文末に移動すると…
I lived with《前目》. → 完全な文
（私は《前目》と一緒に住んでいた）

the person with whom I lived の部分が意味するのは、「I lived with《X》. の《X》に相当する person（人）」、つまり「私が一緒に住んでいた人」。前述の通り、関係代名詞節が前置詞で始まるパターンはフォーマルな響きを持ちますが（→ p. 251）、whom が使われる場合その響きが一層強まり、the person with whom I lived は今日の基準ではかなりフォーマルに聞こえます。現代の話者であれば the person (that) I lived with などと言うところです。

Track 174　W・サマセット・モーム『世界の十大小説』

あらすじ ディケンズは妻ケイトの妹であるジョージーナに精神的に支えられており、数々の名作の執筆には彼女の存在が大きく貢献していたようです。以下は彼女の性格を伝える文の1つ。She はジョージーナを指しています。ディケンズの死後、ジョージーナはディケンズの長女メイミーとともに彼の手紙を編さんしています。

She had a gift of mimicry by means of which she could make Dickens roar with laughter.

彼女は、ディケンズを大笑いさせることのできるものまねの才能を持っていた。

ヒント gift は「才能」、mimicry は「ものまね」、by means of ～で「～という手段によって」、make O do ～で「O に～させる」、roar は「轟くような音を出す」、roar with laughter で「大笑いする」。

先行詞　　　　　　　　前 前目
a gift of mimicry ← by means of which she could make Dickens roar with laughter
（ディケンズを大笑いさせることを可能にするものまねの才能）
＊前：前置詞　　前目：前置詞の目的語
▶関係代名詞 which は□の中で前置詞 of の目的語として働いています。

［□の中には文の構成に必要な要素が揃っていることを確認しよう］
By means of《前目》she could make Dickens roar with laughter. → 完全な文
（《前目》の手段によって、彼女はディケンズを大笑いさせることができた）

関係代名詞の節は、関係代名詞の直前に置かれた前置詞よりもさらに前から始まることもあります。この例で節が始まるのは by から。by mean of which は 1 つのまとまりとして働いています。a gift of mimicry by means of which she could make Dickens roar with laughter の部分が意味するのは、「By means of《X》she could make Dickens roar with laughter. の《X》に相当する a gift of mimicry（ものまねの才能）」、したがって「ディケンズを大笑いさせることを可能にするものまねの才能」ということになります。

関係代名詞の節が、関係代名詞の直前の前置詞よりもさらに前から始まるケースは難易度の高い文ですが、節がどこから始まっているのかを判断する力は英語を理解する上でとても重要です。直前の前置詞から節が始まると解釈してもうまく意味が通らないときは、節がさらに前から始まっているのかもしれません。その場合には別の解釈を試してみましょう。慣れるに従って速く正確に文の構造をつかめるようになります。

3. 補語（C）として働く関係代名詞

関係代名詞は自身の節の中で補語（C）として働くこともできます。補語として働く関係代名詞には主に that が使われますが、省略されることもよくあります。これまでと同様、□の中は、関係代名詞まで含めると、文として成り立つために必要な要素が必ず 1 つも欠けずにすべて揃っている状態になっています。

Track **175**　　*D・H・ロレンス『チャタレイ夫人の恋人』*

あらすじ　上流階級の女性レディ・チャタレイは労働者階級の男性メラーズに出会い、それまでに自分が知っていた上流階級の男性との違いを意識するようになります。以下はその違いについての文。直前に「メラーズは、彼女の内面に存在する女性性に優しかった」という趣旨の記述があり、文中の the female と her はともにこの「彼女の女性性／彼女の内なる女性」を指しています。文頭の Men は上流階級の男性たち、she はレディ・チャタレイを指しています。

Men were very kind to the *person* she was, but rather cruel to the female, despising her or ignoring her altogether.

男性たちは「人間」としての彼女には非常に優しかったが、彼女の女性性に対してはむしろ冷酷で、彼らはそれを軽蔑するか、丸ごと無視するかのどちらかであった。

ヒント　person は「人」。過去形の was が使われているのは時制の一致によるものです。be cruel to ～で「～に対して冷酷である」、despising 以降は分詞構文。despise O で「O を軽蔑する」、ignore O altogether で「O の存在を丸ごと無視する」。

先行詞　　C　S　V

the *person* ← (that) she was

（「人間」としての彼女）

▶ the *person* と she の間には関係代名詞が省略されています。関係代名詞は□部分の中で be 動詞 was の補語 C として働いています。

[□の中には文の構成に必要な要素が揃っていることを確認しよう]
Cをwasの後ろに移動すると…
She was C. → 完全な文
(彼女はCだった)

the *person* (that) she wasが意味するのは「She was《X》.の《X》に相当するperson(人)」ですが、この例のように関係代名詞が自身の節の中でbe動詞の補語(C)として働く場合、日本語と英語の構造の違いにより、「先行詞+関係代名詞節」の部分を直訳することができません。be動詞を「である」と訳すと、the *person* (that) she wasは「彼女がである人」となり意味をなさなくなってしまいます。ただ、この場合のbe動詞は「~を体現する」という意味に近いと言えなくもありません。そう考えると、the *person* (that) she wasは「彼女が体現している『人間』」と捉えることができます。

この例文におけるthe *person* (that) she wasは、「女性としての彼女」との対比として「1人の人間としての彼女/彼女という人間」を表しています。また、「彼女という人間」は常に1人の人間であり、たった1人しか存在し得ないその人間を指しているために*person*にはtheがつけられています。

所有格の関係詞whose

whoseは「誰の」「誰のもの」という意味の疑問詞としての役割だけでなく、関係詞としての役割も持っています。関係詞としてのwhoseは、自身の節の中でmy（私の）やyour（あなたの）と同じ所有格として働きます。そして必ず後ろに名詞を伴って「whose＋名詞」という1つの大きな名詞を構成し、この「whose＋名詞」という1つのまとまりが、節の中で「主語」や「動詞の目的語」や「前置詞の目的語」として働きます。関係詞のwhoseが省略されることはありません。また、関係詞のwhoseはややフォーマルに響きます。これまでと同様、□の中は、「whose＋名詞」まで含めると、文として成り立つために必要な要素が必ず1つも欠けずにすべて揃っている状態になっています。

Track 176 ｜ オスカー・ワイルド『ドリアン・グレイの肖像』

あらすじ　友人バジルによって描き上げられた自分の肖像画を初めて目にした美青年ドリアンは自分の美しさを初めて意識し、今までに経験したことのない歓びを覚えますが、その歓びはすぐに去り、「若さ」というものが持つ美しさがいかに儚いかを痛切に感じてしまいます。以下は、若さを失ったらもう何も残らないとまで思い詰めたドリアンがバジルに語る言葉です。この後、ドリアンは、「僕は君の描いた肖像画に嫉妬している。僕が失わなければならないものを僕の絵が保っていられるなんて不条理だ」と続けます。

I am jealous of everything whose beauty does not die.

美しさを失わないすべてのものに僕は嫉妬しているんだ。

ヒント　be jealous of ～で「～に嫉妬している」、dieは「衰えて失われる」。

先行詞　　S　　V

everything ← [whose beauty does not die]

(美しさが衰えることのないすべてのもの)

▶ whose は□の中で所有格として働いています。

[□の中には文の構成に必要な要素が揃っていることを確認しよう]

whose を「〜 's」(〜の) に変えると…

〜 's beauty does not die. → 完全な文

(〜の美しさは衰えない)

everything whose beauty does not die が意味するのは、「《X》's beauty does not die. の《X》に相当する『すべてのもの』」。これはつまり「美しさが衰えることのないすべてのもの」を表します。whose は「所有」格であるため、「自分が所有する美しさが衰えないすべてのもの」と考えることもできます。whose は□の中で beauty を修飾し、さらに whose beauty が 1 つのまとまりとして does not die の主語として働いています。whose が使われる文では、「whose +名詞」を 1 つのまとまりとして認識することが非常に重要です。

Track 177　W・サマセット・モーム『世界の十大小説』

あらすじ　多くの作家と異なり、スタンダールは自分の作品に対する厳しい批評を気分を害することなく受け入れたとした上で、モームは、スタンダールの以下のエピソードを驚きを禁じ得ない様子で語ります。文中の he はスタンダールを指しています。

[...], when he sent manuscripts of his books to friends **whose opinions he wanted**, he adopted without hesitation the revisions, often ample, which they recommended.

自分が意見を聞きたいと思う友人たちに自分の本の原稿を送った際、友人たちが提案する修正事項 (それはしばしばかなりの数になった) を彼はためらいなく採用した。

ヒント　manuscript は「原稿」、adopt O で「O を採用する」。the revisions (修正事項) が O として働いています。without hesitation で「ためらいなく」。ample は「多い」。often ample は、非制限用法の関係代名詞を使った which were often ample と同

等の働きをしています。

先行詞　　　　O　　　S　V
friends ← whose opinions he wanted
(意見を聞きたいと彼が思っている友人)
▶ whose は□の中で所有格として働いています。

[□の中には文の構成に必要な要素が揃っていることを確認しよう]
1つのまとまりである whose opinions を丸ごと wanted の後ろに移動して whose を「〜's」(〜の) に変えると…
He wanted 〜 's opinions. → 完全な文
(彼は〜の意見をほしがった)

1つ前と異なり、この例では whose opinions は、□の中で主語としてではなく、動詞 wanted の目的語として働いています。friends whose opinions he wanted が意味するのは、「He wanted《X》's opinions. の《X》に相当する friends (友人)」、したがって「意見を聞きたいと彼が思っている友人」ということになります。

関係代名詞のwhat

whatは「the thing that」や「the things that」に相当する働きをすることができ、たとえば、what happened yesterdayはthe thing that happened yesterday（昨日起こったこと）、what she saidはthe thing that she said（彼女が言ったこと）という意味を表します。このように使われるwhatは「先行詞込みの関係代名詞」として働き、関係代名詞の一種として分類されます。whatが先行詞込みの主格の関係代名詞として働く場合、whatは通常3人称単数扱いです。

Track 178　アーネスト・ヘミングウェイ『老人と海』

あらすじ 沖合でサメと戦わなければならなくなった老人は「武器になるようなものを持ってきておけばよかった」と後悔しますが、すぐにその考えを打ち消し、次のように自分を鼓舞します。

Now is no time to think of what you do not have. Think of what you can do with what there is.

今は持っていないもののことを考えるべき時じゃない。今あるものを使って自分ができることを考えるんだ。

ヒント Now is no time to do ～で「今は～するべきときではない」。この不定詞は形容詞的用法です。think of ～で「～のことを考える」、with ～で「～を使って」、there is ～で「～がある」。

what you do not haveはthe things that you do not have（自分が持っていないもの）、what you can doはthe things that you can do（自分ができること）、what there isはthe things that there are（今存在しているもの）をそれぞれ表しています。なお、what you can doのwhatは関係代名詞ではなく、「何」という意味を表す疑問詞として捉えることもできます。その場合、第2文は「今あるものを使って自分に何ができるかを考えろ」となります。

what you can do（自分ができること）のように、what S + V は日本語にすると「S が V するもの」ではなく「S が V すること」となる場合もありますが、what S + V は、that の名詞節である that S + V（S が V すること＝S が V するということ）（→ p. 280）とは根本的に意味が異なります。what she said（彼女が言ったこと）は「彼女が言った言葉」を意味するのに対し、that she came（彼女が来たこと）は「彼女が来たという事実」を表します。

Relatives

関係副詞

「関係代名詞の節が関係代名詞よりも前から始まる場合」（→ p. 249）で the box in which I keep all your dear letters（私が大切なあなたの手紙をすべて入れている箱）などの例を扱いましたが、このように、先行詞が「場所」を表す語の場合、in which や at which などの「前置詞＋関係代名詞」という組み合わせの代わりに、where という1語の関係詞を使うことができます。同様に、先行詞が day（日）や moment（瞬間）などの「時」を表す語の場合、in which や at which などの代わりに when という関係詞を使うことができます。これらの where や when は、自身の節の中で副詞として働くため、「関係副詞」と呼ばれます。また、where と when だけでなく、先行詞の種類によっては that や why も関係副詞として使われます。

Track **179** | アーネスト・ヘミングウェイ『移動祝祭日』

あらすじ ヘミングウェイの妻ハドリーの「セーヌ通りを歩いて画廊を覗いてみましょうよ」という誘いに応じるヘミングウェイの言葉です。セーヌ通りはパリの中心部にある、画廊がたくさん並ぶ通りです。

Sure. We can walk anywhere and we can stop at some new café **where we don't know anyone and nobody knows us and have** a drink.

いいよ。どこへでも歩いていって、知っている人がいなくて僕らのことを知る人も誰もいないどこかのカフェに寄って何か飲んでもいいね。

ヒント 単数形の可算名詞につく some は「何らかの、どこかの」という意味を表します。

先行詞　　　副詞　S　　V　O　　S　V　O

some new café ← where we don't know anyone and nobody knows us

このwhereは関係副詞で、in whichやat whichと同等の働きをしています。in whichやat whichは「前置詞＋前置詞の目的語」の組み合わせとして□部分の中で副詞として働くため、in whichやat whichと同等の働きをするwhereも□部分の中で副詞として働いています。

「《場所を表す先行詞》＋where S + V」で「SがVする《場所》」という意味を表しますが、whereはあくまでも「前置詞＋which」の代わりとして使われるものであるため、たとえば「私たちが滞在した場所」はthe place where we stayedで表せますが、「私たちが訪れた場所」をthe place where we visitedと表すことはできません。これは、stay in a placeとは言えてもvisit in a placeとは言えないためです（「《場所》を訪れる」は「visit in《場所》」ではなく「visit《場所》」で表します）。「私たちが訪れた場所」は正しくはthe place that we visited。このthatは目的格の関係代名詞です。

先行詞が「場所」ならwhere、「時」ならwhenと覚えてしまうと、このように関係代名詞を使わなければならない場合に誤って関係副詞を使ってしまうことがあるため、関係副詞は「前置詞＋関係代名詞」と同等の働きをしていることを意識することが重要です。

Track 180　オスカー・ワイルド『理想の夫』

あらすじ　劇の中心人物の１人であるサー・ロバート・チルタンの妹メイベルは、ある男性から毎日のようにプロポーズされています。サー・ロバートが主催するパーティーでメイベルはまたその男性からプロポーズされますが、そのときには音楽の生演奏が行われていて静かにしている必要があったため、彼女はプロポーズをうまく切り返すことができません。以下は、翌日にそのことを義理の姉であるレディ・チルタンに話して聞かせるメイベルの言葉の一部です。メイベルは「演奏家というものは本当に理不尽ですわ」と言い、次のように続けます。

They always want one to be perfectly dumb at the very moment when one is longing to be absolutely deaf.

私たち聴衆が「耳が全然聞こえなければいいのに」と切に願っているまさにその間に、演奏家は「聴衆は口が全然きけなければいいのに」と思っているんですから。

ヒント want O to be ～で「O に～であってほしいと思っている」。この one は「人一般」を表す用法で、ここでは「聴衆」を指しています。dumb は「口がきけない」、moment は「瞬間」、long to be ～で「～でありたいと切望している」、absolutely は「完全に」、deaf は「耳が聞こえない」。

先行詞　　副詞　S　V
the very moment ← [when one is longing to be absolutely deaf]

the moment when S + V で「S が V する瞬間」。この when は at which と同等の働きをする関係副詞で、□部分の中で副詞として働いています。when は省略されることもよくあります。

Track 181　F・スコット・フィッツジェラルド『グレート・ギャツビー』

あらすじ　この物語の語り手であるニックがギャツビーという名の謎めいた若い大富豪の隣人となってまもない頃のこと。ある日ギャツビーはニックのところに来て「あなたに頼み事があるんです」と言いますが、なぜか彼は「内容は今日の午後にミス・ベイカーからあなたに伝えてもらうことにしました」とのみ話し、その場ではニックに頼み事を話しません（ミス・ベイカーはニックとギャツビーの共通の知人で、ニックはその日の午後に彼女をお茶に招いています）。午後、ミス・ベイカーはニックに会うと、まず 5 年前に彼女が初めてギャツビーを見たときのことを語り始めます。1917 年の 10 月のある日、当時 16 歳の彼女が、憧れていた上級生のデイズィの家の前を通ると、そこにはデイズィのオープンカーが止まっており、その中でデイズィが、見たことのない将校とお互いに夢中になっている様子で座っていたのでした。デイズィは彼女に気づくと声をかけ、今日は赤十字の集まりには行けないと伝えてほしいと彼女に頼みます。以下は、そのときの将校の様子をミス・ベイカーが振り返ったもので、The officer はその将校、she はデイズィを指しています。この後、ミス・ベイカーは、その将校の名前がギャツビーだったことをニックに伝えます。

The officer looked at Daisy while she was speaking, in <u>a way</u> that every young girl wants to be looked at sometime, [...].

デイズィが話している間、その将校は、すべての若い女性がいつかこんなふうに見られたいと思うような見つめ方で彼女を見つめていたの。

ヒント while S + V で「S が V する間」、be looked at は look at ~（~を見る）の受動態。sometime はここでは「いつか」。

先行詞　副詞　S　V

<u>a way</u> ← [that every young girl wants to be looked at sometime]

a/the way that S + V で「S が V するやり方」。that は一見関係代名詞のようにも見えますが、every young girl wants to be looked at sometime はすでに完全な文であり、欠けている名詞要素がありません。この that は関係副詞で、in which と同等の働きをしています。which の前の前置詞を in としているのは、way に用いられる前置詞が in であるためです（「~なやり方で」は in a ~ way）。

関係副詞には他にも reason（理由）と一緒に使われる why があり、the reason why S + V で「S が V する理由」という意味を表します。この why の働きは for which と同等。which の前の前置詞を for としているのは、reason に用いられる前置詞が for であるためです（「~な理由で」は for ~ reasons）。

Relatives

非制限用法の関係詞

これまでに扱ってきた関係詞はすべて「制限用法」と呼ばれる用法のもので、この「制限用法」の対となるのが「非制限用法」です。後述するように、非制限用法の関係詞の節は、先行詞についての情報を「補足」するために使われます。また、非制限用法の関係詞の節は、通常コンマで区切られます（文学作品等では、非制限用法であってもコンマがない場合もあります）。

何か情報を補足したい場合には、当然新たに別の文を付け足すこともできるため、「非制限用法の関係詞を使わなければ表すことのできない意味」というものはありませんが、非制限用法の関係詞を使うと2つの文を1つにまとめることができ、文が洗練された印象になることが少なくありません。このため、英文エッセイなどで特に役立ちます。

また、非制限用法の関係詞を使うと文がややフォーマルになりますが、非制限用法の関係詞は書き言葉だけでなく会話でも出てきます。映画やテレビドラマなどの「ちょっと格好良いセリフ」で使われていることが多いので、英語音声や英語字幕で映画などを楽しむ際に注意してみると面白いかもしれません。それでは色々な例を通して、制限用法と非制限用法の違いを見ていきましょう。

非制限用法の関係代名詞

主格

使われる関係代名詞：先行詞が「人」→ who
先行詞が「もの」→ which*
＊文学作品等ではwhichではなくthatが使われていることもありますが、普段使う英語ではthatは使えません。

省略：不可（非制限用法の場合、関係詞の種類にかかわらず省略することはできません）

Track 182　エミリー・ブロンテ『嵐が丘』

あらすじ　エドガー・リントンの妹のイザベラは、あろうことかリントン家の人間を激しく憎んでいるヒースクリフに恋をしてしまいます。以下は、エドガーがそのことを知ったときの様子を描く文で、her brotherはエドガーを指しています。エドガーはヒースクリフの性質を何より嫌悪しています。

Her brother, **who loved her tenderly,** was appalled at this fantastic preference.

彼女の兄（彼は彼女を慈しんでいた）は、このとんでもない恋をおぞましく思った。

ヒント　tenderlyは「慈しむように」、be appalled at ～で「～をおぞましく思う」、fantasticは「理性的ではない」、preferenceは「選択」。this fantastic preference（この理性的でない選択）は「イザベラが恋の対象としてよりによってヒースクリフを選んでしまったこと」を指しています。

whoはHer brotherを先行詞とする非制限用法の主格の関係代名詞。who loved her tenderlyがこの関係代名詞の節で、先行詞であるHer brotherについての情報を、日本語訳のカッコ書きの部分のように「補足」する役割を果たしています。関係代名詞の節は、先行詞 Her brother を代名詞 He に変えて who と置き換えると He loved her tenderly となります。これが関係代名詞の節によって補足される内容です。非制限用法の関係代名詞は、先行詞の内容を単に受けているだけにすぎません。

文全体で見ると、関係代名詞の節を除いた残りの部分である Her brother was appalled at this fantastic preference. は、文としてすでに完結しており、who loved her tenderly はその完結した文に情報を付け足しています。文全体を「彼女の兄（彼は彼女を慈しんでいた）は、このとんでもない恋をおぞましく思った」と捉えさえすれば、あとは必要に応じて「彼女を慈しんでいた兄は、このとんでもない恋をおぞましく思った」などと訳しても構いません。

ここで一度、改めて制限用法の関係詞の役割を考えてみましょう。オスカー・ワイルドの『真面目が肝心』に次のような文が出てきます。

I hate people who are not serious about meals.
（私は食事について真剣でない人たちは嫌いだ）
＊ hate O で「O を嫌う」、be serious about ～で「～について真剣である」、meal は「食事」。

who は制限用法の主格の関係代名詞で people が先行詞、赤字部分が関係代名詞の節です。この文における関係代名詞節の役割は、「どんなタイプの人々なのか」を限定することです。people だけであれば「人々一般」ですが、それに who are not serious about meals（食事について真剣ではない）という条件を課すことで、people who are not serious about meals は「食事について真剣でない人々」という「特定のタイプの人々」を表すようになります。したがって、この文の関係代名詞節は、言わば「絞り込み検索」のような機能を持っていると言えます。この「絞り込み検索」の働きをするのが制限用法の関係詞に他なりません。制限用法の関係詞は「どのようなタイプなのか」や「どれのことなのか」を指定することによって「対象を絞り込む」働きをします。

一方、非制限用法の関係詞には、この「対象を絞り込む」という働きはありません。非制限用法の関係詞は、すでに完成形として存在している対象（＝先行詞）について情報を補足するのみです。もし前ページの例における関係代名詞を無理やり非制限用法にすると、次のようになります。

I hate people, who are not serious about meals.
（私は人間が嫌いだ。人間たちは食事について真剣でないのだ）

非制限用法の関係詞には対象（＝先行詞）を絞り込む働きはなく、I hate people だけで文は完結しています。そして who are not serious about meals の部分は、先行詞である people が「どのようなものであるのか」についての情報を単に補足しています。

Track 183　L・M・モンゴメリ『赤毛のアン』

あらすじ　ある日の学校の昼休み、アンとクラスメイトは学校の近くの森で夢中で遊んでいましたが、もうすぐ午後の授業が始まることに気づき、次々と走って教室に戻ろうとします。その日は事前に先生から「遅刻した者には罰を与える」と言われていたのです。「木に登っていなかった女子たちが最初に走り出し、ぎりぎりのタイミングで教室に駆け込みました」という文の後に次の文が続きます。

The boys, who had to wriggle hastily down from the trees, were later; [...].

男子たち（彼らは急いでもぞもぞと木から降りてこなければなりませんでした）はもっと遅れて到着しました。

ヒント　ある特定のクラスの話をしている場合、the boys で「そのクラスの男子全員」を表すことができます。had to do ～で「～しなければならなかった」、wriggle down で「体をもぞもぞと動かして降りてくる」、hastily は「急いで」、later は「(到着するのが) もっと遅い」。

whoはThe boysを先行詞とする非制限用法の主格の関係代名詞。関係代名詞の節を除いた残りの部分The boys were later.だけで文は完結しており、関係代名詞節は、先行詞であるThe boys（クラスの男子たち）がどのような状況にあったのかについて補足説明をしています。

ここで大事な点があります。それは、この文のように「クラスの男子全員」を指してThe boysという語句を使う場合、The boysを制限用法の関係詞で修飾することはできないということです。というのは、前述の通り、制限用法の関係詞は「対象を絞り込む」働きをするため（→ p. 267）、制限用法の関係詞を使うと、クラスの男子「全員」ではなくなってしまうからです。同様に、my（私の）、her（彼女の）、this（この）、these（これらの）などがついた名詞も、すでに特定されており、それ以上「絞り込む」ことができないため、制限用法の関係詞で修飾することはできません。

ちなみに、『赤毛のアン』の文の関係代名詞を制限用法に変えると次のように意味が変化します。

The boys who had to wriggle hastily down from the trees were later.
（急いでもぞもぞと木から降りてこなければならなかった一部の男子たちはもっと遅れて到着しました）

上の文における「先行詞＋関係代名詞節」の部分は「木から降りなければならなかった（一部の）男子」という意味を持ち、「木から降りる必要のなかった男子」と対照をなすグループを表しています。また、この文でboysにTheがついているのは、関係代名詞節によって「どの男子のことなのか」が特定されているためであり、原文で「クラスの男子全員」をまとめて表すのに使われていたTheとは異なります。

目的格

使われる関係代名詞：

先行詞が「人」→ who（カジュアル）、whom（フォーマル）*

＊関係代名詞が直前の前置詞の目的語として働く場合にはwhomのみ使用可。
先行詞が「もの」→ which*
＊本書に掲載しているような文学作品ではwhichではなくthatが使われていることもありますが、普段使う英語ではthatは使えません。

省略：不可

Track 184 | オスカー・ワイルド『ドリアン・グレイの肖像』

あらすじ ある日、ドリアンが友人のヘンリー卿と一緒にいるところに使用人がやってきて、ドリアンに公爵夫人からの手紙を渡そうとする場面です。The man は使用人を指しています。

The man [...] glanced for a moment at Lord Henry in a hesitating manner, and then produced a letter, **which he handed to his master.**

彼はためらうような様子でヘンリー卿を一瞬見て、そして手紙を取り出した。彼はそれを自分の主人であるドリアンに手渡した。

ヒント glance at ～で「～をちらっと見る」、for a momentで「一瞬」、in a hesitating manner は「ためらうような様子で」、produce O で「O を取り出す」、hand O to ～で「O を～に手渡す」。his master は彼の主人であるドリアンのことです。

このwhichは、a letterを先行詞とする非制限用法の目的格の関係代名詞で、handedの目的語として働いています。関係代名詞節 which he handed to his masterは、先行詞を代名詞のitに変えてwhichと置き換え、さらにそのitをhandedの後ろに置くと、He handed it to his master.（彼はそれを主人に手渡した）となります。関係代名詞節は、このHe handed it to his master.という文と同等の意味を表しています。

Track 185　シャーロット・ブロンテ『ジェイン・エア』

あらすじ 自分に求婚した貴族ロチェスターの過去についてある重大な秘密を知ったジェインは彼の屋敷を飛び出します。以下は、馬車で知らない町へ行き手持ちのお金がなくなったジェインが、空腹で倒れそうになりながら数日あてもなく外をさまよい歩く場面です。この後、ジェインはこの農夫からパンを一切れ恵んでもらいます。

A little before dark I passed a farm-house, at the open door of which the farmer was sitting, eating his supper of bread and cheese.

暗くなる少し前に私は農家の前を通り過ぎました。その農家の開いたドアのところで、家の主人がパンとチーズの夕食を食べながら座っていました。

ヒント a little before dark で「暗くなる少し前に」、pass O で「O を通り過ぎる」。at ~で「~のところで」。farmer に the がつけられているのは「その農家の主人」を指しているため。eating 以下は「~しながら」を表す分詞構文です。supper はここでは「夕食」。

制限用法の場合と同様、非制限用法の関係代名詞の節も、関係代名詞よりもさらに前から始まることがよくあります。この which は非制限用法の目的格の関係代名詞ですが、関係代名詞節は at から始まっており、which は前置詞 of の目的語として働いています。先行詞は a farm-house。at the open door of which で 1 つのまとまりを形成し、「それ（＝その農家）の開いたドアのところで」という意味を表しています。

文の一部や全体が先行詞の場合

制限用法の関係代名詞の先行詞は必ず名詞ですが、非制限用法の関係代名詞の場合、名詞だけでなく、文の一部や文全体の内容を先行詞とすることができます。

D・H・ロレンス『チャタレイ夫人の恋人』

あらすじ　レディ・チャタレイは下半身が麻痺している夫の準男爵サー・クリフォード・チャタレイを献身的に介護していますが、夫の性格の根底にある冷たさや虚飾を次第に強く感じ取るようになり、やるせない気持ちを募らせていきます。そんなある日、チャタレイ邸を訪れたクリフォードのおばのレディ・ベナリーは、外に出ることのほとんどないレディ・チャタレイの様子を見て「女というものは自分の人生を生きるか、それを生きずに後悔の日々を送るかのどちらかなのよ。私を見てごらんなさい」とレディ・チャタレイに話します。以下は、そのすぐ後のレディ・ベナリーの様子を描く文です。

And she took another sip of brandy, **which maybe was her form of repentance.**

そして彼女はまたブランデーをすすった。それは彼女なりの悔恨の表し方なのかもしれなかった。

ヒント　take another sip of ～で「～をもうひとすすりする」。sip は「1 回すすって飲む分に相当する程度の量」を表します。form は「形」、repentance は「悔恨」。

この例における which は she took another sip of brandy という文の内容を受けており、which 以下は「それ（＝ブランデーをすすること）は彼女なりの悔恨の表し方なのかもしれなかった」という意味を表しています。

非制限用法の関係副詞

関係代名詞の場合と同様に、関係副詞や所有格の関係詞 whose も非制限用法で使うことができます。

Track 187　エミリー・ブロンテ『嵐が丘』

あらすじ　この世でただ１人自分が愛している、魂の恋人と言ってもよいキャサリンが亡くなったことを聞かされたヒースクリフの言葉です。冒頭の you said I killed you は、ヒースクリフと夫のエドガーの板挟みになって衰弱したキャサリンが、生前ヒースクリフに「あなたが私を殺してしまったのよ」と言ったことを受けています。

[…]; you said I killed you – haunt me, then! […] Be with me always – take any form – drive me mad! Only do not leave me in this abyss, **where I cannot find you!**

俺が君を殺したと君は言ったな。だったら俺に取り憑いてくれ！　俺とずっと一緒にいてくれ。どんな姿形でもいい。俺の頭をおかしくさせたっていいんだ！　ただ、この深い闇の底に俺を取り残すのだけはやめてくれ。君を見つけることのできないこの闇の底に！

ヒント　haunt O で「O に取り憑く」、then は「それなら」、form は「形」、drive O mad で「O の頭をおかしくさせる」、only は「ただ」、leave O in ～で「O を～の中に残して去る」、abyss は「深い闇の底」。

where は this abyss（この深い闇の底）を先行詞とする非制限用法の関係副詞で、in which と同等の働きを持ち、this abyss がどのような場所であるのかを補足しています。なお、前述の通り、this（この）や these（これらの）がついた名詞は、すでに特定されており、それ以上「絞り込む」ことができないため、制限用法の関係詞で修飾することはできません（→ p. 269）。

「例の」を表すthatとthoseなど

this や these がついた名詞は制限用法の関係詞で修飾することはできないと書きましたが、that と those には「例の」という意味と、「後ろの修飾語句が表すようなタイプの」という意味を表す用法があり、これらの用法で使われる場合には、that と those を制限用法の関係詞と一緒に使うことができます。

Track 188 オスカー・ワイルド『真面目が肝心』

あらすじ ジャックは、自分がアルジャノンのいとこであるグウェンドリンにプロポーズするつもりであることをアルジャノンに伝えますが、アルジャノンはジャックに「君はまずセシリーという女性とどういう関係なのかをはっきりさせなければならない」と言います。しかしジャックが「セシリーという女性のことなど知らない」と答えたため、アルジャノンは、以前ジャックが忘れていったシガレットケースを使用人に持ってこさせます。そのシガレットケースには「セシリーより」という言葉が彫り込まれています。以下は、使用人に対するアルジャノンの言葉です。

Bring me that cigarette case Mr Worthing left in the smoking-room the last time he dined here.

ワージング氏が最後にここで食事をしたときにスモーキングルームに忘れていった、例のシガレットケースを私のところに持ってきてくれないか。

ヒント bring B + A で「B に A を持ってくる」。that cigarette case と Mr Worthing の間には制限用法の目的格の関係代名詞が省略されています。the last time S + V で「S が最後に V したとき」、dine は「食事をする」。

省略されている関係代名詞の先行詞は that cigarette case。話者は、ワージングが忘れていったシガレットケースの存在を聞き手である使用人も知っているということを前提としており、that は「(君も知っている) 例の」という意味で使われています。

Track 189 オスカー・ワイルド『ドリアン・グレイの肖像』

あらすじ シニカルな世界観を持つヘンリー卿が、友人のバジルから「君は偽悪的なだけで本当は善良なんだ」と言われて、それに答える言葉です。ヘンリー卿は「我々が他人のことをいい人だと思いたがるのは、単に他人がいい人であったほうが自分にとって都合が良いからにすぎない」と言い、次のように続けます。

We think that we are generous because we credit our neighbour with the possession of **those** virtues that are likely to be a benefit to us.

我々は、我々の役に立ちそうな種類の性格的美点を隣人が持っていると勝手に考え、それで自分のことを（自ら進んで他人に美点を見出す）心の広い人間だと思い込んでいるのさ。

ヒント think that S + V で「S + V と思っている」、generous は「心が広い、気前が良い」。credit O with ～で「O に～を付与する」、neighbour は「隣人」、the possession of ～は「～の所有」。credit O with the possession of ～は「O は～を持っていると勝手に考える」の意。virtue は「性格的美点」、be likely to be ～で「～である可能性が高い」、a benefit to ～で「～にとって役立つもの」。

those virtues that の that は制限用法の主格の関係代名詞。those は「後ろの修飾語句が表すようなタイプの」という意味を表しています。those（そのような）に対応して、「そのような」が実際に「どのようなものなのか」を関係代名詞節が表しているとも言えます。「相手にも見えるもの」や「相手も知っているもの」を指して those が使われているわけではありません。

関係形容詞

最後に非制限用法の関係詞の1つである関係形容詞 which を紹介します。関係形容詞として使われる which は後ろに名詞を伴って1つのまとまりを構成し、「which +《名詞》」で「その《名詞》」という意味を表します。関係形容詞は名詞だけでなく、直前の文全体やその一部を先行詞とすることができます。

Track 190　シャーロット・ブロンテ『ジェイン・エア』

あらすじ　ジェインが自分の子ども時代を振り返る章から。両親を亡くしたジェインは自分に冷たくあたる親戚に預けられていますが、ただ1人、使用人のベスィだけが優しく接してくれます。以下は、前日に理不尽な罰を与えられて具合が悪くなったジェインのために、ベスィが特別な皿におやつを載せて持ってきてくれる場面で、she はベスィを指しています。

[…] and she brought up with her a tart on a certain brightly painted china plate, […] **which plate I had often petitioned to be allowed to take in my hand […].**

そして彼女は華やかに彩色されたある磁器の皿にパイを載せて持ってきてくれました。その皿は私がそれまでに何度も手に取ってみたいとお願いしていたものでした。

ヒント　brought up with her O で「O を持って（上の階の部屋に）上がってきた」。with her は「たずさえて」の意。tart は「パイ、ペイストリー」、on ～で「～に載せて」、certain は「ある」、brightly painted は「華やかに彩色された」、china は「磁器製の」。「had +過去分詞」は過去完了で「それまで～していた」の意。petition to be allowed to do ～で「～することを許可してくれるようにお願いする」。この petition は古い使い方です。

which は a certain brightly painted china plate を先行詞とする関係形容詞です。

関係形容詞として使われるwhichは「その」という意味。赤字部分が関係形容詞の節で、節の中ではwhich plate（その皿）が1つのまとまりとなってtakeの目的語として働いています。

非制限用法で使われるときの所有格の関係詞whoseも、先行詞が「もの」の場合には「その」という意味になりますが、この文におけるwhichをwhoseで置き換えることはできません。というのは、非制限用法のwhoseは同じ「その」であっても具体的には「それが所有している／それが含んでいる」という意味であるためです。この文においては、「その皿」＝「明るく彩色されたある磁器の皿」であり、前者が後者に所有されていたり含まれていたりするわけではありません。which plate（その皿）とは「今、言及した皿」という意味であり、先行詞が名詞の場合、「which＋名詞」と先行詞の間にはイコールの関係が成り立ちます。

なお、現在ではフォーマルな文章を除き、関係形容詞はin which case（その場合には）やat which point（その時点で）のように前置詞を伴って使われることがほとんどです。『ジェイン・エア』の文では前置詞を伴わずに関係形容詞が使われているため、which plate I had often petitioned to be allowed to take in my handの部分はフォーマルに聞こえ、現代の会話調ではありません。しかし、「a certain brightly painted china plate = which plate」という関係が成り立っているジェインの文は、「関係形容詞とは本来どのようなものなのか」をよく示しています。

Chapter 7

that 節

that節とは…

thatの後ろに文を置いたthat S + Vというまとまりを「that節」と呼びます。このthatはS + Vの部分を1つのまとまりとして読み手や聞き手に認識させる働きを持っており、that単体では意味を持ちません。that節は、say that S + V（S + Vと言う）のように動詞の目的語として働いたり、so that S + V（SがVできるように）というフレーズで「目的」を表したりなど、様々な役割を果たします。

that節で重要な点は、that S + VにおけるS + Vの部分は「そこだけを取り出しても文として成り立つような完全な文」になっているということです。関係代名詞の節もthat S + Vという形を取ることがありますが、その場合、S + Vの部分には動詞の目的語などが欠けています。これに対し、that節の場合、S + Vの部分は、文として成り立つのに必要な要素がすべて揃った状態になっています。

～ダーシー氏から結婚の申し込みを受けるとは！～
名詞として働くthat節

that S + Vは「S + Vということ」という意味で1つの大きな名詞として働くことができます。

主語として働くthat節

Track 191　ジェイン・オースティン『高慢と偏見』

あらすじ　p. 165で紹介した言葉で始まるダーシーによるエリザベスへの愛の告白の後、あまりにも心がかき乱されてしまったエリザベスはその場に座り込みます。以下は、そのときの彼女の心の内を描写する文で、sheはエリザベスを指しています。

That she should receive an offer of marriage from Mr Darcy

[...] was almost incredible!

自分がダーシー氏から結婚の申し込みを受けるなどということは、ほとんど信じられないことであった！

ヒント that 節が「驚くべきこと」などを表す場合、このように that 節の中の動詞に should が使われることがあります。この should には「べき」という意味はありません。almost は「ほとんど」、incredible は「信じられない」。

that S + V で「S + V ということ」。That she should receive an offer of marriage from Mr Darcy は「彼女がダーシー氏から結婚の申し込みを受けるということ」という意味を表します。そして、この部分が 1 つの大きな名詞を構成し、文の主語として働いています。that 節の that は日常会話では省略されることもよくありますが、このように that 節が主語として文頭に置かれている場合には that を省略することはできません。

「あの」という意味の that が she を修飾することはないため、That she を見た時点で、この that は that 節の that であり、文全体が That S' + V' + V ～という形になることを予想すると文をスムーズに読み進めていくことができます。S' は that 節の中の主語（= she）、V' は that 節の中の動詞（= should receive）、V は That S' + V' を主語とする動詞（= was）で、この文のメインの動詞です。

ただし、このように文頭に that の名詞節が置かれる文はフォーマルな響きを持っており、日常会話では多くの場合、it が形式主語として用いられ、実質的な主語である that 節は文末に置かれます。形式主語を使っても意味は変わりません。

形式主語を使って例文を書き換えると…
It was almost incredible that she should receive an offer of marriage from Mr Darcy!

「It is《形容詞》that S + V」という形は頻出で、It is important that S + V（S

+ V ということは重要だ)、It is strange that S + V (S + V というのは奇妙だ) など、様々な形容詞とともに使われます。

補語として働くthat節

Track 192　L・M・モンゴメリ『赤毛のアン』

あらすじ　あるクラスメイトの挑発に乗せられてバリー家の屋根の一番高い部分を歩こうとしたアンは屋根から落ちて足を骨折し、2カ月ほど外出できなくなってしまいます。しかし毎日のようにクラスメイトがお見舞いに来てくれるため、アンの毎日は寂しいものではありません。家の中を少し歩けるようになったある日、アンはお見舞いに来てくれた友だちのことや、友だちから聞いた学校のことなどを夢中になって養母マリラに話して聞かせます。以下は、ついにアンの話が終わったときの場面で、それまで口を挟む間もなかったマリラがアンにコメントします。

'There's one thing plain to be seen, Anne,' said Marilla, 'and that is **that your fall off the Barry roof hasn't injured your tongue at all.'**

「はっきりしていることが1つあるわ」マリラは言いました。「それは、バリー家の屋根から落ちてもあなたの舌は完全に無傷だったということよ」

ヒント　There's one thing plain to be seen は「はっきりしていることが1つある」の意。fall は「転落」、off ~で「~からの」、hasn't injured における現在完了は「結果」の用法です。injure O で「O を傷つける」、tongue は「舌」、not + at all で「全然~ない」。

that is that ~と2つ that が出てきますが、1つめは「それ」を意味する代名詞で、2つめが that 節の that です。~ is that S + V で「~は S + V ということだ」。that your fall off the Barry roof hasn't injured your tongue at all は直訳すると「バリー家の屋根からのあなたの転落があなたの舌を少しも傷つけなかったということ」となり、この部分が1つの大きな名詞を構成し、is の補語 C として働いています。

動詞の目的語として働くthat節

Track 193 | オスカー・ワイルド『真面目が肝心』

あらすじ アルジャノンと、彼の求婚を受け入れたセシリーとの会話から。アルジャノンが「あなたはまさしく天使だ」と言ってセシリーにキスし、セシリーが「ロマンティックな人ね」と言ってアルジャノンの髪に触れたところで次のやり取りが続きます。

CECILY　I hope your hair curls naturally, does it?

ALGERNON　Yes, darling, with a little help from others.

CECILY：　あなたの髪のこのカールが天然であることを願いますわ。自然にカールしますの？

ALGERNON：　そうですとも、ダーリン。他から少し助けを借りれば。

ヒント curl は「カールする」。naturally は「天然の性質として」、does it? は does your hair curl naturally? の意。with a little help from others は「他から少し助けを借りれば」。others は「自分以外のもの」。ここで言う「自分」とは、curls の主語である「髪の毛」を指します。

hope (that) S + V は直訳すると「S + V ということを望んでいる」。セシリーのセリフでは that 節の that が省略されています。(that) your hair curls naturally（あなたの髪が天然の性質として自然にカールすること）が 1 つの大きな名詞を構成し、hope の目的語 O として働いています。

～お手紙が間違いだらけで涙なしには読めません～
形容詞や副詞と一緒に使われる that 節

that 節には、be glad that S + V（S が V して嬉しい）や so ～ that S + V（あまりにも～なので S + V）など、形容詞や副詞と一緒に使われる用法も数多くあります。この項では、その中から文学作品だけでなく日常会話でもよく使われる用法を中心に紹介します。

「気持ち」の理由を表す that 節

that 節は、be glad that S + V（S が V して嬉しい）や be sorry that S + V（S が V して申し訳なく思っている）のように、「気持ち」を表す形容詞の後ろに置いて、その「理由」を表すことができます。

Track 194　アーネスト・ヘミングウェイ『移動祝祭日』

あらすじ　『グレート・ギャツビー』を出版してまもない頃のフィッツジェラルドの様子をヘミングウェイが振り返る一節です。Scott はフィッツジェラルドのことで、the book は『グレート・ギャツビー』を指しています。

Scott was puzzled and hurt that the book was not selling well but, [...], he was not at all bitter then and he was both shy and happy about the book's quality.

スコットは『グレート・ギャツビー』があまり売れていないことで理解に苦しみ傷ついていたが、当時彼は憤りを感じているようなことはまったくなく、彼は作品の出来について恥じらっていながら同時に満足していた。

ヒント　puzzled は「わけがわからなくて当惑している状態」、hurt は「傷ついている状態」を表す形容詞。not at all で「全然～ない」、bitter は「(不当な仕打ちをされるなどして) 憤りを感じている状態」を表す形容詞。both A and B で「A かつ B」。

be puzzled that S + V で「S が V して、わけがわからず当惑している」、be hurt that S + V で「S が V して傷ついている」。ヘミングウェイの文では 1 つの that 節が puzzled と hurt によって共有されています。

so that S + V

so that S + V という形は次の 2 つの意味を表します。

①「SがVできるように」(「目的」を表す用法)
②「その結果、SがVする」(「結果」を表す用法)

どちらの意味で使われるときも「so that S + V」という形は同じですが、「目的」を表す場合には that 節の中に will や can や may (過去のことであれば would や could や might) が使われることが多く、これが判断の目安になります (この場合の may は、「可能性」ではなく「目的」を表すやや特殊でフォーマルな用法です)。ただし、「目的」であっても常に助動詞が使われるわけではなく、実際、ヘミングウェイの文章では「目的」であっても that 節の中に助動詞が使われていない文が頻出します。助動詞がない場合、so that S + V が「目的」と「結果」のどちらを表しているのかは文脈などで判断します。

日常会話では that が省略されて so S + V という形になることが非常によくあります。一方、文語では that S + V の前の so が省略されることがあります。

「目的」を表す so that S + V

Track 195 | アーネスト・ヘミングウェイ『老人と海』

あらすじ 巨大な魚との戦いが始まって2日めの夜、どのようにして翌日以降も体力を保っていくかを老人は思案します。the dolphin は昼間のうちに釣っておいたシイラ(魚の一種) のことです。

No matter what passes I must gut the dolphin **so he does not** spoil and eat some of him to be strong.

何が起ころうとも、腐ってしまわないようにシイラのわたを取り除いて、体力がもつようにシイラを少し食べておかないといけない。

ヒント No matter what passes は「何が起ころうとも」、gut O で「O (=魚など) の内臓を取り除く」、spoil は「腐る」。to 以下は「~ために」を表す不定詞。

so には「だから」という意味もありますが、上の文では「だから」では意味が通りません。so he does not spoil は、「S が V できるように」という「目的」を表す so that S + V の that が省略されたものです。このように、that が省略されて so S + V という形になると意味がわかりにくくなるため注意が必要です。日常会話では that が省略されることが極めて多いので、「so S」の部分を見たり聞いたりした時点で、「so (that) S + V（S が V できるように)」を思いつけるように意識するとよいでしょう。

「結果」を表す so that S + V

Track 196 | チャールズ・ディケンズ『クリスマス・キャロル』

あらすじ あるクリスマスイブの晩、貪欲な金貸しの老人である主人公スクルージのもとに幽霊が現れます。幽霊は何年も前に死んだマーリーという男で、スクルージと一緒に金貸しを営んでいた人物。生前に貪欲だったために今苦しんでいるマーリーの幽霊は、「お前にはまだ救われるチャンスがある。これから 3 人の精霊がお前を訪れる」とスクルージに伝え、窓から消え去っていきます。以下は、この幽霊が去っていくときの様子を描いた文章で、him はスクルージを指しています。

The apparition walked backward from him; and at every step it took, the window raised itself a little, so that when the spectre reached it, it was wide open.

幽霊はスクルージのところから後ずさりしていきました。そして幽霊が一歩下がるたびに窓がひとりでに少しずつ上がっていき、幽霊が窓に到達したときには窓は広く開いた状態になっていました。

ヒント apparition と spectre はともに「幽霊」、backward は「後ろ向きに」。step と it（＝幽霊）の間には目的格の関係代名詞が省略されています。at every step it took で「幽霊が一歩下がるたびに」。raise O で「O を持ち上げる」、raise itself で「自分自身を持ち上げる」つまり「ひとりでに上がる」、reach O で「O に到達する」。

この so that S + V は「その結果、S が V する」という「結果」を表す用法で、窓がひとりでに少しずつ上がっていった結果として、幽霊が窓に到達したときには窓が広く開いた状態になっていたことを示しています。

ここで、「that 節の中は、そこだけを取り出しても必ず文として成り立つような完全な文になっている」ということを思い出してみてください。この例では that の後ろに when が続いていますが、when S' + V'（S' が V' するとき）だけでは文として成立しません。文として成り立つためには、when S' + V', S + V（S' が V' するとき、S は V する）のように主節である S + V が必要です。このため、so that when の部分を見た時点で so that (when S' + V') S + V という形になることを予想することができます。このように先を予想する習慣を身につけると、英文を前から順にスムーズに理解できるようになります。先を予想しながら英文を前から順に理解していくことは、前に戻ることのできないリスニングでは特に重要です。

so ~ that S + V と such ~ that S + V

that S + V は、so（それほど）や such（そのような）と一緒に用いて、「それほど」や「そのような」が実際に「どの程度なのか／どのようなものなのか」を表すことができます。

Track **197** オスカー・ワイルド『真面目が肝心』

あらすじ アルジャノンの求婚を受け入れたセシリーは、「あなたからいただいた大切なお手紙はこの箱に入れておりますの」と言ってアルジャノンに箱を見せた後、そこから手紙を取り出して次のように話します。文頭の The three は The three letters と同じ意味です。

The three you wrote me [...] are **so** beautiful, and **so** badly spelled, **that** even now I can hardly read them without crying a little.

あなたがくださった 3 通の手紙は本当に美しく、本当につづりの間違いだらけで、私、今でも涙なしには読めませんの。

ヒント The three と you の間には目的格の関係代名詞が省略されています。badly spelled は「つづりの間違いが多い」、even now で「今でも」。I can hardly ~は直訳すると「私はほとんど~できない」。この hardly は「~することが私にとっていかに難しいか」を強調する働きを持っています。without ~ingで「~することなしに」。

この文における so の基本の意味は「それほど」。この so と関連して、「それほど」が実際に「どれほどなのか」を that 節が表しています。so beautiful that S + V で「S が V してしまうほど美しい」、so badly spelled that S + V で「S が V してしまうほどつづりの間違いが多い」。so 〜 that S + V は「あまりにも〜なので S + V」などと訳すこともできます。

Track 198　ジェイン・オースティン『高慢と偏見』

あらすじ 物語の序盤、主人公であるエリザベスの家の近隣にビングリーという若い貴族の男性が住み始めてまもない頃のこと。ある舞踏会でエリザベスたちは初めてビングリーの友人であるダーシーの姿を目にします。ダーシーは容姿、身分そして財産も非常に優れていますが、ビングリーからエリザベスと踊るように勧められても「彼女はまあ悪くはないが、自分の興味を引くほどには美しくない」と断るなど高慢な態度が目立ち、土地の人々からは好かれません（ダーシーの言葉はエリザベス本人の耳にも入ってしまいます）。以下は後日、エリザベスと彼女の母親、そしてエリザベスの友人のシャーロットたちが舞踏会でのダーシーの振る舞いについて話している場面から。シャーロットが「エリザベスのことを『まあ悪くはない』と言うなんてダーシーさんはひどい」と言うと、エリザベスの母親であるベネット夫人は次のように話します。

[…] he is such a disagreeable man that it would be quite a misfortune to be liked by him.

あの人は本当に嫌な人ですから、彼に好かれたりしたらそれこそ災難よ。

ヒント disagreeable は「嫌な」。it は形式主語で、不定詞部分である to be liked

by him が実質的な主語として働いています（→ p. 296）。不定詞部分には「もし仮に好かれたら」という仮定が含まれており、この仮定を受けて「話者の確信」を表す will が過去形の would に変わっています（→ p. 87）。misfortune は「不運な出来事」。quite は misfortune を強調しています。be liked は like O の受動態で「好かれる」。

such の基本の意味は「そのような」。such a disagreeable man は「そのような嫌な男性」という意味を表します。that 節はこの such と関連して働いており、「そのような嫌な男性」が実際に「どのような嫌な男性」なのかを表しています。so 〜 that S + V の場合と同様、such 〜 that S + V は「あまりにも〜なので S + V」などと訳すこともできます。

so 〜 that S + V や such 〜 that S + V は日常会話で頻出し、また、日常会話ではかなりの割合で that が省略されます。「〜」の部分が長い場合は特に so や such と (that) S + V の関連がつかみにくくなるため、so や such を見たり聞いたりした時点で (that) S + V が出てくることを予測しておくとスムーズです。

〜彼女が罠を仕掛けているという可能性〜
名詞の「内容」を表す that 節

名詞によっては the fact that S + V（S + V という事実）や the idea that S + V（S + V という考え）のように「《名詞》+ that S + V」という形を取ることができ、that 節によって《名詞》の「具体的な内容」を表すことができます。このように使われる that 節は「同格名詞節」と呼ばれ、「《名詞》+ that S + V」で「S + V という《名詞》」という意味を持ちます。同格名詞節の that は通常は省略されません。

Track 199　ジョージ・オーウェル『1984』

あらすじ　党員のあらゆる行動が監視され、党に不都合と見なされればたちまち捉えられて処刑される究極の監視社会に生きるウィンストン。ウィンストンは党員でありながら党のイデオロギーに馴染むことができず、そのイデオロギーを全身で体現しているかのような言動を見せる職場のある若い女性党員を嫌悪しています。しかしある日、ウィンストンはその女性から密かに一片の紙を渡されます。ウィンストンが後でそれを開いてみると、そこには彼への好意を示す言葉が。何かの罠ではないかと思い悩むウィンストンですが、夜に家へ帰ると考えが変わります。以下は、深夜ベッドの中でそのメッセージについて思いを巡らせるウィンストンの様子を描く文章の一部です。

He did not consider any longer **the possibility that she might be laying some kind of trap for him**. He knew that it was not so, because of her unmistakable agitation when she handed him the note.

彼女が彼に何らかの罠を仕掛けているという可能性を彼はもはや考えなかった。彼女が彼に紙を渡したときの彼女のあせりは見紛いようがなかったことから、これは罠ではないと彼は確信していた。

ヒント consider O で「O を考慮する」、do not ~ any longer で「もはや~しない」、possibility は「可能性」、lay O で「O を仕掛ける」、some kind of ~で「何らかの~」。it は「状況」を指しています。so は「そう」、because of ~で「~のために」、unmistakable は「見紛いようのない」、agitation は「あせり、落ち着かなさ」、hand B + A で「B に A を渡す」。the note は「メッセージを書いた紙」のことです。

the possibility that she might ～における that は同格名詞節の that。the possibility that S + V で「S + V という可能性」という意味を表します。

「名詞＋同格名詞節」には、thc fact that S + V（S ｌ V という事実）のように前の名詞に the がつくものと、a sign that S + V（S + V という印、兆し）のように前の名詞に a がつく傾向があるものがあります。「S + V という事実」を表す the fact that S + V では、「the fact = S + V」という関係が成り立ち、the fact と S + V の部分は完全に対等で、どちらも同じ重みを持っています。「イコールで結ばれている」ということは「完全に特定されている」ということに他ならず、このために fact には the がつけられています。

一方、a sign that S + V（S + V という印、兆し）は「S + V ということを示す兆し、兆候」という意味を表しています。ある１つの事象に対し、その兆候となるものは無数に存在し得るため、a sign と S + V の間には、the fact と S + V の間にあるような「対等の関係」がありません。a sign that S + V は、無数に存在し得る兆候の１つにすぎないため、sign には the ではなく a がつけられています。a/the possibility that S + V（S + V という可能性）は the fact that S + V と a sign that S + V の中間的な存在で、話者が込める意味合いや文脈によって a と the のどちらも使われます。

Chapter 8

不定詞と動名詞

不定詞

不定詞とは「to + 《動詞の原形》」(to do ～) という形のことで、「～すること」という意味で名詞として働いたり、「～するために」という意味で動詞を修飾したりするなど、様々な働きを持っています。

～歯科医ではないのに歯科医のようにしゃべるのは野卑なこと～
名詞的用法 (～すること)

不定詞 (to do ～) は「～すること」という意味で、文の主語Sや動詞の目的語Oや補語Cになることができます。この場合の不定詞は名詞として働くため、「名詞的用法」と呼ばれます。この項では主語として使われる不定詞を紹介します。目的語や補語として使われる不定詞は→「不定詞 vs 動名詞」(p. 317)。

Track 200 　オスカー・ワイルド『ドリアン・グレイの肖像』

あらすじ 『ドリアン・グレイの肖像』には、ワイルド自身による序文が添えられています。以下は、その序文の冒頭部分。19 世紀末のヨーロッパで絵画や音楽などの分野において多くの芸術家に支持されていた「芸術のための芸術」という考え方を象徴するような文章です。また、『ドリアン・グレイの肖像』では、序文だけでなく本文でも芸術について数多くの言及がなされており、作品自体が 19 世紀末ヨーロッパの芸術観を色濃く反映しています。

The artist is the creator of beautiful things. To reveal art and conceal the artist is art's aim.

芸術家とは美しいものの創造者である。芸術そのものを提示し、その創り手の存在を感じさせないようにすることが、芸術というものが志向するところである。

ヒント 文頭の the はやや特殊な使い方で、the artist は特定の芸術家ではなく「芸術家というもの」を表しています。reveal O で「O を明るみに出す」、conceal O で「O を隠す」、aim は「目指すもの、目的」。

第2文における不定詞（赤字部分）は「～すること」という意味の名詞として働いており、同時にこの文の主語として機能しています。ただし、不定詞がこのように文頭で主語として働く文はフォーマルなニュアンスを持っており、多くの場合、次に紹介する「形式主語」が用いられます。

形式主語

1つ前の例では「To do ～ is C.」（～することはCである）という形が取られていましたが、前述の通り、この形の文にはフォーマルな響きがあり、使用頻度はそれほど高くありません（→ p. 295）。日常会話では、次のように主語であるTo do ～（～すること）の部分をItで置き換えてIt is Cとした上で、その後ろにto do ～を置くのが一般的です。

▶ It is C to do ～ .（～することはCである）

文頭のItは「形式主語」「仮主語」などと呼ばれます。また、意味は元の文と変わりません。

Track 201　オスカー・ワイルド『真面目が肝心』

あらすじ　p. 95で紹介した「君はまるで歯医者みたいな口をきくね」という言葉のすぐ後にジャックは次のように続けます。

It is very vulgar **to talk like a dentist** when one isn't a dentist.

歯医者でないのに歯医者みたいにしゃべるのはとても野卑なことだよ。

ヒント　vulgarは「野卑」、oneはここでは「自分」の意。

赤字のItは形式主語。不定詞部分であるto talk like a dentist（歯科医のようにしゃべること）が実質的な主語となっています。形式主語を用いたこのタイプの文は日常会話からフォーマルな場面まで幅広く使われます。また、Itの後ろの動詞には、be動詞だけでなく一般動詞もよく用いられます。

不定詞の「動作主」を表すfor

「～すること」を表すto do ～の前に「for ...」を置いて「for ... to do ～」という形にすることで、「…が～すること」という意味を表すことができます。この場合のfor ～は「～が」という意味で、「不定詞が表す動作の『主』」を表しています。この「不定詞の動作主」は「不定詞の意味上の主語」と呼ばれることもあります。

Track 202　L・M・モンゴメリ『赤毛のアン』

あらすじ　ある日曜日、教会の日曜学校から帰ってきて感想をマリラに聞かれたアンが、生徒にたくさん質問をする日曜学校の先生ミス・ロジャーソンについて語る言葉です。

I don't think it was fair for her to do all the asking.

先生だけが質問するのは不公平だったと思うわ。

ヒント　この asking は動名詞。do all the asking は「質問するという役割をすべて担う」、つまり「相手には質問させずに、自分だけが質問する」という意味です。

it は 1 つ前の例と同じく形式主語です。to do all the asking で「質問を独占すること」。これの前に for her を置くと、「彼女が質問を独占すること」となります。この場合の for her は「彼女が」という意味。for her は、「不定詞が表す動作の主」つまり「質問を独占するという行為の主」が「彼女」であることを示しています。

for ～は「～にとって」という意味を表すこともよくありますが、この文における for her を「彼女にとって」と解釈すると、文全体は「彼女にとってすべての質問をすることが公平だったとは私は思わない」となり、原文の趣旨からずれてしまいます。この例においては、for が「不定詞の動作主」を示しているということをしっかりと意識して、「彼女がすべての質問をするのは公平ではなかったと私は思う」と解釈する必要があります。

～「本気で私を妻に？」「君を納得させるのに誓いが必要なら私は誓う」～ 色々な意味を持つ副詞的用法

不定詞は動詞と一緒に使って「～するために」という意味を表せるほか、glad to do ～（～して嬉しい）のように「～して」という意味を表したり、enough to do ～（～するのに十分な程度に）のように「～するのに」という意味を表したりすることができます。これらの不定詞は動詞や形容詞や副詞と関連して働くため、「副詞的用法」と呼ばれます。

●「～するために」を表す不定詞

不定詞は「～するために」という意味で動詞を修飾することができます。動詞が表す動作の「目的」を表す使い方です。

Track 203　チャールズ・ディケンズ『クリスマス・キャロル』

あらすじ　3人めとなる最後の精霊に連れられてきた未来のクリスマスでスクルージが目にするのは、ある男がひっそりと亡くなり、誰1人悲しむ者もいない荒涼とした場面。死んだその男がまさに未来の自分自身であることに気づかないまま、スクルージは精霊に連れられて自分の家の前の通りを歩きます。以下は、そのときの様子を描く文です。

[...], Scrooge looked here and there to find himself, but nowhere was he to be seen.

スクルージは自分の姿を見つけようとして、あちこちを見回しましたが、どこにも見つかりませんでした。

ヒント　look は「視線を向ける、目をやる」。nowhere was he ～は倒置文。nowhere（どこにも～ない）のような否定の意味を持つ副詞が文頭に置かれると、その後ろは疑問文の語順に倒置されます。通常の文に戻すと、he was nowhere to be seen。be nowhere to be seen で「どこにも見つからない」。

to do ～で「～するために」。to find himselfの部分は「自分自身を探すために」という意味を持ち、looked here and there（あちこちを見回した）という動詞部分を修飾しています。なお、for ～が表す意味の1つに「～のために」がありますが、「～するために」という意味で動詞を修飾する場合には、通常、forと動名詞を組み合わせたfor ~ingではなく、不定詞のto do ～が用いられます。

ここで、Scrooge looked here and there to find himselfという文では、「不定詞の動作主」が文の主語に一致していることを確認してみましょう。「自分の姿を探す」という動作の主は文の主語であるスクルージです。これは一見当然のことのように思えますが、次の例が示すように、「目的」を表す不定詞の動作主は常に文の主語に一致するわけではありません。

Track 204　L・M・モンゴメリ『赤毛のアン』

あらすじ　ダイアナのおばであるミス・バリーがアンとダイアナを博覧会に連れていってくれたときのことを、アンがマリラに話して聞かせるセリフです。

And Miss Barry took us up to the grandstand **to see the horse races.**

そしてミス・バリーが、競馬を見せるために私たちをスタジアムの観客席に連れていってくれたの。

ヒント　take O up to ～で「Oを～に連れていく」、the grandstandは「（スタジアム等の）観客席」。upが使われているのは「観客席」が高いところにあるためです。

to see the horse racesが「目的」を表しているのはこれまでの例と同じですが、この不定詞の動作主は、文の主語であるミス・バリーではなく、tookの目的語である「私たち」。ミス・バリーは「私たちが競馬を見る」ということを目的として、つまり「私たちに競馬を見せるために」私たちをスタジアムの観客席に連れていったということをこの文は表しています。

「～して」を表す不定詞

不定詞は、pleased to see ～（～に会って嬉しい）や glad to hear ～（～と聞いて嬉しい）のように、「気持ちを表す語」の後ろに置いて、「～して」という意味を表すことができます（pleased と glad はともに「嬉しい」という意味の形容詞です）。

Track 205　オスカー・ワイルド『真面目が肝心』

あらすじ　アルジャノンは、自分とセシリーとの婚約を自分が知らない間にセシリーが解消していたことをセシリー本人から後で聞かされます。また、セシリーは自分が婚約を解消した日のことを日記に書いており、アルジャノンは日記のそのページもセシリーから見せられます。そこには「今日、婚約を解消した。それでいいのだと感じている。今日も天気が素晴らしい」と書かれているのでした。以下は、ショックを受けたアルジャノンがセシリーに言う言葉です。

Cecily, I am very much hurt indeed **to hear you broke it off.** Particularly when the weather was so charming.

あなたが僕との婚約を解消したと聞いて僕は本当に傷ついています。それもそんなに素晴らしい天気のときに解消したなんて。

ヒント　be hurt で「傷ついている」。indeed は very を強めています。hear (that) S + V で「S + V ということを聞く」、break O off で「O を解消する」、particularly は「特に」、so は「それほど」。

be hurt（傷ついている）の後ろに不定詞を置いた be hurt to do ～は「～して傷ついている」。do ～の部分に hear (that) S + V（S + V ということを聞く）を入れた be hurt to hear (that) S + V は、「S + V と聞いて傷ついている」という意味を表します。

「～するのに」を表す不定詞

不定詞は、enough（差し当たって十分な程度に）、necessary（必要）、too ～（～すぎる）などの語と一緒に使うことにより、「何をするのに十分なのか」「何をするのに必要なのか」「何をするには～すぎるのか」等を表すことができます。

Track 206　ジェイン・オースティン『高慢と偏見』

あらすじ　物語の序盤、主人公のエリザベスとダーシーはある舞踏会で初めて同じ場に居合わせます。以下は、友人からエリザベスと踊るように勧められたダーシーが、エリザベスを評して友人に言うセリフです。エリザベスとダーシーは英文学における代表的な相思相愛のカップルであり、ダーシーは今も人気の高い登場人物ですが、小説の序盤では彼はこのように非常に高慢な人物として描かれています。

She is tolerable, but not **handsome enough to tempt** *me*; […].

彼女はまあ悪くはないが、私の興味を引くほど美しくはない。

ヒント　tolerable は「まあまあ」。handsome は「美しい」。tempt O で「O の興味をそそる」。

enough は「十分な程度に」という意味で、副詞として handsome（美しい）を後ろから修飾しています（形容詞や副詞を修飾する場合、enough は後ろに置かれます）。handsome enough で「十分な程度に美しい」。これに対応して「何をするのに十分なのか」を示すのが、後ろに続く不定詞の役割です。handsome enough to tempt *me* は「私の興味を引くのに十分な程度に美しい」という意味を表します。

Track 207　シャーロット・ブロンテ『ジェイン・エア』

あらすじ　貴族ロチェスターは、彼の屋敷で住み込みの家庭教師として働いているジェインに求婚しますが、ジェインは、ロチェスターは貴族の娘ミス・イングラムと婚約していると思い込んでおり、彼の言葉をなかなか信じることができません。以下は、ジェインがロチェスターに本気なのかどうかを確かめようとする場面です。

'Are you in earnest? Do you truly love me? Do you sincerely wish me to be your wife?' 'I do; and if an oath is **necessary to satisfy you**, I swear it.'

「本気ですの？　私のことを本当に愛していらっしゃる？　私に妻になってほしいと心からお思いなのですか？」「その通り。もし君を納得させるために宣誓が必要だと言うなら、私は誓う」

ヒント be in earnest で「本気である」、sincerely は「心から」、wish O to be ~ で「O に~になってほしいと望む」、oath は「宣誓」、satisfy O で「O を納得させる」、swear O で「O を誓う」。

necessary は「何かが必要な状態」を表す形容詞。この necessary に対応して「何をするのに必要なのか」を示すのが、後ろに続く不定詞の役割です。an oath is necessary to satisfy you で「君を納得させるために誓いが必要である」。

この不定詞は、p. 298 で紹介した、「～するために」という意味で動詞を修飾する不定詞と意味は同じですが、働き方は異なります。『クリスマス・キャロル』の例 Scrooge looked here and there to find himself（スクルージは自分の姿を見つけるためにあちこち見回した。→ p. 298）では、不定詞部分 to find himself は動詞部分 looked here and there を修飾しています。一方、上の例の an oath is necessary to satisfy you における to satisfy you は、あくまでも necessary という形容詞と関連して働いています。このため、necessary to do ～は、the money necessary to do ～（～するのに必要なお金）のように、動詞がなくても使うことができます。

Track 208　L・M・モンゴメリ『赤毛のアン』

あらすじ　アンが学校に通い始める前、養母マリラはアンが学校でうまくやっていけるだろうかとひどく心配していましたが、マリラの不安をよそに、アンはしばらくの間、順調に学校生活を送ります。しかし、ある日学校で先生から理不尽に怒られて屈辱を味わったアンはもう学校には行かないとマリラに宣言し、どう対処すればよいかわからないマリラは、子育ての経験が豊富なリンド夫人に相談します。以下は、リンド夫人に事情を説明した後でマリラが付け加える言葉です。

I knew things were going **too smooth to last.**

調子良くいきすぎていて、そのまま続くわけがないってわかっていたのよ。

ヒント　things は「物事」、smooth はここでは smoothly（スムーズに調子良く）と同じ。カジュアルな会話では一部の形容詞は副詞として使われることがあります。last は「持続する」。

too ～で「～すぎる」。これに対応して「何をするのに～すぎるのか」を示すのが、後ろに続く不定詞の役割です。going too smooth to last で「持続するには調子良くいきすぎている」。文全体を直訳すると「そのまま持続するには物事が調子良くいきすぎていると私はわかっていた」となります。

カジュアルな日本語では「すごく～」に近い意味で「～すぎる」が使われることがありますが、英語の too ～は通常そのような意味では用いられません。多くの場合、「どんなことに対して～すぎるのか」が不定詞や for ～（～にとって）で示され、これらの語句が文中にない場合でも、話者の頭の中では「どんなことに対してなのか」が意識されています。

～彼への愛を忘れさせてくれるもの～
形容詞的用法（～する／するべき／するための）

不定詞は、「～する」「～するべき」「～するための」などの意味で名詞を後ろから修飾することもでき、この場合の不定詞の使い方を「形容詞的用法」と呼びます。不定詞の形容詞的用法は、「修飾される側の名詞」と「修飾する側の不定詞」の間に成り立つ関係性によって、次の３つのパターンに分類されます。少し込み入っていますが、英語を正しく理解したり使ったりする上でとても重要な分類で、また、３つのパターンすべてが日常会話で頻出します。

名詞と不定詞の間にS＋Vの関係があるパターン

Track 209　オスカー・ワイルド『真面目が肝心』

あらすじ　ジャックとアルジャノンはアーネストという名前の人物に扮することで、アーネストという名前が好きでたまらないグウェンドリンとセシリーとそれぞれ婚約しますが、ジャックの邸宅の庭で全員が顔を合わせたことで２人の正体が露呈してしまいます。グウェンドリンとセシリーは怒って家の中に入りますが、しばらくしてジャックとアルジャノンも家の中に入ってこようとするのを見て、彼らとは口をきかずに「尊厳のある沈黙」を保つことにします。グウェンドリンは、「尊厳のある沈黙とは気まずいものね」とセシリーに言い、次のように続けます。

But we will not be **the first to speak.**

でもこちらから声をかけるのは嫌ですわ。

ヒント　the first は「最初の人」。

the first ← to speak

the first to do ～で「～する最初の人」。文全体を直訳すると「でも私たちは言葉を発する最初の人になどなるものですか」となります。この例では、不定詞で修飾される名詞と不定詞の間には、「《名詞》が言葉を発する」というS＋Vの関係が成り立っていることに注目してみてください。この関係が成り立つ場合、「《名詞》＋ to do ～」は「～する《名詞》」という意味を持ちます。the first to do ～と同様、the last to do ～（～する最後の人）もよく使われます。

Track 210 シャーロット・ブロンテ『ジェイン・エア』

あらすじ 住み込みの家庭教師として働いているジェインは、屋敷の主人である貴族ロチェスターを愛するようになります。しかしあるときを境に、客として屋敷に泊まっている美しい貴族の娘ミス・イングラムとロチェスターが、お互いに惹かれ合っているそぶりを見せ始めます。以下の文は、そのときの自分の気持ちを後年ジェインが振り返ったものです。

There was **nothing to cool or banish love** in these circumstances, though **much to create despair.**

このような状況では彼への愛を冷ましたり忘れさせてくれたりするものは何もありませんでした。私を絶望させてしまうものはたくさんありましたが。

ヒント cool O で「O を冷ます」、banish O で「O を頭から消し去る」、in these circumstances で「この状況では」。though の後ろには there was が省略されています。though S + V で「S + V けれど」。much はここでは「多くのもの」という意味の名詞。despair は「絶望」。

nothing ← to cool or banish love / much ← to create despair

この例においても、修飾される名詞と不定詞の間には、「《名詞》が愛を冷ましたり忘れさせたりする」「《名詞》が絶望を引き起こす」という S + V の関係が成り立っています。「〜する《名詞》」が基本の意味ですが、cool or banish love がポジティブな意味、create despair がネガティブな意味であることから、1つめの不定詞には「〜してくれるような」、2つめの不定詞には「〜してしまうような」というニュアンスが感じられます。

不定詞部分に目的語が欠けているパターン

Track **211** L・M・モンゴメリ『赤毛のアン』

あらすじ 養子になった当初、アンは子どもながら big words（＝大人が使うような難しそうな言葉）をよく使っていましたが、高等学校への進学の準備を始める頃には難しい言葉をあまり使わないようになっています。以下は、大人になるということについてアンが感慨深げにマリラに語る内容の一部です。

There's **so much to learn and do and think** that there isn't time for big words.

学ばなくちゃいけないこと、しなくちゃいけないこと、考えなくちゃいけないことが多すぎて、小難しい言葉を使っているヒマなんてないみたい。

ヒント so は「それほど」の意。so much で「それほど多くのこと」。「それほど」が実際に「どれほど」なのかが that S + V (S が V するほど) で示されています (→ p. 287)。

so much ← [to learn and do and think]

much to learn and do and think で「学ぶべき、するべき、そして考えるべき多くのこと」。この例では、名詞と不定詞の間には、前項のような S + V の関係は成り立ちません（もし成り立つとすると、「多くのことが学んだり行ったり考えたりする」ことになってしまいます）。その代わり、□部分の中には動詞の目的語が欠けており、動詞（learn/do/think）と、名詞 so much の間には「V + O の関係」が成り立っています。このような関係が成り立つ場合、不定詞は「～するべき」「～するための」「～できる」などの意味を持ちます。不定詞がこのような意味を持つのは、次の例のように、□部分の中に「動詞の目的語」ではなく「前置詞の目的語」が欠けている場合も同様です。

Track **212** L・M・モンゴメリ『赤毛のアン』

あらすじ ある誤解がもとでダイアナの母親から一緒に遊ぶことを禁じられたアンとダ

イアナ。最後に一度だけ対面を許された２人はおごそかに友情を誓い合い、アンはダイアナに「宝物としてあなたの黒髪を少し持っていたい」と頼みます（アンは黒髪に憧れています）。以下は、ダイアナがそれに答える場面です。

'Have you got anything to cut it with?' queried Diana, wiping away the tears [...], and returning to practicalities.

ダイアナは涙を拭うと、現実問題に立ち返り、「何か切るものを持ってる？」と尋ねました。

ヒント Have you got ~? は Do you have ~?（～を持っている？）と同じ。cut it with ~で「～を使ってそれを切る」、query は「尋ねる」、wiping ~と returning ~は分詞構文。wipe away O で「O を拭い去る」、practicalities は「実際的な諸問題」。

anything ← [to cut it with]

anything to cut it with で「それを切るための何か」。□部分の中には前置詞 with の目的語が欠けており、with と anything の間に「前置詞とその目的語」の関係が成り立っています。

「《名詞》 + for ～ing」も「～するための《名詞》」という意味を表すことができますが、「《名詞》 + for ～ing」は、S is a tool for ～ing.（S というものは～するための道具である）のような「一般的な話」をするのに使われる傾向があります。それに対し、「特定の場面における用途」を表す場合には「《名詞》 + to do ~ with」がよく使われます。

どちらにも該当しないパターン

Track 213　L・M・モンゴメリ『赤毛のアン』

あらすじ　アンとダイアナは、ダイアナのおばのミス・バリーに招かれて大都市に数日間滞在し、都会の雰囲気を満喫します。以下はそのときのことをアンがマリラに話して聞かせる場面から。ダイアナが自分には都会での生活が向いていると言ったことを受けて、ミス・バリーはアンに「あなたはどう？」と尋ねます。それに対しアンは、「じっくり考えてみます」と答えます。以下は、その後、自分がどうしたのかをマリラに伝える言葉です。アンは熟慮の末、都会もいいけれど、自分には今住んでいる自然に囲まれた田舎が向いているという結論に達します。

So I thought it over after I went to bed. That is **the best time to think things out.**

それで布団にもぐってからそのことをじっくり考えてみたの。それ(＝夜ベッドに入ってからの時間) が、何かを徹底的に考えるのに一番いい時間だから。

ヒント　think O over で「O のことをじっくり考える」、think O out で「O のことを徹底的に考える」、things は「物事」。

the best time ← [to think things out]

time to do ～で「～する時間」。したがって、the best time to think things out は「物事を徹底的に考える最も良い時間」という意味を表します。

ここで、この例における不定詞の使い方は、p. 304 のパターンにも p. 306 のパターンにも属さないことを確認してみましょう。the best time to think things out では、名詞と不定詞の間に S ＋ V の関係は成立しません（成り立つとすると「時間が考える」ことになってしまいます)。かといって、□部分の中で「動詞の目的語」や「前置詞の目的語」が欠けているわけでもありません。

このように、一部の名詞はどちらの条件も満たすことなく、不定詞を後ろに置いて「～する《名詞》」という意味を表すことができます。ただし、このパターンで使える名詞は、time（時間／時刻／時期）、chance（機会）、ability（能力）、right（権利）など、一部の名詞に限られるため注意が必要です。すべての名詞がこのパターンで使えるわけではありません。また、複数の意味を持つ名詞の場合、その中の一部の意味でしかこのパターンで使えないこともあります。

timeという名詞の場合、「時間／時刻／時期」という意味の場合にはこのパターンで不定詞を使うことができますが、「回／機会」という意味の場合には使えません。たとえば、「～するのは今回が初めてです」はThis is the first time for me to do ～やThis is my first time to do ～ではなく、This is the first time (that) I have done ～という形で表します（→ p. 185）。ある名詞がこのパターンで使えるかどうかは、たいてい辞書で確認することができます。

～随分と信頼していたようね～　過去を振り返る「完了形の不定詞」

通常の不定詞は「to ＋動詞の原形」という形ですが、この「動詞の原形」の部分を完了形（have ＋過去分詞）にした「to have ＋過去分詞」という形も存在します。次の例が示すように、完了形の不定詞は「過去を振り返る働き」を持っています。

Track 214　オスカー・ワイルド『真面目が肝心』

あらすじ　アルジャノンはバンブリーという病気がちな架空の友人をでっち上げ、親戚との会食を断ったりする言い訳などに使っていましたが、ある事情でバンブリーを使うのをやめたアルジャノンは、バンブリーが死んだことにしてしまいます。アルジャノンのおばであるレディ・ブラックネルは、それまでバンブリーのことをよく聞かされていたため、アルジャノンからバンブリーの死を伝えられると、バンブリーがどうして突然死んだのかをアルジャノンに尋ねます。以下は、バンブリーが死んだ理由をアルジャノンがレディ・ブラックネルに説明する場面です。

ALGERNON　The doctors found out that Bunbury could not live, [...] so Bunbury died.

Lady Bracknell　He seems to have had great confidence in the opinion of his physicians.

ALGERNON：　医師たちはバンブリーがもう生きられないと診断しまして、だからバンブリーは死んだのです。

LADY BRACKNELL：　彼は医者の見立てを随分と信頼していたようね。

ヒント found out that S + V で「S + V ということに気づいた」、so は「だから」、seem to do ～で「～しているように思われる」、have great confidence in ～で「～に大きな信頼を置いている」つまり「～を大いに信頼している」。physician は「医師」。

seem to have O で「O を持っているように思われる」。このフレーズの不定詞部分を完了形（have ＋過去分詞）にした seem to have had O は、「O を持っていたように思われる」という意味を表します。したがって、He seems to have had great confidence in the opinion of his physicians. は「（あなたの言うことから判断すると）彼は（生前）医者の診立てを随分と信頼していたように（今）思われる」となります。

ここで、次の２つの文を比較してみましょう。①は上の文と同じです。

① He seems to have had great confidence in ～
② He seemed to have great confidence in ～

① He seems to have had great confidence in ～では、話者は現在持っている情報を判断材料として、あくまでも現在の視点から過去を振り返っています。これに対し、② He seemed to have great confidence in ～（彼は～を非常に信頼しているように思われた）の場合、話者は「彼」が生きていた時代に言わばタイムスリップし、そこで見えている世界を過去の視点から描写しています。

what to do（何をすればよいか）など

不定詞の主な使い方には、これまで紹介したもの以外に「疑問詞＋不定詞」というものがあり、次のように「どのように～すればよいか」「何を～すればよいか」などの意味を表します。

・「how to ＋動詞の原形」 → 「どのように～すればよいか」
・「what to ＋動詞の原形」 → 「何を～すればよいか」
・「which to ＋動詞の原形」 → 「どれを～すればよいか」
・「when to ＋動詞の原形」 → 「いつ～すればよいか」
・「where to ＋動詞の原形」 → 「どこで／どこに～すればよいか」

Track 215　オスカー・ワイルド『真面目が肝心』

あらすじ　p. 89で紹介した場面の続きです。アルジャノンから「『absolute perfection（一点の曇りもない完璧さ）』というものが女性の姿を借りて現れたのがあなたという人であるように思えます」と言われたセシリーは「よろしければあなたのおっしゃることを日記に書き取らせていただきますわ」と言い、アルジャノンの言葉を本人の前で自分の日記に書き取り始めます。そして交わされるのが次のやり取り。なお、セシリーがアルジャノンをアーネストと呼んでいるのは、アルジャノンがアーネストという人物に扮しているためです。

CECILY　[…] I have reached 'absolute perfection.' You can go on. I am quite ready for more.

ALGERNON　(*somewhat taken aback*) Ahem! Ahem!

CECILY　Oh, don't cough, Ernest. When one is dictating one should speak fluently and not cough. Besides, I don't know **how to spell a cough.**

CECILY：　「一点の曇りもない完璧さ」のところまで書きましたわ。どうぞお続けになって。こちらは準備万端ですの。

ALGERNON：　（少し引いて）エヘン！　エヘン！

CECILY：　咳はなさらないで。人に書き取らせているときは咳をせずに滑らかにお話しにならなければいけませんわ。それに私、咳をどう書き表せばいいかわかりませんもの。

ヒント reach O で「O に到達する」。have reached ～は現在完了の「完了」の用法。You can ～は「～してもいいですよ」という「許可」を表します。go on で「続ける」、be quite ready for ～で「～に対して完全に準備ができている」、more は「さらなる言葉」、somewhat は「いくらか」、taken aback は「引いて」、cough は「咳をする」。one は「人一般」を表します。dictate は「書き取らせるために口述する」、fluently は「滑らかに」、besides は「それに」、spell O で「O をつづる」。名詞としての cough は「咳」。

「how to ＋動詞の原形」で「どのように～すればよいか」。したがって、how to spell a cough は「どのように咳を書き表せばよいか」という意味を表します。I don't know how to spell a cough. においては、how to spell a cough の部分が know という動詞の目的語として働いています。

動名詞

～食べることだけが僕の慰めなんだ～ 「～という行為」を表す動名詞

～ingという形には、大きく分けて「動名詞」としての働きと「現在分詞」としての働きの2つがあります（現在分詞については→Chapter 9）。動名詞としての～ingは「～するという行為」という意味を持ち、名詞として働きます。動名詞は「～すること」という意味を持つ「不定詞の名詞的用法」（→p. 294）と意味が似ており、実際に動名詞が「～すること」と訳されることも多々ありますが、「～するという行為」という意味で動名詞を捉えると、英文のニュアンスをより正確に把握することができます。

Track 216 オスカー・ワイルド『真面目が肝心』

あらすじ p. 139で紹介した場面の続きです。ジャックに「こんなときによく平然とマフィンを食べられるね」と言われたアルジャノンは、「マフィンとは落ち着いて食べるべきものであり、落ち着いて食べる以外にマフィンを食べる方法はない」と答えます。これに対し、ジャックは「そういうことではなくて、こんなときにマフィンを食べること自体がおかしい」と言いますが、アルジャノンは次のように話します。

When I am in trouble, eating is the only thing that consoles me.

問題を抱えているときには、食べることだけが僕の慰めなんだ。

ヒント be in troubleで「問題を抱えている」、the only ～で「唯一の～」、console Oで「Oを慰める」。the only thing that consoles meで「僕を慰めてくれる唯一のもの」。thatは主格の関係代名詞です。

このeatingは動名詞で「食べるという行為」という意味を表しています。動名詞は通常の名詞と同様に、主語、動詞の目的語、前置詞の目的語、補語などとして使うことができます。日常会話でよく使われるThank you for ~ing.（~してくれてありがとう）というフレーズにおける~ingも動名詞。「（あなたがしてくれた）~という行為に対してあなたに感謝します」がThank you for ~ing.の元々の意味です。

動名詞には、playing tennis（テニスをするという行為）やbecoming a teacher（教師になるということ）のように、目的語や補語を加えることもできます。また、次の例のように、一般動詞だけでなくbe動詞を動名詞にすることもできます。

Track 217　オスカー・ワイルド『真面目が肝心』

あらすじ　ジャックとグウェンドリンはお互いに惹かれ合っており、結婚したがっています。しかし、グウェンドリンの母親である貴族のレディ・ブラックネルは気位が高く、赤ちゃんのときにバッグに入った状態でターミナル駅の荷物預り所で発見されたジャックを自分の娘の夫にするなど話にならないと考えており、にべもない態度でジャックに対しグウェンドリンとの結婚を拒みます。以下は、後でジャックが友人のアルジャノンを相手に嘆く言葉で、Her motherはグウェンドリンの母親、つまりレディ・ブラックネルを指しています。

Her mother is perfectly unbearable. Never met such a Gorgon. [...] she is a monster, without **being a myth**, which is rather unfair.

彼女の母親は本当にひどい。あんなゴルゴンのような人には会ったことがない。彼女はモンスターだよ。神話でもないのにモンスターだなんて理不尽だ。

ヒント　unbearableは「耐えられないほどひどい」。Neverの前にはI haveが省略されています。I have never met ~で「~には会ったことがない」、such a ~で「あのような~」。Gorgon（ゴルゴン）は「髪の毛がヘビになっているギリシャ神話の女性」または「ギリシャ神話のゴルゴンのような恐ろしい女性」。without ~で「~なしに」、

myth は「神話」。which は非制限用法の主格の関係代名詞で、前文の内容全体を先行詞としています。「, which is ～」で「それは～だ」。ここでの rather には明確な意味はありません。

being a myth は be a myth（神話である）を動名詞にしたもので、「神話であること」という意味を表します。without being a myth で「神話であることなしに」。このように、be ～（～である）を動名詞にした being ～は「～であること／～であるという状態」という意味を持ちます。同様に、受動態（be ＋過去分詞）を動名詞にすることもできます。

他にも、「～したこと」を表す完了形の動名詞「having ＋過去分詞」もあり、現在完了や過去完了に相当するニュアンスを動名詞に込めたいときなどに「having ＋過去分詞」が通常の動名詞の代わりに使われることがあります。

～あなたが行ってしまう話は今夜はしないで～　動名詞の意味上の主語

my（私の）、your（あなたの）、～'s（～の）などを動名詞の前に置くことで、「誰の行為なのか」を表すことができます。

Track 218　L・M・モンゴメリ『赤毛のアン』

あらすじ　アンは都会の高等学校に進学するために地元を離れることになります。進学を間近に控えたある晩、自分の部屋から見える自然の風景をこの上なく気に入っているアンは親友のダイアナに、その景色を見られなくなることを嘆きます。以下は、アンの嘆きを聞いたときのダイアナの反応です。ダイアナは地元に残ることになっています。

'Don't speak of **your going away** tonight,' begged Diana. 'I don't want to think of it, it makes me so miserable, [...]'

「あなたが遠くへ行ってしまう話は今夜はしないで」とダイアナは懇願しました。「そのことを考えたくないの。あまりにも悲しくなってしまうから」

ヒント speak of ~で「~のことを話す」、go away で「(遠くの町などの) 離れた場所に行く」、beg は「懇願する」、think of ~で「~のことを考える」。think of it の後ろにはピリオドではなくコンマが置かれていますが、文はここでいったん終わっています。make O + C で「O を C の状態にする」、miserable は「悲しい」。

going away は動名詞で「遠くへ行くという行為」。これに you を所有格にした your(あなたの)を加えると「遠くへ行くというあなたの行為」、つまり「あなたが遠くへ行ってしまうこと」という意味になります。このように、動名詞の前に「名詞を所有格にしたもの」をつけることで、「~するという…の行為」つまり「…が~すること」という意味を表すことができます。「所有格+動名詞」を「…が~すること」と訳す場合、所有格は「…が」の部分に相当するため、この所有格は「動名詞の意味上の主語」と呼ばれます。ただし、「所有格+動名詞」の元々の意味はあくまでも「~するという…の行為」であり、所有格自体に「…が」という意味があるわけではありません。

なお、今日では your going away のように動名詞の意味上の主語を所有格で表すのは主にフォーマルな場に限られます。日常会話では多くの場合、意味上の主語は、代名詞の場合には you going away のように目的格の形で、普通の名詞の場合にはそのままの形で動名詞の前に置かれます。

Infinitives and Gerunds

不定詞 vs 動名詞

～本当の目的は愛してもらえるかを見極めることだったのです～
My real purpose was の後ろは不定詞？　動名詞？

「～すること」を表す不定詞の名詞的用法と、「～するという行為」を表す動名詞は、どちらも S is C.（S は C である）という文の C として働くことができます。しかし、S の部分にどのような意味の語が入るのかによって、C の部分に入れるのは不定詞のほうが適切である場合もあれば、動名詞のほうが適切である場合もあります。

C の部分に不定詞と動名詞のどちらを使うかを理解するための手段として、少し唐突ですが、もし自分の「目標」と「趣味」を日本語で次のように箇条書きで書くとしたら、それぞれの項目の日本語の語尾がどうなるかを考えてみてください。

目標（Goal）　　　　　　　　　　: ____________________
趣味（Favourite Activity*）　　　: ____________________
＊直訳は「お気に入りの活動」

「目標」の欄は「～する」という語尾で書き終えても違和感はありません。これに対し、「趣味」の欄は、「魚を釣る」「山に登る」のような「～する」という語尾ではやや不自然で、「魚釣り」「山登り」といった書き方のほうが自然に感じられます。これは、「趣味」というものが、Favourite Activity という英語が示すように「アクティビティ・行為」に分類されるものだからです。「魚釣り」や「山登り」も同様に「アクティビティ・行為」であるため、箇条書きの「：」で「趣味」とイコールで結ばれても違和感がありません。この「魚釣り」「山登り」という日本語の語感に一致するのが動名詞です（そして「：」が be 動詞に相当します）。したがって、「趣味」が主語となる場合には、My favourite activity is fishing.（私の趣味は魚釣りです）のように、補語 C には動名詞を使うのが自然ということになります。

一方、「目標:」の後ろの「～する」に相当するのが不定詞の語感です。このため、「目標」が主語となる場合には、My goal is to do ～.（私の目標は～することです）のように、補語Cには不定詞を用いるのが一般的です。

Track 219　ジェイン・オースティン『高慢と偏見』

あらすじ　エリザベスが姉のジェインと結ばれてほしいと願っているビングリーは、ロンドンへ行ったきり長く音沙汰がありませんでしたが、ついにエリザベスたちの家の近隣にあるネザーフィールド屋敷に戻ってきます。また、エリザベスが驚いたことに、ダーシーもビングリーとともにネザーフィールドに戻ってきていたのでした。以下は、後日エリザベスがダーシーになぜビングリーと一緒に戻ってきたのかを尋ねたときのダーシーの言葉です。

My real purpose was to see *you*, and to judge, if I could, whether I might ever hope to make you love me.

私の本当の目的はあなたに会うことだったのです。そして、今後あなたに私のことを愛してもらえる希望を持ってよいものかどうかを、もし可能であれば見極めることだったのです。

ヒント　purpose は「目的」、judge whether S + V で「S + V かどうかを判断する」、if I could で「もしできれば」、ever は「いつの時点かを問わず」、might は「できる」、hope to do ～で「～できるという希望を持つ」、make O do ～で「O に～させる」。

goal（目標）と意味が近い purpose（目的）が主語になる場合も、goal が主語の場合と同様、補語には不定詞が通常使われます。「目的」は「趣味」と異なり「アクティビティ・行為」ではないため、補語に動名詞を使うと不自然に聞こえてしまいます。他にも、Her mission in life was to do ～（彼女が自分の人生の使命としていたものは～することだった）のように、「使命」や「夢」などを表す語が主語になっている場合にも、補語には動名詞ではなく不定詞が使われる傾向があります。

Track 220 L・M・モンゴメリ『赤毛のアン』

あらすじ 濃い色の髪に憧れているアンはある日、家にやってきた行商人から髪の色を濃くできるという染料を買いますが、それを使ったところ髪は緑がかった奇妙な色になり、アンは「もう一生外に出られない」と思い込み打ちひしがれます。以下は、染料を買った経緯をマリラに説明するアンの言葉で、he は行商人を指しています。

[...] he said that, seeing it was me, he'd sell it for fifty cents and that was just **giving it away.**

彼は、あなたには特別に 50 セントで売ってあげる、50 セントで売るなんてタダであげるも同然だって言ったの。

ヒント say that S + V で「S + V と言う」。seeing S is C で「S が C だから」。it was me の it は「買い手」を表しています。he'd は I'll を間接話法にしたもの。sell O for ～で「O を～で売る」。that was の that は「それを 50 セントで売ること」を指しています。give O away で「O をタダで与える」。said that 以下の動詞がすべて過去形になっているのは時制の一致によるものです。

that was just giving it away の部分の趣旨は「それはタダであげる行為に等しい」。このように「～する行為」というニュアンスがふさわしい場合には不定詞ではなく動名詞が使われます。

～読みかけなのに本を返すのは身を引き裂かれる思いだった～
主語は不定詞？ 動名詞？

不定詞の名詞的用法（～すること）と動名詞（～するという行為）は、どちらも文の主語としても働くことができ、実際、多少ニュアンスが変わるもののどちらを使っても自然な英語になる場合も少なくありません。ただし、言いたいことの内容によっては、どちらか一方のほうがよりしっくりくることがあります。なお、「～することは…だ」という文における「～すること」の部分を不定詞で表す場合、たいてい形式主語 it（→ p. 296）が用いられますが、不定詞が実質的な主語であることに変わりはありません。

次の２つの文は、モンゴメリの『赤毛のアン』とヘミングウェイの『移動祝祭日』の一節を大まかに訳したものです。赤字部分はどちらも「～すること」となっていますが、原文では片方には不定詞が、もう片方には動名詞が使われています。どちらが不定詞でどちらが動名詞で表されているのかを当ててみてください。

・「（まだ読みかけだったのに）続きがどうなるかを知らないままあの本を返すことは本当につらかった」（赤毛のアン）

・「（ヨーロッパでは）ワインを飲むことは、上流階級を気取ることでも洗練の印でもなく、食べることと同じく自然なことだった」（移動祝祭日）

それでは原文を見てみましょう。

Track 221　L・M・モンゴメリ『赤毛のアン』

あらすじ　クラスメイトに借りたある小説をアンが夢中になって読んでいたところ、その本を低俗と考えた先生は、アンにそれを読むのをやめるように言います。以下は、泣く泣く本を返したときのことをマリラに話すアンの言葉です。

[...] it was *agonizing* to give back that book without knowing how it turned out.

続きがどうなるかを知らないままあの本を返すのは本当に身を引き裂かれる思いだったわ。

ヒント　agonizing は「身を引き裂かれる思いをさせるような性質」を表す形容詞、give back O で「O を返す」、without ~ing で「～することなしに」、how it turned out で「それが（その後で）どうなるか」。

この文ではアンは「その本を返したときに自分がどのような思いをしたか」を述べています。このように、特定の１つの時点に行われた動作の感想などを述べる場合には、「形式主語＋不定詞」が用いられる傾向があります。

Track 222　アーネスト・ヘミングウェイ『移動祝祭日』

あらすじ「1920年代当時のヨーロッパでは、ワインは食べ物と同様に健康的で普通で、また、素晴らしい喜びをもたらしてくれるものだと受け止められていた」という文の後に次の文が続きます。

Drinking wine was not a snobbism nor a sign of sophistication nor a cult; it was as natural as eating and to me as necessary, [...].

ワインを飲むという行為は、上流階級を気取ることでも洗練の証でもカルトでもなかった。それは食べるという行為と同じく自然なことであり、また私には食べることと同じく必要なことであった。

ヒント not A nor B nor C で「A でも B でも C でもない」、snobbism は「上流階級を気取る行為」、sophistication は「洗練」、as natural と as necessary の as は両方「同じくらい」の意。as eating の as は、as ～で「～と」。as necessary の後ろには as eating が省略されています。

この文では「ワインを飲むという行為」が当時一般的にどのように受け止められていたかが述べられています。文頭の Drinking wine は「ワインを飲むという行為一般」を表しており、ある特定の１つの時点・場面に属するものではありません。このように、「～する行為」というニュアンスがふさわしく、また内容に一般性がある場合には、動名詞がよく使われます。「～するという行為」という意味を持つ動名詞は、それ自身に「一般性」を内包していると言えるでしょう。

動詞の後ろは不定詞？　動名詞？

動詞の後ろに不定詞が続く「V to do 〜」という形と、動詞の後ろに動名詞が続く「V 〜ing」という形はどちらも英語でよく見られますが、hope to do 〜（〜できればいいなと思っている）とは言えても hope 〜ing とは言えないなど、動詞によって使うことのできる形が異なります。また、remember のように、後ろに不定詞と動名詞のどちらを続けるかによって意味が異なる動詞もあります。こう書くと複雑そうに思えますが、不定詞と動名詞では使われ方の傾向が異なるため、不定詞と動名詞のどちらが続くのかを機械的に暗記しなければならないわけではありません。

try編

try は try to do 〜と try 〜ing の両方の形で使うことができますが、それぞれ意味が異なります。

Track 223　オスカー・ワイルド『真面目が肝心』

あらすじ　「僕はグウェンドリンにプロポーズするためにロンドンにやってきたんだ」というジャックに対し、アルジャノンは「てっきり君は休暇でロンドンに来たのかと思っていた。それは仕事だね」と返します。これに対してジャックが「君にはロマンティックさのかけらもないね」と言うと、アルジャノンは「結婚が決まったらドキドキする気持ちはなくなってしまう」と述べ、次のように続けます。

The very essence of romance is uncertainty. If ever I get married, I'll certainly **try to forget** the fact.

恋愛の本質は不確実性だ。もし僕が結婚することがあったら、僕は間違いなく自分が結婚しているという事実を忘れようと努めるね。

ヒント　the very essence of 〜で「〜のまさに本質となるもの」、uncertainty は「不確実性」、ever は「いつの時点かを問わず」、certainly は「間違いなく」。the fact（その事実）は「自分が結婚しているという事実」を表しています。

try to do ～で「～しようと努める／～しようとする」。try（努める）という動作がまず先にあり、to do ～という不定詞部分は「その後で生じるかもしれない動作」を表していることに注目してみてください。try to do ～に限らず、不定詞には「これからする感じ」があり、V to do ～というフレーズでは多くの場合「V という動作がまず先にあり、不定詞部分は、その後で生じるかもしれない動作を表す」という関係性が存在します。

V to do ～という形で使われる主なフレーズに、want to do ～（～したい）、hope to do ～（～できればいいなと思っている）、decide to do ～（～することに決める）、promise to do ～（～すると約束する）、remember to do ～（忘れずに～する）、refuse to do ～（～するのを拒否する）、forget to do ～（～するのを忘れる）などがあります。refuse to do ～や forget to do ～のような例外もありますが、V to do ～が表すのは、「～したい」「～することに決める」など「前向き」な意味が多いのが特徴で、このことは、「V という動作がます先にあり、不定詞部分は、その後で生じるかもしれない動作を表す」という傾向と関連しています。

一方、V ~ing（~という行為を V する）では、~ing が表す行為が先にすでに存在しているか、V が表す動作と同時に起こるかのどちらかである場合がほとんどです。V ～ing の形で使われる主なフレーズには次のものがあります。

try ～ing　（～という行為を試す　→ ～してみる）
enjoy ～ing　（～という行為を楽しむ　→ ～するのを楽しむ）
stop ～ing　（～という行為をやめる　→ ～するのをやめる）
finish ～ing　（～という行為を終える　→ ～し終える）
remember ～ing　（～という行為を覚えている　→ ～したのを覚えている）
forget ～ing　（～という行為を忘れる　→ ～したのを忘れる）

Track 224 | W・サマセット・モーム『世界の十大小説』

あらすじ ロシアの文豪トルストイについての項から。自分の子どもに教育を受けさせるためにモスクワに移り住んだトルストイは、貧富のあまりの格差に衝撃を受けると同時に自分の裕福な暮らしを恥ずかしく思い始め、やがて「所有」という概念自体が悪いものだという考えに至ります。以下は当時のトルストイを描写する文章の一部で、He はトルストイを指しています。

He **tried giving** money to the down-and-outs [...], but came to the conclusion that the money [...] did more harm than good. 'Money is an evil,' he said.

彼はホームレスの人々にお金を与えてみたが、金銭は彼らに良い影響よりも悪い影響をより多く及ぼすという結論に達した。「金銭とは邪悪なものだ」と彼は言った。

ヒント down-and-outs は「ホームレスの人々」、come to the conclusion that S + V で「S + V という結論に達する」、do more harm than good は「良い影響よりも悪い影響をより多く及ぼす」。過去形の did が使われているのは時制の一致によるものです。

try O で「O を試してみる」。この O の部分に動名詞を入れると、「(どのような結果になるかを調べるために) ～という行為を試してみる」という意味を表します。1つ前の例で扱った try to do ～ (～しようと努める／～しようとする) では try という動作が先で、不定詞部分は「その後で生じるかもしれない動作」を表していましたが、try ～ing (～という行為を試してみる) では、「試す」という動作と～ing が表す動作は同時に起こっています。

remember編

remember も remember to do ～と remember ～ing の両方の形で使うことができますが、やはりそれぞれ異なる意味を持っています。

Track 225 | アーネスト・ヘミングウェイ『老人と海』

あらすじ 釣り針にかかった巨大な魚は、姿を見せないまま沖合で夜通し老人の小舟を引っ張って進み続けています。以下は暗闇の中、その魚をどうすることもできない老人が、何とか体力を保たなければならないと自分に言い聞かせる場面です。the tuna は前日に釣り上げたマグロのことで、he spoils の he と eat him の him もこのマグロを指しています。

I must **remember to eat** the tuna before he spoils in order to keep strong. Remember, no matter how little you want to, that you must eat him in the morning. Remember, he said to himself.

体力をもたせるためには、腐ってしまう前に忘れずにマグロを食べておかねばならない。いいか、どんなに食べたくなくても朝にはマグロを食べるんだ。忘れるな、と彼は自分に言い聞かせた。

ヒント spoil は「腐る」、in order to do ～で「～するために」、keep strong で「体力を保つ」、remember that S + V で「S + V ということを覚えている」、no matter how little S + V で「どんなに S が V しなくても」。want to の後ろには eat the tuna が省略されています。

remember to do ～は「～するのを忘れずにいる」つまり「忘れずにちゃんと～する」という意味を持っています。remember（忘れずにいる）という事実がまず先にあり、to do ～が示す動作はその結果として起こります。to do ～にはやはり「これからの感じ」があります。

Track 226 | F・スコット・フィッツジェラルド『グレート・ギャツビー』

あらすじ この物語の語り手であるニックの家の隣に住むのはギャツビーという名の謎めいた若い大富豪。夏の間、ギャツビーはその広大な邸宅で毎日のようにたくさんの人を呼んでパーティーを開いています。以下は、ニックの親戚であるデイズィとその夫のトムが初めて一緒にギャツビーのパーティーに来たときのことをニックが振り返る一節で、文中の foxtrot は舞踏会で踊られるフォーマルなダンスの一種です。ニックはギャツビーとデイズィがお互いに対して特別な想いを抱いていることを知っています。

Daisy and Gatsby danced. I **remember being** surprised by his graceful, conservative foxtrot – I had never seen him dance before.

（あの日）デイズィとギャツビーは踊ったのだった。私は彼の優美で伝統的なフォックストロットに驚いたのを覚えている。私はそれまで彼が踊るのを見たことがなかったのだ。

ヒント　be surprised by ～で「～に驚かされる」、graceful は「優美な」。「had ＋過去分詞」は過去完了。had never done ～で「それまで～したことがなかった」という意味を表します。see O do ～で「O が～するのを見る」。

remember ～ing で「～という行為を覚えている」、つまり「～したことを覚えている」。remember ～ing の場合、～ing が表す「行為」が先にすでに存在していて、それを「覚えている」ということであり、1 つ前の remember to do ～とは逆の関係が成り立っています。

remember to do ～ / remember ～ing に関連するフレーズとして、forget to do ～（～するのを忘れる）/ forget ～ing（～したことを忘れる）があります。forget と to do ～の関係性、forget と～ing の関係性は remember の場合と同様です。

like編

like も like to do ～と like ～ing の両方の形で使うことができます。どちらも基本的には「～するのが好き」という意味ですが、like to do ～は like ～ing と異なるニュアンスで用いられることがあります。

Track 227 L・M・モンゴメリ『赤毛のアン』

あらすじ 友だちは皆かわいい服を持っているにもかかわらず、謹厳な養母マリラの方針によりアンだけがかわいい服を持っていないのをかわいそうに思った養父マシューは、アンに洋服をプレゼントしようと決心します。しかしマリラに言えば反対されるに決まっており、また自分では女の子の服を選ぶことができないため、マシューは近所に住むリンド夫人に相談します。以下は、生地を選んで自分が仕立てることを快く引き受けるリンド夫人の言葉です。

Well, I'll do it. No, it isn't a mite of trouble. I **like sewing.**

私がやりますよ。ちっとも大変なことじゃありません。縫い物が元々好きですから。

ヒント a mite ofは「少量の」を表すやや古風な表現。it isn't a mite of trouble.で「それは少しも大変なことではない」。sew は「縫い物をする」。

sewing は「縫い物をするという行為」。ちょうど日本語の「縫い物」「裁縫」という言葉に相当します。I like sewing. は「私は縫い物が好き」という意味を表し、リンド夫人はこの文によって「縫い物は私にとって楽しいことだから、まったく苦になりませんよ」ということをマシューに伝えています。like ~ing は「~するという行為そのものが好き」という意味を表し、enjoy ~ing（~という行為を楽しいと感じる＝~するのを楽しむ）とほぼ同じ意味を持っています。

Track 228 オスカー・ワイルド『ドリアン・グレイの肖像』

あらすじ 共通の友人である画家バジルのところでドリアンに出会って非常に興味を引かれたヘンリー卿は、社交界に精通しているおじにドリアンの家系のことを尋ねます。以下は、そのときにヘンリー卿がおじに言う言葉です。

I always **like to know** everything about my new friends, and nothing about my old ones.

私はいつも新しい友人のことはすべて知るようにし、古くからの友人のことは何も耳に入れないようにしているのですよ。

like to do ～は like ～ing と同じ意味を表すこともできますが、それ以外に、「自分の好みや主義のために習慣的に～している」という意味でもよく使われます。ヘンリー卿のセリフはその一例で、I always like to know ～は彼の習慣を表しています。ヘンリー卿は「新しい友人のことを知る」という行為そのものに必ずしも楽しみを見出しているわけではありません。

begin/start編

begin to do ～、begin ～ing、start to do ～、start ～ing はどれも「～し始める」という意味を表し、ほとんどの場合、不定詞と動名詞のどちらも使えますが、例外的に不定詞のほうが好まれるケースもあります。

Track 229　F・スコット・フィッツジェラルド『美しく呪われた人たち』

あらすじ　1922 年に出版されたフィッツジェラルドの 2 作目の長編小説から。美貌の女性グロリアに惹かれている主人公アンソニーは、ある日、ニューヨークのグロリアの部屋で彼女と午後を過ごします。グロリアもアンソニーに惹かれている様子を見せますが、アンソニーが真剣な様子でグロリアに「戯れでも賛美の印でもないキス」をしようとすると彼女はそれを拒み、急にアンソニーに対して距離を置いた態度を取ります。そしてアンソニーは沈黙を保つ彼女をどうすることもできず、自分でも情けないと思わずにはいられない態度で彼女の部屋を去ります。以下は、家に戻ってからも何も手につかないアンソニーの様子を描写する文章の一部で、この後、アンソニーは深夜のニューヨークの町に出ますが景色がまったく目に入りません。

About midnight he **began to realize** that he was hungry.

午前 0 時頃、彼は自分が空腹であることに気づき始めた。

ヒント　midnight は「午前 0 時」、realize that S + V で「S + V ということに気づく」。

この例のように、begin または start に realize（気づく）や understand（理解する）などを組み合わせて「それまでは知らなかったことに気づき始める」という意味を表す場合、realize 等の動詞は、通常、動名詞ではなく不定詞の形で使われます。動名詞が好まれないのは、「～に気づき始める」の場合、何かの行為を開始するわけではなく、「～するという行為」という動名詞のニュアンスが適さないためと言えるでしょう。

また、He was beginning to do ～（彼は～し始めていた）のように、begin や start が進行形で使われる場合にも、後ろには動名詞ではなく不定詞が置かれます。

～両親は私に尊大になることを許してしまった～
「前向き」な V + O + to do ～と「後ろ向き」な V + O + from ～ ing

英語には V + O + to do ～という形で使われる動詞がたくさんあり、その多くが ask O to do ～（～してくれるよう O に頼む）のように、「～する方向に O を持っていく」に類する意味を表します。これに対し、「～しない方向に O を持っていく」は V + O + from ～ing という形で表される傾向があります。

Track 230 ジェイン・オースティン『高慢と偏見』

あらすじ p. 222 で紹介したダーシーの言葉の続きです。

[…], I was spoilt by my parents, who, though good themselves […], allowed, encouraged, almost taught me to be selfish and overbearing; […].

私は両親に甘やかされたのです。彼らは善良ではあったのですが、私に自己中心的で尊大になることを許し、奨励してしまったのです。自己中心的で尊大になるよう私を訓練したと言ってもいいくらいです。

ヒント be spoiled は spoil O（O を甘やかす）の受動態。who は非制限用法の主格の関係代名詞。though good themselves は「彼ら自身は善良だったけれど」の意。me to be selfish and overbearing の部分が、allowed、encouraged、taught という 3 つの動詞によって共有されています。almost は「ほとんど」、selfish は「自己中心的」、overbearing は「尊大、高圧的」。

allow O to do ～は「～することを O に許可する」、encourage O to do ～は「～することを O に奨励する」、teach O to do ～は「教えたり訓練したりすることで O が～できるようにする」という意味を表します。3 つとも V + O + to do ～の形で使われる典型的な動詞で、「～する方向に O を持っていく」に類する意味は、このように V + O + to do ～という形で表される傾向があります。p. 323 で述べた通り、V to do ～という形が表す意味も、「～したい」「～することに決める」など「前向き」なものが多く、不定詞には全体的に「前向き」なイメージがあります。

これに対し、「～しない方向に O を持っていく」は V + O + from ～ing という形で表されることが多く、主なフレーズに prevent O from ～ing（O が～するのを妨げる）、discourage O from ～ing（O に～する気をなくさせる）などがあります。この場合の V + O + from ～ing は、「O を～という行為から引き離す」といった意味を持っています。

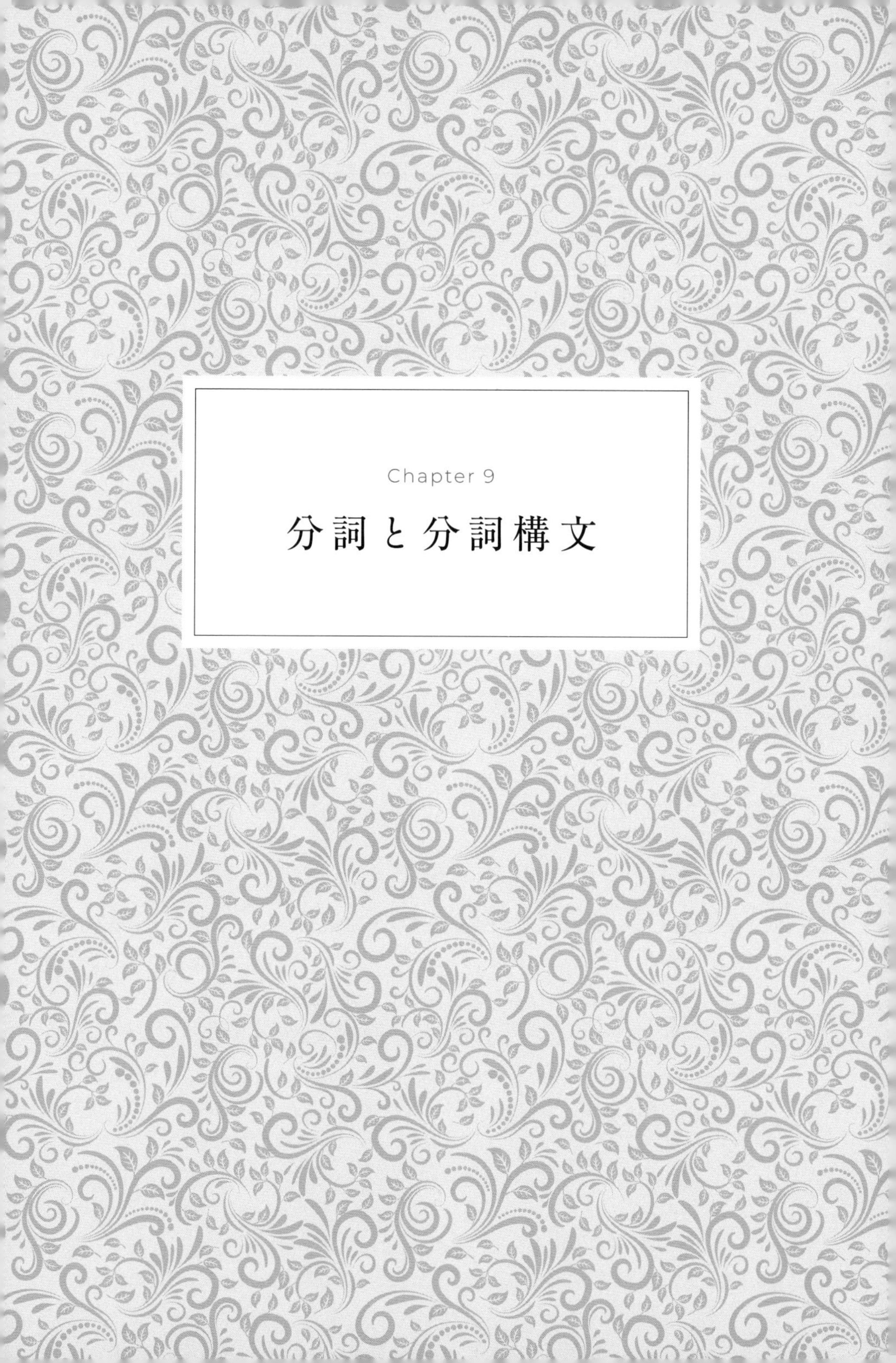

Chapter 9

分詞と分詞構文

分詞とは…

分詞には現在分詞と過去分詞の2つがあり、それぞれ様々な働き方をします。

・現在分詞とは
現在分詞は、動詞のing形が持つ2つの役割のうちの1つです（ing形のもう一方の役割は動名詞です）。現在分詞の主な働きには次の4つがあり、この章では以下の2と3を取り上げます。

1. be動詞と組み合わせて進行形「be動詞＋現在分詞」（～しているところです）を作る
2. 「～している」等の意味で名詞を修飾する
3. 分詞構文として「～しながら」等の意味で動詞を修飾する
4. 第5文型（V＋O＋C）のCとして働く

・過去分詞とは
多くの動詞の過去分詞は過去形と同じで、edで終わる形を取ります（不規則動詞は例外です）。過去分詞の主な働きには次の5つがあり、この章では以下の2と3を取り上げます。

1. be動詞と組み合わせて受動態「be動詞＋過去分詞」（～される／～されている）を作る
2. 「～された／～されている」等の意味で名詞を修飾する
3. 分詞構文として「～されて」等の意味で動詞を修飾する
4. havcやhadと組み合わせて現在完了形「havc＋過去分詞」や「過去完了形「had＋過去分詞」を作る
5. 第5文型（V＋O＋C）のCとして働く

Participles

名詞を修飾する分詞

現在分詞と過去分詞は、名詞の前や後ろから名詞を修飾することができます。分詞が単独で1語で名詞を修飾する場合には分詞は名詞の前に置かれがちですが、1語であっても後ろから名詞を修飾することもあります（→ p. 340）。

前から名詞を修飾する分詞

分詞は形容詞のように名詞を前から修飾することができます。ただし、前から名詞を修飾するのに使われる分詞はある程度決まっており、あらゆる動詞の分詞が等しく名詞の前に置かれるわけではありません。名詞を修飾する分詞は、そのタイプによって次のような意味を持ちます。

自動詞の現在分詞：～している（～しつつある）、～する
他動詞の過去分詞：～された、～されている
自動詞の過去分詞：～した

Track **231** *L・M・モンゴメリ『赤毛のアン』*

あらすじ　それまで友だちを持ったことがなかったアンは、初めて友だちになったダイアナに「友情の誓い」をすることを提案し、提案を受け入れたダイアナに次のように手順を説明します。

‘We must join hands – so,’ said Anne gravely. ‘It ought to be over **running** water. We’ll just imagine this path is **running** water. [...].’

「手をつながなくてはいけないの。こういうふうに」アンは重々しく言いました。「流れる水の上でやるのが本式なの。この小道が流れる水だということにしましょう」

ヒント so は「こういうふうに」、gravely は「重々しく」。ought to は should と同じ意味を表します。ought to be ～で「～であるべきだ」。over ～で「～の上で」、imagine (that) S + V で「S + V と想像する」、path は「小道」。

running water で「流れている水」。running（流れている）という現在分詞が water という名詞を修飾しています。この例における running は「流れつつある」という「状態」を表しており、「動いている状態」を表しているという点を除けば働きは形容詞と同じです。

また、名詞の前に置かれる現在分詞は、その名詞が持っている「性質」や「機能」を表すこともでき、その場合の現在分詞は必ずしも「今の状態」を表しているとは限りません。たとえば、running water は「水道設備（＝蛇口を開くと流れる水）」という意味も持っています。

Track 232　アーネスト・ヘミングウェイ『老人と海』

あらすじ 姿を見せないまま老人の小舟を引っ張っていく巨大な魚は、永遠にそのまま海の中を進んでいくかのような様子を見せていましたが、あるとき急に釣り糸を強く引き、老人は手を怪我します。以下は、その傷についての文で、it は傷を指しています。

But it was in the **working** part of his hand.

しかし彼の傷は手の中の、動かす際に支障となる箇所にあった。

ヒント work は「機能する／動く」の意。

この例の現在分詞 working も「状態」ではなく「性質・機能」を表しています。the working part of his hand は直訳すると「彼の手の動く部分」。working part とは「動く部分」つまり「可動部分」のことであり、「動いている最中の部分」ではありません。このように名詞の前に置かれて「性質・機能」を表す現在分詞は、形容詞的に働くというより、実質的には完全に形容詞であると言えるでしょう。

Track 233　ジェイン・オースティン『高慢と偏見』

あらすじ　エリザベスの姉ジェインと、ダーシーの友人ビングリーは誰が見ても互いに惹かれ合っており、2人は結婚するものだと皆が思っていましたが、所用でロンドンに発ったビングリーはなぜか戻ってこず、音信も途絶えてしまいます。以下は、エリザベスとジェインの母であるベネット夫人がエリザベスに向かって、戻ってこないビングリー氏に対する不満をあらわにする言葉です。ベネット夫人はジェインを気づかっているというよりは、このままではジェインがお金持ちで身分が高いビングリーと結婚できなくなってしまうことを悔しがっています。

Well, my comfort is, I am sure Jane will die of a **broken** heart; and then he will be sorry for what he has done.

ジェインは傷心で死んでしまうに違いないわ。そうしたら彼も自分のしたことを悔やむはずよ。それが私の慰めね。

ヒント　my comfort is, で「私の慰めは以下のことだ」。I am sure (that) S + V で「私はS + Vということを確信している」、die of ~で「~で死ぬ」、be sorry for ~で「~のことを悔やんでいる」、what he has done で「自分のしたこと」。この what は関係代名詞です。

break O（Oを2つまたはそれ以上の数に割る）のような他動詞を過去分詞形にすると、「~された／されている／される」という受け身の意味を持ちます。a broken heart で「2つに割られたハート」。break O の過去分詞である broken が heart という名詞を修飾しています。a broken heart はまさに「ギザギザに割れたハートマーク」のイメージで、「失恋したり大切な人を失ったりしたときの深い悲しみ」を表します。

Track 234 シャーロット・ブロンテ『ジェイン・エア』

あらすじ ジェインが自分の子ども時代を振り返る章から。入学することになった寄宿学校に到着して、初めてそこの生徒たちを見たときの印象を語る文章の一部です。生徒たちが着ている少し変わった制服の描写の後に次の文が続きます。

Above twenty of those clad in this costume were full-grown girls, or rather young women; it suited them ill, [...].

この制服を着ている生徒のうち 20 人以上は、もうすっかり大きくなった女の子、より正確に言えば若い女性でした。制服は彼女たちに似合っていませんでした。

ヒント above twenty で「20 以上」(人数などを表す場合、現代では通常 above ではなく over を使います)。clad in ~で「~を着ている」。those は複数の「人」や「物」を表すのに使われる代名詞で、those を clad in this costume が修飾しています。or rather は、直前の語をより適切な語に言い換えたいときに使われます。suit O ill で「O に似合わない」。なお、この文では costume という語が使われていますが、現代では通常「制服」は uniform で表します。

growには「~を育てる」という他動詞としての用法と「成長する」という自動詞としての用法の2つがあります。full-grown girls における grown は、自動詞としての grow の過去分詞。自動詞の過去分詞は「~した」という「完了」の意味を表すため、full-grown girls は直訳すると「完全に成長した女の子」となります。developed country（先進国）における developed も、自動詞としての develop（発展する）の過去分詞で、developed country は「すでに発展した国」を表します。

後ろから名詞を修飾する分詞

関係代名詞の節と同様に、分詞は名詞を後ろから修飾することもでき、分詞の句が2語以上になるときは、通常、名詞を前からではなく後ろから修飾します(ただし後述のように、1語でも後ろに置かれることもあります。→ p. 340)。分詞の句が2語以上になるのは次の2つのケースです。

①分詞が第4文型(V + O + O)や第5文型(V + O + C)の過去分詞である場合。

例　call O ~(Oを~と呼ぶ)の過去分詞は「called ~」。

②分詞に副詞や前置詞句が加えられる場合。

例　give O to ~(Oを~に与える)の過去分詞は「given to ~」。

Track 235　L・M・モンゴメリ『赤毛のアン』

あらすじ　ある日、アンはキッチンに置いてあるプディングのソースにネズミが入っているのを発見してそのネズミを取り出して捨てますが、そのことを養母マリラに伝えておくのを忘れます。そしてマリラが大事なお客にプディングを出す直前にそれを思い出したアンは、「それにはネズミが入っていたんです!」と叫んでお客を啞然とさせ、後でマリラにこっぴどく叱られます。以下は、なぜネズミのことをマリラに伝えるのを忘れてしまったのかを後日アンが親友のダイアナに説明する言葉で、「マリラが帰ってきたら伝えようと思っていたんだけど」という文の後に次の文が続きます。

but when she did come in I was imagining that I was a frost fairy going through the woods turning the trees red and yellow, whichever they wanted to be, [...].

でもマリラが実際に来たときには、私、自分のことを、木々たちを望みに応じて赤か黄色に変えながら林の中を通り抜けていく霜の妖精だって空想していたの。

ヒント　come inで「入ってくる」。didは「実際に」という意味を付け加えています。imagine that S + Vで「S + Vと空想する」、frostは「霜」、fairyは「妖精」、

go through ～で「～を通り抜けていく」、the woods は「林」、turning は「～しながら」を表す分詞構文。turn O + C で「O を C にする」。whichever they wanted to be は「どちらでも彼らの望むほうに」の意。

a frost fairy ← going through the woods turning the trees red and yellow, ～

現在分詞の句 going through ～は「～の中を移動している（移動しつつある）」という意味で名詞 a frost fairy を修飾しています。a frost fairy going through ～で「～の中を通り抜けていく霜の妖精」。a frost fairy going through ～は、制限用法の関係代名詞を用いた a frost fairy who was going through ～と同等の意味を表しています（過去形の was が使われているのは時制の一致によるものです）。

Track **236** オスカー・ワイルド『ドリアン・グレイの肖像』

あらすじ ドリアンは、醜く崩れていく自分の肖像画をめぐってある殺人を犯しますが、目撃者はおらず、誰もドリアンを疑いません。その殺人の後でさらに醜悪に変化した肖像画を見たドリアンはふと「自供する」ということを思い浮かべますが、すぐにそれを打ち消し、「自供したところで誰も信じないだろう」と考えます。以下は、ドリアンがそのように考えた根拠を説明する文です。このすぐ後、肖像画の存在に耐えられなくなったドリアンは、ついにそれを処分することを決意します。

There was no trace of the murdered man anywhere. Everything **belonging to him** had been destroyed.

死んだあの男の痕跡はどこにもなかった。彼の持ち物はすべて処分されていた。

ヒント trace は「痕跡」、murdered は「殺された」、belong to ～で「～に属する」。had been destroyed は destroy O（O を処分する）の受動態を過去完了形にしたもので「すでに処分されていた」の意。

Everything ← belonging to him

現在分詞は「〜している最中の」だけでなく「〜する」という意味を表すこともでき、現在分詞の句 belonging to him は「彼に属する」という意味で名詞 Everything を修飾しています。Everything belonging to him で「彼に属するすべてのもの」。Everything belonging to him は、制限用法の関係代名詞を用いた Everything that belonged to him と同等の意味を表しています（過去形の belonged が使われているのは時制の一致によるもの）。このように、通常は進行形では使わない belong（属する）や want（〜したい）などの動詞も、現在分詞として名詞を後ろから修飾することができます。

Track **237** ｜ オスカー・ワイルド『真面目が肝心』

あらすじ 名前をアーネストと偽っているジャックから愛を告白されたグウェンドリンは、「私はあなたにお会いする前からあなたに惹かれていました」と言い、ジャックを驚かせます。そして、グウェンドリンは「アーネストという名前の人を愛するのがずっと私の理想でした」と言った後、次のように話します。文中の Algernon はグウェンドリンのいとこ。このすぐ後に p. 80 で紹介した場面が続きます。

The moment Algernon first mentioned to me that he had a friend **called Ernest**, I knew I was destined to love you.

アルジャノンが自分にはアーネストという名前の友人がいると最初に私に言った瞬間、私には自分はあなたを愛する運命にあるともうわかっていたのです。

ヒント the moment S + V で「S が V した瞬間に」、mention to ~ that S + V で「~に S + V と言う」、be destined to do ~で「~するように運命づけられている」。had と was で過去形が使われているのは時制の一致によるもの。

a friend ← called Earnest

call O Earnest（O をアーネストと呼ぶ）の過去分詞である called Earnest（アー

ネストと呼ばれる)が、後ろからa friendを修飾しています。a friend called Earnestは「アーネストと呼ばれる友人」、つまり「アーネストという名前の友人」を表し、制限用法の関係代名詞を使ったa friend who was called Earnestと同等の意味を持っています(過去形のwasを使っているのは時制の一致によるもの)。

1語なのに分詞が後ろに置かれるのはなぜ?

分詞が単独で1語で名詞を修飾する場合、分詞は名詞の前に置かれがちですが、次の例のように、1語であっても後ろから名詞を修飾することもあります。

Track 238 D・H・ロレンス『チャタレイ夫人の恋人』

あらすじ 下半身が不自由なサー・クリフォード・チャタレイの身の回りの世話をしている看護師のボルトン夫人は、サー・クリフォードの土地で暮らす庶民についての様々なゴシップを彼に聞かせます。それまでサー・クリフォードは自分より下の階層の人間に漠然とした恐れを抱いていたのみで彼らの生活には興味を持っていませんでしたが、ボルトン夫人から聞く労働者たちの生活は彼が思っていたのとはまったく異なる活気のあるもので、彼は新鮮な驚きを覚えます。以下は、ボルトン夫人の話からサー・クリフォードが受けた印象を説明する文で、itはボルトン夫人が語る土地の様子を指しています。

Clifford of course knew by sight most of the people **mentioned**, [...]. But it sounded really more like a Central African jungle than an English village.

クリフォードは、名前を挙げられた人たちのほとんどを顔がわかる程度には当然知っていた。しかし話を聞いていると、イギリスの村というよりは中央アフリカのジャングルのようであった。

ヒント know by sight Oで「顔がわかる程度にOを知っている」、most of ~で「~のほとんど」、mention Oで「Oの名前を挙げる」、sound more like A than Bで「BというよりもAのように聞こえる」。

the people ←[mentioned]

peopleは単体では「人々一般」を表す名詞ですが、mentioned（名前を挙げられた）という過去分詞によって修飾されることで、the people mentionedは「（その話の中で）名前を挙げられた人々」という「特定の時点の特定の場に紐付けされた人々」を表すようになります。定冠詞theがついているのは、mentionedによって「どの人々のことなのか」が特定されているためです（theは原則として、「どれのことなのか」が読み手や聞き手にもわかる形で特定されているときにつきます）。the peopleというまとまりが元から存在していて、それにmentionedが加えられているわけではありません。このように、名詞が分詞によって特定の場面に紐付けされ、そのために「どれのことなのか」が特定されて、その名詞にtheがつくケースでは、たとえ分詞が１語であっても、その分詞は名詞の前ではなく後ろに置かれます。

ちなみにこのことは形容詞にも当てはまり、「その場にいる／出席している」という意味で使われる形容詞presentは、名詞を修飾する場合、その名詞を「特定の場面」に紐付けして特定するため、常に名詞の後ろに置かれます。mentioned（挙げられた）、involved（関わっている）、present（その場にいる）などの語は、「特定の場面」と分かちがたく結びついており、そのために名詞の後ろに置かれるとも言えるでしょう。

これに対し、running water（流れる水）のrunningは、「流れつつある」という「状態」を表しているのみであり、waterを「特定の場面」に紐付けするわけではありません。この点で、running waterにおけるrunningの働きは通常の形容詞と同じであると言えます。running waterは「特定の場面」に固定されることなく、単体で独立して存在することができます。

次の例では名詞にtheがつけられていますが、分詞は名詞の後ろではなく前に置かれています。the people mentionedと比較してみましょう。

あらすじ アンが正式にマリラとマシューの養子になることが決まる前のこと。人使いが荒く、すぐに癇癪を起こすことで知られているブルーウィット夫人は、手違いでマリラとマシューのところに来てしまったアンを、労働力になるなら自分が引き取ってもよいと考えています。以下は、そのブルーウィット夫人がマリラの前でアンに歳や名前を厳しい口調で尋ねる場面です。このときにアンの打ちひしがれた表情を目にし、さらにブルーウィット夫人から良い印象を受けなかったマリラは、自分たちがアンを養子にすることを考え始めます。

'How old are you and what's your name?' she demanded. 'Anne Shirley,' faltered the **shrinking** child, [...], 'and I'm eleven years old.'

「歳は？　名前は？」と彼女は尋問するように尋ねました。「アン・シャーリーです」縮こまるアンは弱々しく答えました。「11 歳です」

ヒント demand は「尋問するように尋ねる」、falter は「弱々しく言う」、shrink は「縮む、小さくなる」。

the shrinking child（縮こまる子ども）とはアンのことです。shrinking は、running water の running と同様、形容詞のように単に「状態」を表しているのみで、「特定の場面」に紐付けする機能は持っていません。このため、通常の形容詞と同じく名詞の前に置かれています。

また、この例ではアンを指す the child がまず先にあり、shrinking はあくまでも追加の情報として加えられています。shrinking があるために the がつけられているわけではありません。shrinking を取り除いても文はそのまま成り立ちます。

「非制限用法」の分詞

前項では分詞の句が制限用法の関係代名詞節と同等の働きをするケースを紹介

しましたが、分詞の句は非制限用法の関係代名詞節（→ p. 266）に相当する働きをすることもできます。その場合、分詞の句は通常コンマを挟んで名詞の後ろに置かれます。非制限用法の関係代名詞節に相当する働きを持つ分詞は、文学作品などでよく見られます。

Track 240　L・M・モンゴメリ『赤毛のアン』

あらすじ　あるとき、マリラが大切にしていたブローチがなくなり、マリラはアンがそれを失くしたと思い込みます。しかし、そのブローチの上に一度置いた後に片付けたショールを後日取り出したとき、マリラはそのショールに何か光るものが引っかかっているのを目にします。

Marilla snatched at it with a gasp. It was the amethyst brooch, **hanging to a thread of the lace by its catch!**

マリラは息をのんでサッとそれに手を伸ばしました。それはあのアメジストのブローチでした。留め具によってレースの糸に引っかかっていたのです！

ヒント　snatch at ~で「~にサッと手を伸ばす」、with a gasp で「息をのんで」、hang to ~で「~にぶら下がる」、thread は「糸」、catch は「留め具」。

It was the amethyst brooch, hanging to ～は、非制限用法の関係代名詞を用いた It was the amethyst brooch, which was hanging to ～（それはあのアメジストのブローチで、それは～に引っかかっていた）と同等の意味を表しています。the amethyst brooch（あのアメジストのブローチ）は、すでに特定されているため、制限用法の関係代名詞を使って修飾することはできません（詳しくは p. 269）。

形容詞化した分詞

ここまで様々な現在分詞と過去分詞を見てきましたが、分詞の中には形容詞として定着しているものもあります。その典型的な例が interest O（O の興味を引く）、surprise O（O を驚かせる）、excite O（O を興奮させる）、bore O（O を退屈させる)、tire O（Oを疲れさせる）などの他動詞の現在分詞と過去分詞で、それぞれ次のような意味を持ちます。

他動詞の現在分詞が形容詞化したもの：「～させるような」が基本の意味

	ベースとなる意味		日本語訳
interesting	「人の興味を引くような」	→	「興味深い、面白い」
surprising	「人を驚かせるような」	→	「意外な」
exciting	「人を興奮させるような」	→	「刺激的な」
boring	「人を退屈させるような」	→	「つまらない」
tiring	「人を疲れさせるような」	→	「骨の折れる」

他動詞の過去分詞が形容詞化したもの：「～させられている」が基本の意味
＊他動詞の過去分詞は受け身の意味を持ちます。

	ベースとなる意味		日本語訳
interested	「興味を引かれている」	→	「興味を持っている」
surprised	「驚かせられている」	→	「驚いている」
excited	「興奮させられている」	→	「興奮している」
bored	「退屈させられている」	→	「退屈している」
tired	「疲れさせられている」	→	「疲れている」

これらの語は完全に形容詞化しており、すべてvery（とても）を前につけることができます。形容詞として定着していない通常の分詞にはveryをつけることはできません。

Track 241　オスカー・ワイルド『真面目が肝心』

あらすじ　ジャックは地元では本名であるジャック・ワージングを使っていますが、ロンドンでは自分の名前はアーネスト・ワージングだということにしています。ある日、グウェンドリンがアーネスト（本当はジャック）を地元の邸宅に訪ねていくと、ジャックは出かけていたため、そこにいたセシリーがグウェンドリンに自己紹介し、彼女の相手をします。以下は、「ワージング氏は私の後見人なのです」とセシリーから伝えられて驚くグウェンドリンの言葉です。グウェンドリンはセシリーの前ではアーネストのことを「ワージング氏」と呼ぶため、グウェンドリンもセシリーも、ジャックが名前を使い分けていることに気づきません。

How secretive of him! He grows more **interesting** hourly.

あの人はなんて秘密主義なんでしょう！　彼は１時間ごとにさらに謎めいて面白くなっていきますわ。

ヒント How ~ of him! は感嘆文で「彼はなんて～なのでしょう！」の意。secretive は「秘密主義」を表す形容詞。grow C で「C の状態になる」、more は「もっと」、hourly は「1 時間ごとに」。

interesting は「人の興味を引くような」つまり「興味深い、面白い」という意味の形容詞として定着しています。「人の興味を引きつつある」という意味ではありません。grow C（C の状態になる）の C の部分に interesting を入れた grow interesting は、「興味深くなる、面白くなる」という意味を表します。

Track 242　オスカー・ワイルド『ドリアン・グレイの肖像』

あらすじ 退廃した生活を送りながらも若さと美しさを保つドリアンと、彼の精神を反映して醜く崩れていくドリアンの肖像画。肖像画のことを恐れているドリアンですが、やがてそこに描かれている崩れた自分の顔と鏡に映る美しい自分の顔を見比べたり、肖像画の顔に刻まれていく恐ろしい皺を観察したりすることに倒錯した歓びを覚えるようになります。以下は、その頃のドリアンの様子を描く文です。

He grew more and more enamoured of his own beauty, more and more **interested** in the corruption of his own soul.

彼は自分の美しさにますます魅了されていき、自分の精神の退廃にますます興味を持つようになっていった。

ヒント grew は grow の過去形。more and more で「ますます」、enamoured of ～で「～に魅了されている」、corruption は「退廃」、his own で「彼自身の」、soul は「精神、魂」。

interested は「何かに興味を引かれている状態」したがって「何かに興味を持っている状態」を表します。grow interested で「興味を持っている状態になる」つまり「興味を持つようになる」。interested の後ろの in ～は「～に」の意味で「興味の対象」を示しています。

Track 243 | アーネスト・ヘミングウェイ『移動祝祭日』

あらすじ ヘミングウェイはパリに住んでいた 1920 年代にはよくカフェで執筆していたようです。以下は、ある寒い日、カフェでラム酒を飲んで体を温めながら書き物をしていた際に、「鋳造されたばかりの硬貨のようにフレッシュな顔」をした美しい女性がカフェに入ってきたときのことを振り返る一節です。

I looked at her and she disturbed me and made me very excited. I wished I could put her in the story, [...].

私は彼女を見た。彼女は私の心をざわつかせ、私の気持ちをとても高ぶらせた。今書いている物語に彼女を登場させることができたらいいのだが、と私は思った。

ヒント disturb O で「O の心をざわつかせる」、make O + C で「O を C の状態にする」。I wish I could ～で「～することができたらいいのに」(→ p. 96)。この could は仮定法過去形です。

excited は「興奮させられた状態」つまり「気持ちが高ぶっている状態」を表す形容詞。したがって make O + C（O を C の状態にする）を使った She made me excited. は「彼女は私を気持ちが高ぶった状態にした」という意味を表します。

第5文型の項で述べた通り、OとCの間には必ず「主語と述語」の関係が成り立っていなければなりません（→ p. 53）。このことから、「彼女は私の気持ちを高ぶらせた」という文において、「私」が「興奮させる側なのか、それとも興奮させられる側なのか」を考えると、「私」は「興奮させられる側」であるために、excited（興奮させられている＝気持ちが高ぶっている）がCとして使われていると考えることもできます。She made me exciting. にすると「彼女は私を刺激的な人間にした」という意味になってしまいます。

分詞構文

分詞は「〜しながら」等の意味で動詞を修飾することができ、このときの分詞の使われ方を分詞構文と呼びます。分詞構文として働く分詞は、文の前後や、主語と動詞の間に置かれます。また、後述するように、分詞だけでなく、形容詞や名詞も分詞構文と同等の働きをすることがよくあります（→ p. 356, p. 359）。

〜うまい答えを思いつかなくてスクルージは「ふん！」と言った〜
分詞構文として働く現在分詞

分詞構文として働く現在分詞の基本の意味は「〜して」と「〜していて」です。日本語の「〜して」と「〜していて」が文脈次第で様々なニュアンスを持つのとちょうど同じように、分詞構文として働く現在分詞も幅広い意味合いを守備範囲としています。

〜していて（〜している最中に）

Track **244** L・M・モンゴメリ『赤毛のアン』

あらすじ ある章の冒頭部分です。この後、家に着いたマリラは、髪を奇妙な色に染めてしまい絶望しているアンを発見することになります。

Marilla, walking home one late April evening from an Aid meeting, realized that the winter was over and gone [...].

4月も終わりに近づいたある日の夕方、教会のミーティングが終わった後、マリラは帰り道を歩いていて冬が完全に過ぎ去ったことに気づきました。

ヒント one late April evening は「4月も終わりに近づいたある日の夕方」。Aid meeting は「教会の様々な活動について話し合うミーティング」のことです。realize that S + V で「S + V ということに気づく」。over は「終わっている状態」、

gone は「過ぎ去っている状態」を表します。

赤字部分が分詞構文です(以下の例においても同様)。分詞構文として働く現在分詞の基本の意味は「〜して」または「〜していて」。上の文では後者の「〜していて」が該当し、walking は「歩いていて」つまり「歩いている最中に」という意味を表しています。

日本語の「〜して」「〜していて」と同様、分詞構文は幅広い意味を守備範囲としており、どのような意味を持つのかは、文脈に大きく依存します。同じ日本語の「〜していて」でも、「歩いていて〜に気づいた」と言えば、聞き手は「歩いていたときに気づいたんだな」と理解し、「寝ていて〜に気づかなかった」と言えば、聞き手は「寝ていたから気づかなかったんだな」と理解します。分詞構文もまさにこれと同じです。

Marilla, walking home one late April evening from an Aid meeting, realized 〜 における walking は「歩いていて」を表しているにすぎず、これが「〜しているときに」という意味に感じられるのは主節の動詞が realized 〜 (〜に気づいた) であるためであり、分詞構文自体に「とき」という意味が含まれているわけではありません。「〜しているときに」と訳すこともできますが、「〜していて」のほうが分詞構文のニュアンスに近いと言えるでしょう。

~して(~しながら)

Track **245** | L・M・モンゴメリ『赤毛のアン』

あらすじ 物語の冒頭部分から。『赤毛のアン』の主要な登場人物の1人であるリンド夫人は、善良ですが少し厳しく、人にあれこれ指図してしまいがちな女性です。以下は、上流では激しく流れる小川がリンド夫人の家の前を流れるときには穏やかな流れになっていることについて述べる文で、it はその小川を指しています。

[…]; it probably was conscious that Mrs Rachel was sitting at her window, keeping a sharp eye on everything that passed, [...].

レイチェル夫人（別名リンド夫人）が、通り過ぎるすべてのものに鋭く目を光らせて窓際に座っていることを、おそらく小川は意識していたのでしょう。

ヒント probably は「おそらく」、be conscious that S + V で「S + V ということを意識している」、keep a sharp eye on ～で「～に鋭く目を光らせている」。everything that passed で「通り過ぎるすべてのもの」。この that は主格の関係代名詞です。

keeping 以下は「～に鋭く目を光らせて／光らせながら」。この例における分詞構文は「～して／～しながら」という意味を表します。

Track **246** チャールズ・ディケンズ『クリスマス・キャロル』

あらすじ p. 286 で紹介した場面のすぐ後の部分です。「お前にはまだ救われるチャンスがある。これから3人の精霊がお前を訪れる」とスクルージに伝え終わったマーリーの幽霊は、後ずさりして窓のそばへ行った後、スクルージに向かって自分のほうへ来るように合図します。以下は、それに応じてスクルージが幽霊のほうへ進んでいったときの様子で、him はスクルージを指しています。この後スクルージは、窓の外に幽霊がたくさんいるのを目にします。

When they were within two paces of each other, Marley's Ghost held up its hand, warning him to come no nearer. Scrooge stopped.

2人の間の距離がお互いから2歩以内に縮まったとき、マーリーの幽霊は手を挙げて、スクルージにそれ以上近くに来ないように警告しました。スクルージは歩みを止めました。

ヒント within two paces of ～で「～から2歩以内に」、each other は「お互い」、

hold up O で「O を挙げる」、warn O to do ～で「～するよう O に警告する」、come no nearer で「それ以上近くに来ない」。

Marley's Ghost held up its hand, warning ～という文が「警告の意味を込めながら手を挙げた」という意味を表すという点において、この分詞構文も「～しながら」という意味に解釈することができます。しかし、「しながら」という日本語を実際に当てはめて「警告しながら手を挙げた」としてしまうと「言葉などで警告しながら手を挙げた」といったニュアンスになり、原文からずれてしまいます（実際には、手を挙げたこと自体が「それ以上近づかないように」という合図になっています）。日本語を英語に機械的に当てはめると原文のニュアンスと異なってしまうことがあるため、文脈や状況を見極めて意味を把握することが分詞構文では特に重要です。

～して（～すると）

Track 247　チャールズ・ディケンズ『クリスマス・キャロル』

あらすじ　3人めとなる最後の精霊に連れてこられた未来のクリスマスで荒涼とした自分の死を直視したスクルージは、いつの間にか自分がいつもの自室に戻っていることに気づきます。そして今までの行いの償いをする時間が残されていることを知ったスクルージは喜びのあまり泣き笑いをします。以下は、教会の鐘がかつてないほど豊かに鳴るのを聞いたときのスクルージの様子で、he はスクルージを指しています。

Running to the window, he opened it, and put out his head.

彼は窓のところに駆け寄り、窓を開けました。そして外に顔を出しました。

ヒント　put out O で「O を外に出す」。

Running to ～の部分が分詞構文ですが、窓のところに到達する前に窓を開けることはできないため、この文では「～している最中に」「～しながら」といった意味を表すことはできません。この分詞構文は「～して／～すると」の意味。

Running to the window, he opened it は「窓に駆け寄って、窓を開けた」という意味を表します。このように、分詞構文として働く現在分詞は、日本語の「～して」と同様、「主節が表す動作につながっていく動作」を表すこともできます。

～して（理由）

Track 248　チャールズ・ディケンズ『クリスマス・キャロル』

あらすじ　物語の冒頭、あるクリスマスイブのこと。甥からメリー・クリスマスと声をかけられたスクルージは甥に「陽気になる理由など君にはないじゃないか。カネもないのに」と言いますが、「不機嫌になる理由などおじさんにはありませんよ。お金をお持ちじゃありませんか」と返されてしまいます。以下は、答えに詰まったスクルージの様子です。

Scrooge, **having no better answer ready on the spur of the moment**, said, 'Bah!' again; and followed it up with 'Humbug.'

とっさには他のもっとうまい答えを思いつかなくて、スクルージはまた「ふん！」と言い、さらに「くだらん」と付け加えました。

ヒント　have O ready で「O をすぐに使える状態で持っている」、on the spur of the moment は「事前に考えることなく、そのときその場で」、Bah! は「ふん！」といった意味で、better answer は「Bah! よりもうまい答え」を指しています。follow O up with ～で「O に～を付け加える」。Humbug. は古風な語で「くだらん」の意。

この分詞構文も「～して」の意味ですが、「主節が表す動作につながっていく動作」ではなく「主節が表す動作の理由」、つまり、スクルージが「ふん！」と言った理由を表しています。ただし、「理由」を表していると感じられるのは、日本語で「うまい答えを思いつかなくて『ふん！』と言った」と言えば、聞き手には「思いつかなかったから『ふん！』と言った」と感じられるのと同様であり、「から／ので」という意味が分詞構文に内在しているわけではありません。having no better answer ready の部分が表しているのはあくまでも「うまい答えがなくて」です。

なお、分詞構文の前後にコンマがついている例を多く取り上げていますが、コンマが使われないこともあります。また、リスニングではコンマを判断材料にすることはできないため、コンマに頼らずに分詞構文を捉えるようにしていきましょう。

～して（結果）

Track 249　ジェイムズ・ジョイス「Ibsen's New Drama」

あらすじ　1900年に発表されたジョイスのエッセイ「Ibsen's New Drama」の冒頭部分です。このエッセイはジョイスと親交のあったノルウェーの劇作家ヘンリック・イプセン（1828–1906）が前年に発表した『われら死者の目ざめるとき』という劇についてのもので、ジョイスはこの作品をイプセンの最高傑作の1つと評しています。

Twenty years have passed since Henrik Ibsen wrote *A Doll's House*, thereby almost marking an epoch in the history of drama.

ヘンリック・イプセンが『人形の家』を書き、それによって戯曲の歴史における新時代と言ってよいものを切り開いてから、20年の月日が経った。

ヒント　Twenty years have passed since S + Vで「SがVしてから20年が経った」。thereby は「それによって」、almost は「ほぼ」、mark an epoch in ～で「～における新時代を示す」。

分詞構文は「主節の行為によって何が生じたか」を表すこともできます。thereby以下はこの用法の分詞構文。「Henrik Ibsen wrote *A Doll's House*（イプセンは『人形の家』を書いた）」＋「marking an epoch in ～（～における新時代を切り開いて）」＝「イプセンは『人形の家』を書き、～における新時代を切り開いた」と理解します。

仮に thereby（それによって）がなかったとしても、この文は「イプセンは『人形の家』を書いた。そのことで～における新時代を切り開くことになった」という意味以外に解釈の余地はなく、therebyがなくても文の意味が変わるわけではありません。分詞構文が「結果」を表す場合にはtherebyや、ほぼ同じ意味を持つthusがよく使われますが、常にあるわけではなく、あくまでも主節との関係性から判断して分詞構文の意味を捉えることが重要です。

また、後述のように現在分詞以外に、過去分詞（→ p. 354）、形容詞（→ p. 356）、名詞（→ p. 359）なども分詞構文として働くことができますが、「結果」を表す分詞構文の場合には通常現在分詞が用いられ、主節の後ろに置かれます。

〜ベルの音に呼ばれてイザベラが入ってきた〜
分詞構文として働く過去分詞

他動詞の過去分詞は「〜される」という受け身の意味を持ち、分詞構文として使われる場合、原則として「〜されて／〜されていて」という意味を表します。ただし、文脈次第で様々なニュアンスを持つのは現在分詞の場合と同様で、「〜されると」といった意味合いで使われることもあります。

Track **250** *L・M・モンゴメリ『赤毛のアン』*

あらすじ ある日の夕暮れどき、家に帰ったアンはマリラが家の前の階段に座っているのを見て隣に一緒に座ります。以下はそのときの周りの様子を描く文章の一部です。

The door was open behind them, **held back by a big pink conch shell with hints of sea sunsets in its smooth inner convolutions.**

2人の後ろでは玄関のドアが開け放たれていました。ドアは、夕暮れの海の香りが内部のなめらかな渦巻きに残っているピンク色の大きなほら貝で押さえられていて、閉まらないようになっているのでした。

ヒント behind 〜で「〜の後ろで」、heldはholdの過去分詞。hold O backで「動かないようにOを押さえる」、by 〜で「〜によって」、conch shellは「ほら貝」、

a conch shell with A in ～で「A が～の中に入っているほら貝」、hint は「香り」、inner は「内部の」、convolutions は「渦巻き」。

hold O back の過去分詞である held back が分詞構文として働いています。The door was open, held back by ～で「～によって押さえられて、ドアは開いた状態になっていた」。分詞構文として働く過去分詞の基本の意味は「～されて／～されていて」です。この基本の通り、held back by ～は「～によって押さえられて」という意味を表しています。

Track 251　エミリー・ブロンテ『嵐が丘』

あらすじ　ある日のリントン家で食事が始まるときの様子を使用人が語ったものです。用意が整ったことを知らせるベルを合図に、家族が食卓に集まります。

[…]; and Miss Isabella came, **summoned by the bell**; […].

そしてミス・イザベラが、ベルの音に呼ばれて入ってきました。

ヒント　summon O で「O を呼ぶ」。

summon O の過去分詞である summoned が分詞構文として働いており、こちらも基本の通り「呼ばれて」という意味を表しています。ただし、1 つ前の例の The door was open, held back by ～では「～によって押さえられながら、ドアは開いた状態を保っていた」と考えることが可能ですが、この例では「呼ばれた」→「入ってきた」という流れになっています。「呼ばれたことがきっかけで入ってきた」のであり、「呼ばれながら入ってきた」わけではありません。

Track 252　シャーロット・ブロンテ『ジェイン・エア』

あらすじ　ジェインが自分の子ども時代を振り返る章から。ジェインは自分に冷たくあたる親戚に預けられていましたが、いよいよその家を離れて遠くにある寄宿学校に入ることになります。明け方に出発したジェインはまだ幼いにもかかわらず１人で長時間乗り合い馬車に揺られ、夜になってようやく寄宿学校に到着し、そこで学校の統括者であるミス・テンプルに迎えられます。以下は、到着した翌朝にジェインが改めて目にしたミス・テンプルの様子です。ミス・テンプルはこの先、多岐にわたってジェインを支えてくれることになります。

Seen now, in broad daylight, she looked tall, fair, and shapely; [...].

こうして陽の光のもとで見ると、彼女は背が高く、色白で姿が優れていました。

ヒント in broad daylight は「陽の光のもとで」、look C で「C に見える」、fair は「色白」を、shapely は「姿が良いこと」を表す形容詞。

seen in broad daylight は「陽の光のもとで観察されると」の意。分詞構文の重要なルールに、「分詞構文の意味上の主語（＝分詞構文が表す動作の主）は、主節の主語に一致する」というものがあります。この文における主節の主語は she。分詞構文の意味上の主語はこの she に一致しなければならないため、現在分詞の seeing ではなく過去分詞の seen が使われています。別の言い方をすると、「彼女」が「見る側」なのか「見られる側」なのかで言えば、「彼女」は「見られる側」であるために、過去分詞の seen が使われている、ということになります。現在分詞の seeing だと「彼女」が「見る側」になってしまうため、seeing は使えません。自分で分詞構文を使う際には、主語が「する側」なのか「される側」なのかを考えて、「される側」であれば過去分詞を選びます。

～しかし精霊はさらに強く、スクルージを突き放してしまった～
分詞構文として働く形容詞

形容詞とは「名詞を修飾できるもの」であり、通常は名詞の前に置かれて名詞を修飾したり、V + C（第２文型）や V + O + C（第５文型）の C として働

いたりします。しかし、形容詞であっても分詞構文と同等の働きをすることができ、その場合、「～の状態で」「～であり」などの意味を持ちます。

Track 253 | チャールズ・ディケンズ『クリスマス・キャロル』

あらすじ 3人めとなる最後の精霊に連れてこられた未来のクリスマスで、スクルージは、ある男がひっそりと亡くなり、誰1人悲しむ者もいない荒涼とした場面を見せられます。スクルージはその未来の世界で自分自身の姿を探しますが見当たりません。しかし、精霊に連れられるままに墓地にやってきたスクルージは、精霊が地面のある場所を黙って指さすのを見て、死んだ男が自分だと直感して恐怖におののきます。以下は、「心を入れ替えますから、どうかこの運命を変えることができると言ってください」と懇願したスクルージが精霊に取りすがる場面です。

In his agony, he caught the spectral hand. It sought to free itself, but he was strong in his entreaty, [...]. The Spirit, **stronger yet**, repulsed him.

苦悩の中で必死のあまり彼は精霊の手を取りました。精霊は手を振りほどこうとしましたが、懇願するスクルージの手は強力でした。しかし精霊はさらに力が強く、スクルージを突き放してしまいました。

ヒント agony は「苦悩」、in his agony は「苦悩の中で必死のあまり」といった意味。spectral は「精霊の」、It sought の It は「精霊」のこと。sought to do ～で「～しようとした」、free itself で「自分自身を解き放つ」、in ～で「～において」、entreaty は「懇願」。yet は「さらに」の意味で stronger（もっと強い）を強めています。repulse O で「O を突き放す」。

stronger は strong（強い）という形容詞の比較級。strong が形容詞であるのと同様、比較級の stronger も形容詞であることに変わりはありません。The Spirit, stronger yet, repulsed him. においては、その stronger が yet（さらに）を伴って「さらに力が強くて」という意味で副詞的に使われており、分詞構文と同等の役割を果たしています。この文が表しているのはあくまでも「精霊はさらに力が強くてスクルージを突き放した」ですが、「さらに力が強かったために、全力ですがりつくスクルージを突き放してしまった」という「理由」のニュアンスを読み手に感じさせます。

Track 254　L・M・モンゴメリ『赤毛のアン』

あらすじ　アンは、ある誤解がもとでダイアナの母親であるバリー夫人からダイアナと一緒に遊ぶことを禁じられていましたが、ある晩、ダイアナの両親が家を空けているときに彼女の幼い妹であるミニー・メイが呼吸困難に陥り、アンはダイアナから助けを求められます。以下は、アンが急いでダイアナの家に駆けつけたときのミニー・メイの様子です。

Minnie May, aged three, was really very sick. She lay on the kitchen sofa feverish and restless, [...].

ミニー・メイ（彼女は3歳でした）は本当に重篤な状態でした。彼女はキッチンのソファーの上で、高熱を出して眠れず苦しそうに横たわっていました。

ヒント　aged ～は年齢を表す形容詞。lay は lie（横たわっている）の過去形。feverish は「高い熱を出している状態」、restless は「眠れずに苦しんでいる状態」を表す形容詞です。

この例においても、形容詞である feverish と restless が分詞構文と同等の働きをしており、「高い熱を出して眠れずに苦しんでいる状態で」という意味で「横たわっていた」という動詞を修飾しています。この文における feverish と restless は、分詞構文として「～しながら」という意味を持つときの現在分詞に相当する働きをしていると言えます。

ところで、aged も形容詞であり、Minnie May, aged three, was ～における aged three の位置と前後のコンマを考慮すると、aged three も分詞構文として働く形容詞と見なされてもおかしくはないはずです。しかし、例文における aged three はあまり分詞構文のようには感じられません。その理由は、aged three が表す「3

歳であること」と、was really very sickが表す「本当に重篤な状態だったこと」の間に関連がない点にあります。同じaged threeでも、Minnie May, aged three, was very small.（ミニー・メイは3歳で、とても小さかった）であれば、分詞構文らしく感じられます。分詞構文は通常、意味の上で主節と強い関連を持っています。

形容詞や分詞は、Minnie May, aged threeのように名詞の後ろにコンマを挟んで使うことで、関係代名詞の非制限用法と同等の働きをすることができます。『赤毛のアン』の例における「, aged three」は、Minnie May, who was aged three, was really very sick.（ミニー・メイ［彼女は3歳でした］は本当に重篤な状態でした）における「, who was aged three」と同等の働きをしています。

ここでいったんShe lay on the kitchen sofa feverish and restlessの部分に戻って、layという動詞について考えてみましょう。She lay on the kitchen sofa feverish and restlessという文では、lay on the kitchen sofaの部分は「キッチンのソファーの上で横たわっていた」というはっきりとした意味を持っていて、後ろにfeverish and restlessがなくても、She lay on the kitchen sofaだけで存在感があります。

一方で、たとえば「目覚めている状態」を表す形容詞であるawakeをlayの後ろに置いたShe lay awake.という文は、直訳すると「彼女は目が覚めている状態で横たわっていた」ですが、文の趣旨は「彼女は目が覚めたままでいた」ということであり、awakeの部分がこの文の中で最も重要な情報になっています。そしてそれに伴って、layは「横になっていた」という意味を維持してはいるものの、その存在感は小さくなっています。She lay awake.という文は、be動詞を使った文であるShe was awake.（彼女は目が覚めていた）にかなり近づいており、このため、lay awakeは「V＋分詞構文」と「V＋C」（第2文型）の中間くらいに感じられます。

～彼はすっかりジェントルマンとなって帰郷した～
分詞構文として働く名詞

意外に思えるかもしれませんが、名詞も分詞構文と同等の働きをすることができます。その場合、名詞は「〜の状態で」「〜であり」などの意味を持ちます。

Track 255 エミリー・ブロンテ『嵐が丘』

あらすじ 『嵐が丘』は、主人公たちが住む地方に偶然滞在することになったロックウッドという人物が、自身が見聞きしたことを書きつける形で書かれています。以下は、滞在先の使用人であるディーン夫人（別名ネリー）からヒースクリフの生い立ちを聞いたロックウッドが、夫人に話の続きを促す言葉で、he はヒースクリフを指しています。ロックウッドがそれまでに聞いていたのは、最愛のキャサリンが別の男性と結婚することを聞いたヒースクリフが家を飛び出して音沙汰がなくなったところまでで、ロックウッドはその続きを知りたがっています。

Did he finish his education on the Continent, and come back a gentleman?

彼はヨーロッパで教育を終え、すっかりジェントルマンとなって帰郷したわけですか？

ヒント the Continent は「ヨーロッパ」を表すやや古風な言い方です。

a gentleman は名詞ですが、この例では「ジェントルマンの状態で」という意味で、「帰郷した」という動詞を修飾しています。a gentleman は名詞であるにもかかわらず副詞として機能しており、分詞構文として「〜しながら」という意味を持つときの現在分詞に相当する働きをしています。

Track 256 W・サマセット・モーム『世界の十大小説』

あらすじ 序文に相当する最初の章から。文中の these essays とはこの後に続く各章のことで、2章以降では、『嵐が丘』や『高慢と偏見』などのメジャーな作品が1章につき1つずつ取り上げられ、それをモームが考察していきます。

A novelist, I have written these essays from my own

standpoint. The danger of this is that the novelist is very apt to like best the sort of thing he does himself, [...].

私は小説家であり、小説家としての自分自身の観点からこれらのエッセイを書いた。このことの危険性は、小説家というものは（他人の作品を判断するにあたって）自分自身が（小説を書く際に）するようなことを最も好んでしまいがちであるということだ。

ヒント standpoint は「観点」、The danger of this is that S + V で「このことの危険性は S + V ということだ」。the novelist における the はやや特殊な使い方で、the novelist は特定の小説家を指しているのではなく、「小説家というもの」という意味を表しています。be apt to do ～で「～しがちである」、like best O で「O を最も好む」。sort は「種類」。the sort of thing と he の間には目的格の関係代名詞が省略されています。the sort of thing he does himself で「彼自身がするようなこと」。

冒頭の A novelist が、名詞であるにもかかわらず分詞構文のように働いています。1 つ前の例の come back a gentleman では a gentleman が「ジェントルマンの状態で」という意味を表していましたが、A novelist, I have written ～における A novelist は、「小説家の状態で」ではなく、「（私は）小説家であり」というニュアンスを持ち、主節の内容の理由を表しています。

I have written these essays from my own standpoint. における現在完了は、「小説家としての自分自身の観点からこれらのエッセイを書いた結果、これらのエッセイには小説というものに対する私自身の見方が色濃く反映されている」という意味を表す「結果」の用法です。A novelist（私は小説家であり）は「私は（他人の作品を判断するときにも）自分が小説家であることを免れ得ない」というモームの考えを表していると言えるでしょう。

～手を洗い終えると、彼女は小さな引き出しを開けた～
完了形の分詞構文

分詞構文も「having ＋過去分詞」という完了形で使うことができます。完了形

の分詞構文は「〜し終えると」という「完了」の意味で用いられるほか、過去の行為が今の状況の理由になっている場合などによく使われます。

●「完了」

Track 257 | シャーロット・ブロンテ『ジェイン・エア』

あらすじ ジェインが自分の子ども時代を振り返る章から。親戚の家に預けられているジェインに、ただ1人、使用人のベスィだけが優しく接してくれます。以下は、前日に理不尽な罰を与えられて精神的に消耗しているジェインが、ベスィが家事をしている様子を何となく目で追っていく場面です。

Bessie had now finished dusting and tidying the room, and, **having washed her hands**, she opened a certain little drawer, [...].

ベスィはそのときにはもう部屋の掃除と整頓を終えていました。手を洗い終えると、彼女はある小さな引き出しを開けました。

ヒント finish ~ing で「~し終える」。「had +過去分詞」は過去完了で、第1文はこれから展開する話の「背景」としての役割を果たしています（→ p. 210）。Bessie had now finished ~ing で「ベスィはそのときにはもう~し終えていました」。dust O で「O を掃除する」、tidy O で「O を片付ける」、certain は「ある」、drawer は「引き出し」。

この例では、wash her hands を完了形の分詞構文にした having washed her hands が使われています。完了形の分詞構文には「〜し終えると」という「完了」の用法があり、having washed her hands はこの使い方です。

ただし、having washed her hands が「手を洗い終えると」という「完了」の意味に感じられるのは、あくまでも主節である she opened a certain little drawer が、「彼女はある小さな引き出しを開けた」という、「手洗い」とは無関係な動作を表しているためであり、主節の意味によっては having washed her hands は「すでに手は洗ってあり」などの意味で理由を表す可能性もあります。

ここで、この having washed her hands, she opened a certain little drawer という文を、p. 351の「分詞構文として働く現在分詞」の項で扱った Running to the window, he opened it（彼は窓のところに駆け寄り、窓を開けた）という文と比べてみましょう。どちらも「ある動作の後に別の動作が続く」という点では同じです。それではなぜ片方だけ完了形が使われているのでしょうか。その理由は、「窓に駆け寄る」という動作が「窓を開ける」という動作に途切れなく直接つながっていくのに対し、「手を洗う」という動作と「引き出しを開ける」という動作はまったく別であり、2つの動作が直接つながっていないということにあります。having washed her hands, she opened a certain little drawer においては「手を洗い終えると」という完了の意味を明示することが必要であり、washing her hands, she opened a certain little drawer と書くことはできません。

「理由」

Track 258 シャーロット・ブロンテ『ジェイン・エア』

あらすじ ジェインが自分の子ども時代を振り返る章から。遠くの寄宿学校に入学するために、それまで預けられていた親戚の家を明け方に出発したジェインは、まだ幼いにもかかわらず1人で長時間乗り合い馬車に揺られ、夜遅く寄宿学校に到着します。以下は、その翌朝の自分の様子を振り返る文です。ジェインは前日は食欲がなかったため、ほとんど食事を取っていません。

I was now nearly sick from inanition, **having taken so little the day before.**

前日にまったくと言っていいほど食事を取っておらず、私はこのときには空腹でほとんど具合が悪くなっていました。

ヒント nearly は「ほとんど」、from ～で「～が原因で」、inanition は「空腹」。take は「食べる」の意。little は「ほとんど～ない」、the day before で「前日」。

having taken so little the day before（前日にほとんど食べていなくて）は主節の内容の「理由」を表しています。分詞構文が完了形で使用されているのは、「前日」という「現時点とは切り離された過去」の行為を述べているためです。having taken の代わりに taking を使うことはできません。一方で、p. 352 の例 Scrooge, having no better answer ready on the spur of the moment, said, 'Bah!' again（とっさには他のもっとうまい答えを思いつかなくて、スクルージはまた「ふん！」と言った）における分詞構文も「理由」を表していますが、完了形は使われていない点に注目してみてください。「うまい答えを用意できない」と「また『ふん！』と言った」が時間的に切り離されていないことが、完了形が使われていない理由です。

Track **259** ジェイン・オースティン『高慢と偏見』

あらすじ エリザベスの姉ジェインと、ダーシーの友人ビングリーは誰が見ても互いに惹かれ合っており、2人は結婚するものだと皆が思っていましたが、所用でロンドンに発ったビングリーはなぜか戻ってこず、音信も途絶えてしまいます。ジェインは家族の前では普段通りに振る舞おうと努めていますが、エリザベスにはジェインが傷ついていることがわかります。以下は、ジェインがビングリーに対してどのような恋心を抱いているのかを描写する文章の一部です。

Having never even fancied herself in love before, her regard had all the warmth of first attachment, [...].

彼女はそれまで自分が恋をするなどとは想像したことすらなく、（なおさらそのために）彼女の気持ちは、初恋というものが持つ熱っぽさを少しも欠けることなく持っていました。

ヒント never even ~で「~することさえ一度もしない」、fancy O in love で「O が誰かに恋していると想像する」、regard は「相手に対する気持ち」、warmth は「熱っぽさ」、first attachment は「初恋」。

この分詞構文は「~したことがなくて」の意。1つ前の例では、完了形の分詞構文が「過去の特定の日時の行為」を表していましたが、この例では never（いつの時点においても〜ない）と before（それまでに）が示すように、彼女が物心ついてから物語のこの時点にいたるまでの彼女の経験、状態を表しています。分詞構文の内容（それまで自分が恋をするとは想像したこともなかった）は、主節の内容（彼女の気持ちが初恋の熱っぽさを少しも欠けることなく持っていた）の理由を表しています。

＜参考＞
「分詞構文として働く過去分詞」の項で述べた通り、「分詞構文の意味上の主語は、主節の主語に一致する」というルールがあります。しかし、この例では、このルールが守られていません。分詞構文として fancy（想像する）という動詞が使われていて、その目的語が herself（彼女自身）であることから、この分詞構文の意味上の主語は she（彼女）であることがわかります。一方、主節の主語は her regard（彼女の気持ち）であり、she（彼女）ではありません。実際の英語では、このように分詞構文の意味上の主語が主節の主語に一致しない文も見受けられます。しかし、自分で分詞構文を使う際には、過去分詞を使うべき場合に現在分詞を使ってしまうといったミスを防ぐためにも、まずは主語を一致させて使うのがおすすめです。

なお、英語には considering 〜（〜を考慮すると）などの分詞構文由来の熟語があり、このような熟語を使う場合には、意味上の主語が主節の主語に一致している必要はありません。たとえば、considering 〜の意味上の主語は「話者である私」ですが、主節では「I（私）」以外の主語も使うことができます。

〜ズボンの裾をまくり上げて海に入っていた〜
主語つきの分詞構文

分詞構文には、主節の主語とは異なる独自の主語をつけることもできます。独自の主語のつけ方は簡単で、主語として使いたい名詞を分詞構文の前に置くだけです。「名詞＋分詞構文」で「《名詞》が〜して」「《名詞》が〜されて」などの意味を表します。

Track 260 | L・M・モンゴメリ『赤毛のアン』

あらすじ 初めて教会の日曜学校に行く際、養母マリラの方針でまったく飾り気のない服と帽子を身につけていたアンは、せめてもの飾りにと道で摘んだ花をたくさん帽子につけますが、悪目立ちして噂の種になってしまいます。以下は、そのことで後日マリラに怒られたアンが謝る場面です。

'Oh, I'm so sorry,' said Anne, **tears welling into her eyes.**

「本当にごめんなさい」とアンは言いました。（そう言っている間にも）涙が彼女の目にあふれていきました。

ヒント tears は「涙」、well into ～で「～の中にあふれていく」。

この文では、welling into ～という現在分詞の分詞構文に tears という主語が付け加えられています。「～とアンは言った」＋「涙が彼女の目にあふれていって」＝「～とアンは言った。そう言っている間にも涙が彼女の目にあふれていった」と理解します。

Track 261 | アーネスト・ヘミングウェイ『老人と海』

あらすじ 海岸に留め置かれている船にくくりつけられている大きな魚の骨格を漁師たちが眺めている場面です。one は漁師たちの１人を指しています。

[…] one was in the water, **his trousers rolled up,** measuring the skeleton with a length of line.

その中の１人はズボンの裾をまくり上げて海に入っていて、魚の骨格の長さを釣り糸で測っていた。

ヒント roll O up で「O をまくり上げる」、measure O で「O を計測する」。measuring 以下は「～しながら」を表す分詞構文です。skeleton は「骨格」、a length of line は「1

本の釣り糸」。

roll O upの過去分詞であるrolled upが「まくり上げられた状態で」という意味で分詞構文として働いています。his trousers（彼のズボン）がこの分詞構文に加えられた主語。his trousers rolled upで「彼のズボンの裾がまくり上げられた状態で」という意味を表しています。

なお、分詞構文の主語と分詞構文の間には、必ず「主語と述語」の関係が成り立っている必要があります。この例では、rolled upという過去分詞によって受け身の意味が表されているために、分詞構文の主語his trousersと分詞構文rolled upの間には、「主語と述語」の関係（彼のズボンがまくり上げられる）が正しく成り立っています。rolled upの代わりに現在分詞のrolling upを使うことはできません。

Track 262 | アーネスト・ヘミングウェイ『老人と海』

あらすじ 早朝、沖合に出て漁を始めた老人は、鳥が上空を旋回しているのを見つけ、その下の海に何か魚がいるはずだと見当をつけます。以下はそのときの鳥の様子です。この後、鳥は急降下し、同時に老人は大きな肉食の魚に追われたトビウオが海面を飛ぶのを目にします。

The bird went higher in the air and circled again, **his wings motionless.**

鳥はさらに高度を上げると、羽を静止させたまま再び周回した。

ヒント circleは「周回する」、motionlessは「静止した状態」を表す形容詞。

motionlessは分詞構文として働く形容詞で、「静止した状態で」という意味を表します。his wingsがその主語。his wings motionlessで「羽が静止した状態で」となります。

著者略歴

杉山靖明(すぎやま・やすあき)

英オックスフォード大学でディプロマ号、ニューカッスル大学で英文学博士号を取得。Doctor of Philosophy。
専門はLiterary Theory(文学や言語に関する西洋思想)。
TOEIC990点。大学入試からTOEIC、翻訳学校での講義まで幅広く英語を指導。
サマー・レイン先生の『12週間で「話せる」が実感できる魔法のなりきり英語音読』(インプレス)を執筆協力・文法解説監修、『好感度UPのシンプル英会話』(ディーエイチシー)を執筆協力。

● 著者ブログ「英語の音いろ」eigononeiro.com

美しい文学を読んで英文法を学ぶ

2021年 11月 1日　第1刷発行
2022年 1月 20日　第2刷発行

著者　杉山靖明
発行者　小野田幸子
発行　株式会社クロスメディア・ランゲージ
〒151-0051 東京都渋谷区千駄ヶ谷四丁目20番3号
東栄神宮外苑ビル　https://www.cm-language.co.jp
■本の内容に関するお問い合わせ先
TEL (03)6804-2775　FAX (03)5413-3141

CrossMedia LANGUAGE

発売　株式会社インプレス
〒101-0051 東京都千代田区神田神保町一丁目105番地
■乱丁本・落丁本などのお問い合わせ先
TEL (03)6837-5016　FAX (03)6837-5023　service@impress.co.jp
(受付時間　10:00-12:00、13:00-17:30　土日祝祭日を除く)
※古書店で購入されたものについてはお取り替えできません。
■書店／販売会社からのご注文窓口
株式会社インプレス　受注センター　TEL (048) 449-8040　FAX (048) 449-8041

カバーデザイン　竹内雄二
本文デザイン　都井美穂子
DTP　株式会社ニッタプリントサービス
編集協力　涌井彩夏、今坂まりあ、上野未夢
英文校正　Elliot Smith
ナレーション　Guy Perryman
録音・編集　株式会社巧芸創作
営業　秋元理志
画像提供　Elen Lane / PIXTA
印刷・製本　中央精版印刷株式会社
ISBN 978-4-295-40608-2 C2082